信息化环境下
移动课堂教学模式研究

▣ 张蕾 著

东北师范大学出版社

图书在版编目（CIP）数据

信息化环境下移动课堂教学模式研究 / 张蕾著 . -- 长春：东北师范大学出版社，2017.5 （2024.8重印）
ISBN 978-7-5681-3071-4

Ⅰ. ①信… Ⅱ. ①张… Ⅲ. ①信息技术—应用—课堂教学—教学研究—中小学 Ⅳ. ① G632.421-39

中国版本图书馆 CIP 数据核字（2017）第 112704 号

| □策划编辑：王春彦 |
| □责任编辑：卢永康　□封面设计：优盛文化 |
| □责任校对：赵忠玲　□责任印制：张允豪 |

东北师范大学出版社出版发行
长春市净月经济开发区金宝街 118 号（邮政编码：130117）
销售热线：0431-84568036
传真：0431-84568036
网址：http://www.nenup.com
电子函件：sdcbs@mail.jl.cn
河北优盛文化传播有限公司装帧排版
三河市同力彩印有限公司
2017 年 10 月第 1 版　2024 年 8 月第 3 次印刷
幅画尺寸：170mm×240mm　印张：13.75　字数：249 千

定价：45.00 元

前言

教育活动是社会活动的一部分,受制于社会发展的现状,同时又引领社会发展。当今社会,是信息化社会,数字化时代。据预测,2017年,无线网络将覆盖到每个人。教育信息化正是在全球信息化时代的大背景下产生的,信息技术的全面渗透深刻影响着教育理念、模式和走向,教育发展必须适应信息化时代的特征。在教育大国向教育强国迈进的进程中,加快教育信息化既是事关教育全局的战略选择,也是破解教育热点难点问题的紧迫任务,今天面对信息化的战略机遇,教育工作者不能坐失良机,必须充分利用信息技术的优势来变革当今教育中的不当之处。

信息化和大数据已经改变了人们的工作、生活和交流方式,改变了商业运营模式,改变了知识生产方式等。然而,至今为止,学校教育却变化不多,教育成了最后一块待开垦的领地。教育的首要目标是要培养学生的信息技术素养,在繁杂的信息中有效选择信息、分析信息和应用信息,这本身就是教育应有的职责,如果在教育学生的过程中,拒绝学生接触教育信息技术,也是对学生不负责任的表现。努力推动教育信息化,充分利用信息化和大数据的技术优势,提升教育公平和质量,让优质教育资源全民共享,满足学生个性化学习需求,提升学校教育水平和管理效益,这已经成为教育改革的必然趋势。

在这样的时代背景下,以微课、慕课以及翻转课堂为模式的移动课堂产生并不断发展。翻转课堂是当前教育教学改革发展的一种新趋势。翻转课堂相对于传统课堂来说,在教育理念上是一种超越,在教学模式上是一种勇敢的创新。它能够弥补传统课堂存在的一些不足,促进学生全面而又富有个性地发展。在移动课堂的实施过程中,一定要结合学校自身特点,创新翻转课堂教学模式,切实促进学生自学创新能力的发展。

移动课堂的前景让教育教学的不断创新发展充满希望,但实践探索中仍然充满艰辛,在改革推进中,移动课堂的实验还未完善,面临的困难也很多。但是,在现代信息技术的支持下,在新课程改革潮流的推动下,移动课堂必定会得到进一步优化,取得更加丰硕的成果。

由于时间仓促,编者水平有限,书中难免会有疏漏,还望各位专家、读者批评指正。

目录 CONTENTS

第一章 信息技术对教学模式发展的影响 / 001

    第一节 信息技术对教学环境的影响 / 001
    第二节 信息技术对教学媒体的影响 / 006
    第三节 信息技术对教学工具的影响 / 010
    第四节 信息环境下教学模式创新与课程整合 / 014

第二章 信息化环境下移动课堂教学产生的背景 / 021

    第一节 信息技术发展的时代背景 / 021
    第二节 数字化时代的教育变革 / 024
    第三节 求知创新的社会需求 / 034

第三章 移动自主课堂教学模式的构建 / 037

    第一节 师生进入移动自主学习角色 / 037
    第二节 移动自主课堂的改革突破 / 040
    第三节 构建移动自主课堂教学的重要性 / 052

第四章 微课模式的应用及发展 / 056

    第一节 微课概念及产生背景 / 056
    第二节 微课教学设计模式 / 082
    第三节 "可汗学院"模式微课的开发与应用 / 102
    第四节 微课未来的发展方向 / 105

第五章 慕课背景下的课堂翻转 / 116

    第一节 慕课的起源 / 116
    第二节 慕课的特征与时代意义 / 121

第三节　慕课在国内外的发展状况 / 133
第四节　慕课相关课程模式 / 144

第六章　翻转课堂模式的基本理念 / 150

第一节　翻转课堂的兴起与发展 / 150
第二节　翻转课堂的理论基础 / 155
第三节　翻转课堂体现的现代教育理念 / 165
第四节　翻转课堂在国内外的实践案例 / 168

第七章　翻转课堂下的教学模式变革 / 182

第一节　翻转课堂与传统课堂的对接 / 182
第二节　翻转课堂下的学案编写制度 / 189
第三节　翻转课堂模式在发展中受到的质疑 / 193
第四节　翻转课堂教学模式的价值 / 195
第五节　翻转课堂的发展前景 / 198

第八章　移动课堂教学与现代教育系统改变 / 200

第一节　移动课堂教学与课堂教学制度的改变 / 200
第二节　移动课堂教学与教师的专业成长 / 209
第三节　翻转课堂与教育设施设备系统 / 212

参考文献 / 214

第一章
信息技术对教学模式发展的影响

第一节 信息技术对教学环境的影响

一、教学环境

环境，英文名称为 Environment，是影响生物机体生命、发展与生存的所有外部条件的总体。通常所说的教学环境包括自然环境、人工环境和社会环境。基于上述认识，教学环境就是影响教学活动的各种外部条件。

1. 教学环境的概念

教学环境是指学校教学活动所必需的客观条件的综合。它是按照人的身心发展的需要组织起来的，与其他环境相比，教学环境具有自身特定的环境区域、特定的环境主体和特定的环境内容。这一特定的生存环境为师生的活动提供了前提条件，对教与学的效果产生影响，并从某些外部特征上把教学活动导向不同的境界。尽管教学环境的影响有时只是潜在的，但其作用是不可忽视的。因此，充分认识教学环境的构成要素及作用，对提高教学效果及增强教学的艺术魅力都将产生积极影响。

2. 教学环境的构成要素

教学环境是一个复杂的系统，不同的研究角度可以使教学环境有不同的构成要素。无论从主体构成上研究还是从内容构成上研究，这些构成要素都不是孤立的，它们在教学活动中相互作用、相互影响，共同贯穿融汇在师生认知、情感和行为产生的过程中。教学环境主要由生理环境、物理环境和心理环境组成，如图 1-1 所示。

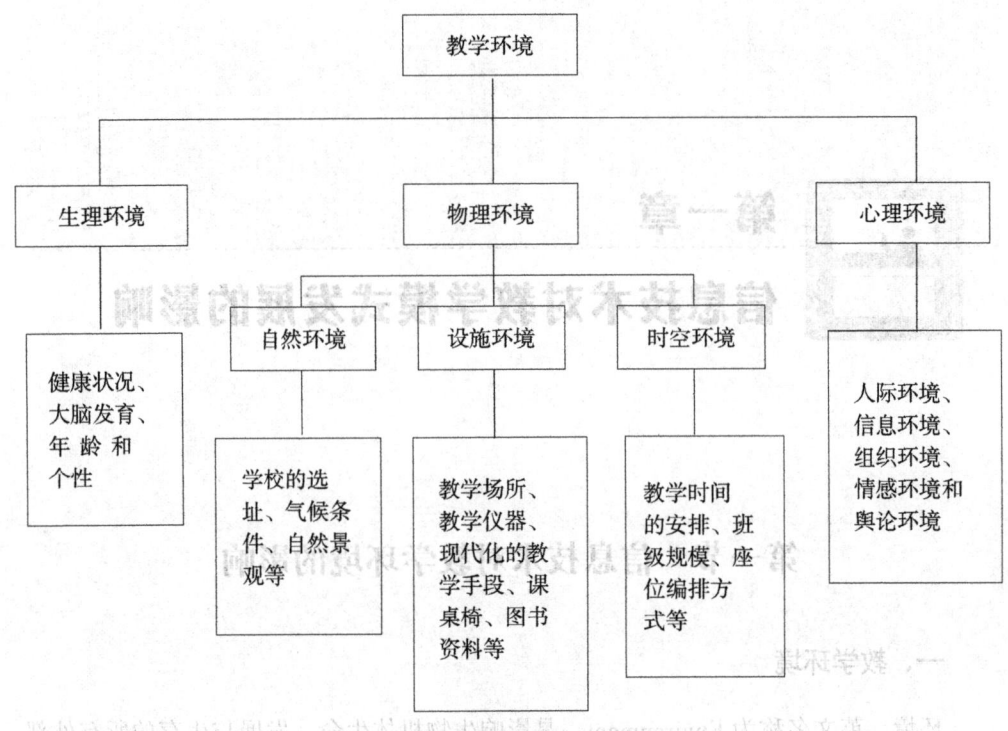

图 1-1 教学环境的组成部分

生理环境：即个体自身的生物特点，如身体的健康状况、大脑发育、年龄和个性等。每个人都有各自的生理特点，当处于教学活动中，个体会表现出区别于他人的外在表现。作为教学环境的一部分，特别是身体的健康状况对教学活动的成败起着不可忽视的作用。

物理环境：物理环境是教学环境中有形的、静态的硬环境部分，也是我们常说的狭义的教学环境。如自然环境（学校的选址、气候条件、自然景观等）、设施环境（教学场所、教学仪器、现代化的教学手段、课桌椅、图书资料等）、时空环境（教学时间的安排、班级规模、座位编排方式等）。

心理环境：心理环境是教学环境中无形的、动态的软环境部分。国内学者田慧生先生把心理环境称为"社会心理环境"，并划分为人际环境（学校内部的各种人际关系）、信息环境（学校内部的各种社会信息）、组织环境（校内各类正规与非正规团体、团体活动、团体规范和团体心理气氛）、情感环境（课堂中的合作、竞争、期望、奖惩因素的运用及由此形成的课堂气氛）和舆论环境（集体舆论、个体意见、个别流言）。

二、信息技术支撑的教学环境

信息技术与课程的整合过程离不开由信息技术构建的教学环境的支撑，即信息化教学环境。一般认为，信息化教学环境是指具备教育信息存储、处理和传递功能、能适应学生数字化学习需要的信息化环境，主要包括校园网、多媒体计算机网络教室、电子阅览室、常规电教室、远程教学信息网络系统等。需要指出的是，这里所说的信息技术支撑的教学环境，绝不仅仅指硬件系统，而是硬件、软件和人机环境三者有机组合的综合系统。在该系统中，诸要素之间既相互联系，又相互制约，在教学中作为一个有机整体发挥着各自的功能。与传统的教学环境相比，其优势是显而易见的，即增强了共享学习资源的通信功能，实现了教学设施的网络化，促进了多媒体学习环境的完善。

（一）信息技术支撑的教学环境的组成

1.多媒体综合教室

基本组成：（1）简易型，投影器、银幕、电视播放系统（电视机、录像机、摄像机、VCD）、音响系统（无线话筒、音响设备）、VGA-TV 转换卡、计算机；（2）标准型，综合控制平台（机械式／智能式）、视频演示仪、大屏幕投影电视／背投电视（以简易型为基础）；（3）多功能型，带平台的摄像枪、闭路电视系统、学生信息反馈控制器，根据需要可选择与局域网、校园网、互联网相连（以标准型为基础）；（4）学科专业型，以简易标准型为基础，再加学科专用设备（如配备多台电子琴、监听耳机、可视系统等构成的音乐学科专业多媒体综合教室）。

这是一种基于课堂教学的信息化教学环境，能满足多媒体组合教学的要求，达到信息显示多样化的目的。这种教学环境便于教师选择合适的媒体，优化教学过程。在进行音乐教学过程中，教师可通过操作设备，随心所欲地运用音响、录像、文字、投影、录音、动画等现代教学媒体展示教学内容，优化教学过程，突破教学重点、难点，提高教学质量与效率。

2.电子媒体阅览室

基本组成：控制中心、多媒体计算机、电视播放系统（录像机、VCD 机、电视机）、音响系统、媒体资源中心，资源中心还有校园网、互联网。这是一种基于个别化学习的环境，学习者可自由选择媒体学习，通过计算机、电视机、录像机等现代教学媒体进行自主学习，积极参与学习过程，充分体现了学习者的主体地位。控制中心也可按照学习者的要求传输所需的媒体信息给学习者视听阅览，学习资源共享并能有效利用。

3. 多媒体网络教室

基本组成：多媒体计算机、控制平台、网络服务器等。教学应用特点：这是一种基于协作学习和自主学习的教学环境。通过网络教室系统，能将声音、图像、文字以及动画等多媒体信息传输到学生终端机，以辅助教师课堂教学；学生能根据需要提取个别化学习资源，满足资源共享与个别化学习的要求；通过网络教室系统还能实现小组学习讨论。一些先进的网络系统还具有教学测试及信息反馈分析能力。

4. 双控闭路电视环境

基本组成：双向控制主机、分控终端、对讲系统、摄像机、录音机、录像机、DVD、VCD、电视机、多媒体计算机、信号调制系统（调制器、混合器）等。教学应用特点：这是一种基于开放性播放式的教学环境。教室和中心控制室都可以控制录像机工作的系统，教师可在教室内遥控录像机、DVD、VCD等播放设备和多媒体计算机，主控室可根据课程安排授权各教室使用主控室内的各种播放设备。教师可以根据教学需要选择多种视频节目源，控制节目的播放过程。

（二）信息技术支撑的教学环境的特点

信息技术为教学环境建设注入了新的活力，使教学环境发生了翻天覆地的变化。使教学过程、信息的显示、处理和传输等方面实现了数字化，具有传统环境无法企及的优势。

1. 教学过程智能化

由于计算机辅助教学（CAI）系统大量采用了人工智能技术，使得教学过程中系统可以自动诊断学生的学习水平，自动选择教学内容，自动调整教学进度，自动选择教学策略与方法。人工智能技术大大节省了教师的时间，使教师有精力去设计和开发教学软件，更好地组织课堂教学。

2. 信息显示多样化

信息技术支撑的教学环境为教学提供了文本、图片、动画、视频等多种显示方式，充分调动了学生的多种器官，提高了教学效率。

3. 信息处理数字化

各种图、文、声、像等教学信息的存储记忆、高速运算、逻辑判断、自动传输等均以数字化的方式进行，大大节省了课堂时间，扩充了教学内容。教师和学生不必再为复杂的运算而花费过多的时间，而是可以把有限的课堂时间用到内容和方法的讲授方面。

4. 信息传输网络化

教学内容可以通过网络进行传输，实现了异地同步的教与学。网络化的传输可以实现文本、图像、视频和声音等的传播，支持群组传输和个别指导。不同地区的教师和学生可以共享优秀的教学资源，避免了资源的重复开发。

5. 信息存储硬盘化

随着硬盘价格的降低，大量的教学信息利用硬盘进行存储。这样既节约了计算机的空间，提高了运行速度，又可以长久保存，随时调取使用。同时，非线性的查找方式也为调取信息提供了极大的便利。

6. 交互界面图形化

随着信息技术的发展，交互界面已经实现了图形化代替原来的文本，使整个界面更加人性化，操作也更快捷。

（三）信息技术支撑的教学环境的功能

1. 有利于信息反馈和教师的调控

在信息技术环境下，教师的指导和学生的反馈是通过网络来完成的，更快速和便捷。尤其是在网络教室的环境下，教师可以通过网络教室功能监控全班的学习情况，并根据需要给予个别指导。

2. 有利于教学信息多样化显示

在教学中可以将信息通过多媒体的形式显示，使教学内容利用文本、图形图像、声音和动画等展现给学生，充分调动学生的积极性。

3. 有利于学生进行协商讨论

在网络教室中，学生可以通过QQ、BBS和留言板等形式进行交流和讨论，既避免了面对面讨论的嘈杂，又可以保护学生的隐私，使性格内向不爱发言的学生通过一对一的形式交流，实现了人性化教学。

4. 有利于教学资源的高度共享

在以往的教学中，教师如何把大量的资料和信息传递给学生，学生如何将自己的看法和心得与其他同学分享一直是教育者所追求的。如今，利用信息技术可以有效地实现资源的共享，只需要打包发送即可在几分钟甚至是几秒的时间内完成文件的传输和共享。

5. 有利于学生获取广泛信息

互联网上的信息是海量的，利用搜索功能（如百度、雅虎）可以实现信息的获取，也可以利用网上发帖求助的功能实现向全球的用户提出问题，广交朋友。

6. 有利于学习者的积极参与

由于信息技术支撑的教学环境具有上述功能，充分调动了学生的好奇心，唤起了他们求知的欲望，使更多的学生参与其中，扩大了受众面。

三、环境变化与教学模式创新

随着教学环境的变化,尤其是信息技术的引入为教学模式的创新带来了崭新的契机。同时,教学模式的发展也要求教学环境随之相应变化,二者相辅相成。首先,环境变化促进教学模式的创新。信息技术的飞速发展使教学走进了多媒体交互时代,多媒体教学环境特有的信息显示方式、信息搜索方式和信息传输方式等推动了自主学习、协作学习和个别化学习等模式的发展。可以说,这些新模式的研究和发展都离不开多媒体这一教学环境。多媒体教学环境可以把传统课堂教学中比较难以展示的原理、实验和规律用图像、视频和动画等形式逼真地表现出来,既使课堂变得生动活泼,又吸引了学生的注意力,调动了学生的学习积极性,从而大大增强了学习效果,为自主探究、协作探究等教学模式的实施创造了条件。

其次,教学模式的创新也为开辟新的教学环境引领了方向。随着教学理论研究的深入和教学实践的开展,原有教学模式已经不能满足学生对知识的渴求,一些新的教学模式随之产生。例如,网站开发教学模式、游戏化教学模式、虚拟实验模式和微型世界中的发现学习模式等都要求有较高的教学环境与之相适应。教学环境在这些新模式的引领下朝着网络化、趣味化、虚拟化的方向发展。多媒体教学环境是多种环境中的一种,教学环境不能拘泥于多媒体,而是要随着模式的发展而改变。

总之,教学环境与教学模式都是处于不断发展的动态变化中的,二者相互影响、相互促进,共同服务于信息技术时代的教育教学。教师要弄清二者的关系,努力创造新的教学环境以适应教学模式的发展。

第二节 信息技术对教学媒体的影响

一、教学媒体

"媒体"一词源于拉丁语"Medium",意为两者之间,是指承载、加工和传递信息的介质和工具。广义的媒体是实现信息从信源到信宿的一切手段,包括书本、图片、电影、电视、计算机、网络、通信卫星等。

加拿大著名传播学家马歇尔·麦克卢汉(Marshall Mclvhan)于1964年提出"媒体是人体功能的延伸"的观点,他认为"面对面的交流是五官的延伸,印刷品是人眼的延伸,电声广播是人耳朵的延伸,电视是眼睛和耳朵的同时延伸"。每一种新的媒体的出现，都会产生一项新的或进一步增强人体功能的延伸，如摄像机的出现进一步增强了人眼的延伸，计算机的出现是人脑的延伸。毫不夸张地讲，媒体的出现，极大地改变了信息传播的模式，媒体在教育中的应用影响着人类知识的组织、传递与获取，提高了人们获取知识、读书学习的效率。

（一）教学媒体的概念

那么，什么是教学媒体？当某一媒体被用于教学目的时，就被称为教学媒体（Instructional Media）。例如，通常视为休闲、娱乐的电影，只要赋予其明确的教学目的、内容和对象，就称为教学电影，亦即成为教学媒体。媒体成为教学媒体要具备两个基本要素：用于储存与传递以教学为目的的信息；用于教与学活动。

习惯上，教学媒体有传统教学媒体与现代教学媒体之分。通常来说，把过去传统教学中常用的媒体称为传统教学媒体，如教科书、黑板、粉笔、挂图、标本和模型等，而将20世纪以来利用科技成果发展起来的电子传播媒体称为现代教学媒体，如幻灯、投影、电视、电影、无线电广播、计算机和网络等。现代教学媒体通常包括以下两个密切相关的要素。

硬件，又叫现代教学设备，即用以储存和传递教学信息的各种教学机器，如幻灯机、投影机、录音机、电影机、电视机、录像机、计算机、影碟机等。

软件，又叫音像教材，即已录制的、承载了教学信息的各种片带，如教学幻灯片、投影片、电影片、录音带、录像带、计算机课件、视盘等。

实际上，这里所谓的"传统"与"现代"并没有严格的界限。通常，一种新媒体刚刚产生时，对师生来讲都非常新颖，被称为"现代教学媒体"；而经过一段长期的教学应用，被广大师生所熟悉，成为日常教与学的工具，也就渐渐被列为"传统教学媒体"了。

（二）教学媒体的特性

英国教育技术学家贝茨（A.Bates）认为各种教学媒体既有共性，也有各自的特性。他指出：媒体的应用是灵活的、可替代的，同样的教学目标可通过不同的媒体实现；每种媒体都有其独特的内在规律，任何媒体都有各自的优势和劣势；对任何教学目标而言，使用效果都是最好的"超级媒体"是不存在的。

教学媒体具有以下的教学功能特性。

表现力：各类媒体在呈现事物的空间、时间、运动、颜色、声音等特征的能力方面是不同的。

重现力：重现力是指对信息的重现能力。如书本可以反复阅读，录音、幻灯可以反复重放。有些媒体不具备良好的重现性，如现场的无线电广播与电视广播。

接触面：任何媒体都具有扩散的传播性，以各种符号形态把信息传递给受传者，只是不同媒体在传播的范围上各有差异。

参与性：能在活动中给学习者提供参与活动的机会，包括行为参与和感情参与。

受控性：使用者操纵控制媒体的难易程度。

二、信息技术环境下的教学媒体

通常情况下，人们把信息技术环境下的教学媒体归类为现代教学媒体，又根据它们的表现方式不同把它们分为视听媒体、交互媒体和远程教学媒体。

（一）视听媒体

视听传播教学中的媒体称为视听媒体（Audiovisual Media）。视听媒体是传递音像信息的媒体。这里所指的主要是现代视听媒体，如电视机、电影机、影碟机以及计算机等能同时播放视频和声音的媒体。视听媒体通常用来呈现过程，解释原理，可以产生以下效果：时、空的自由变换。上、下镜头之间的连接只要符合蒙太奇语言，即可方便地省去事物发展的某一过程，当然这一过程可能为时间过程，也可能为空间过程。例如，上一镜头为某人伸手开门，接下一镜头此人已在室内走动，这里省去了开门、进门的过程，方便地从室外空间转换到室内空间。

可表现宏观、微观世界，展现正常情况下难以观察的变化。例如，星球运行规律，细胞分裂过程等。这是用传统的模型和挂图达不到的效果，生动、直观、逼真地再现了事物面貌。

可以定格（暂停）画面或反复重放，以利学习者更清晰地观察他自己所需要进一步了解或复习巩固的部分。这样的功能有利于学生自学，尤其是对没有掌握或者存在疑义的问题可以反复推敲，用在体育技能的演示或分步演示比较广泛。

能让学习者有身临其境的现场感，特别是那些有毒、危险的环境，如山洪暴发等。一些危险的化学实验即使在学校的实验室演示也不能保证学生的安全，但是通过视听媒体可以清晰地展示操作过程，安全又可控。

（二）交互媒体

交互是指两个或两个以上的个体之间进行的双向信息交流。所谓交互媒体是指媒体系统具备类似于机体的行为特征，能够独自与用户发生互动并相互影响。交互媒体在媒体与学习者之间构建起一个双向的通道，使学习者处在一个积极的学习状态中。学习者与媒体既是接收者同时也是信息的发送者，它们之间构成了一个信息流通的闭环系统。

计算机就是一种强交互性媒体，特别适合因材施教的个别化教学。学习者可利用个别化学习软件，按需要、按自己的水平，不受任何时间、地点的限制进行自我学习，这就完全突破了传统课堂教学的统一模式。这样的交互环境有利于调动学习者的主动性与积极性，使其处于学习的积极状态中。另外，利用个别化学习软件进行教学，把一些机械性工作（如出练习题、评分、统计等）事先编制成计算机程序，由计算机来完成，可以把教师从简单的重复劳动中解放出来，以便有更多的精力与时间从事教学设计。

个别化学习并不能忽视教师的作用，教师从"台前"走到"幕后"，主要体现为对学习活动的"预安排"，这种预安排是由教师花费成倍于课堂面授的精力去编写"课件"，而且往往需要教师具有更丰富的教学经验和对学习的科学理解。此外，个别化学习过程中教师仍要发挥指导答疑的作用，必要时还需要结合集体授课的方式，对学生个别化学习时反映比较集中的问题进行补充学习。

（三）远程教学媒体

实现网络化远程教学，需要借助一些通信工具软件。根据通信工具的不同功能，我们可对它们做适当的分类：第一类工具主要用于支持用户之间的信息传输；第二类工具主要用于支持信息空间的共享；第三类工具兼有前两类的功能，可以用于支持远程用户之间的协同作业，通常称为"群件"（groupware）。对每类工具，又可分为同步和异步两种工作方式。表1-1列举了各类常用的通信工具。

表1-1　　　　　　网络化远程教学通信工具

工具类别	同　步	异　步
信息传输工具	视频会议系统 语音会议系统 实时笔谈系统（如IRC）	电子信箱（文本、语音、视频） 电子新闻组、公告牌系统 异步计算机会议系统
信息共享工具	远程屏幕共享系统 实时群组编辑器	服务器文件共享（如FTP） World Wide Web浏览器 异步合著（Co-authoring）系统
协同作业工具 （群件）	带白板的视频会议系统 群组集思（Brainstorming）工具 群组决策支持系统	带合著工具的异步计算机会议系统 群组课题管理系统

在实现网络化远程教学时，应根据不同的教学要求和设备条件来选用不同的通信工具。应当指出，在远程教学中，用得较多的教学模式和通信工具是异步方式的，

因为这样可充分发挥计算机网络通信所赋予的时空灵活性，通信费用也比较低。电子信箱和 Web 浏览器是目前最常用的远程教学通信工具，其次是异步群件系统。

三、媒体变化与教学模式创新

在教育的历史长河中，教学媒体从投影仪、幻灯机、电声媒体等逐渐走进了多媒体时代。在教学过程中引入多媒体实施教学，导致教学思想、教学内容、教学方式方法、课堂体系及课堂结构都发生了巨大的变化，最终使新型教学模式应运而生。新模式对于优化教学过程、增强教学效果、加大信息量、提高教学质量将起到重要作用。

首先，多媒体优化了课堂演示模式。这种模式利用多媒体教室或计算机网络教室，由教师向全体学生播放多媒体教学软件（课件）片段，其目的通常是为了创设教学情境，或演示教学内容，或进行标准示范。

其次，多媒体促进了个别化教学的发展。计算机的交互性为实施个别化教学打开方便之门，学生利用个人计算机终端，通过事先编制好的学习软件进行自主学习或协作学习，教师可对学生进行监控或个别指导。这种计算机辅助个别化学习方式是目前多媒体教学应用的另一主要模式。

第三，多媒体推动了网络教学模式的深入研究。网络技术的出现，使得用于单个计算机的多媒体课件可以发布到广阔的网络空间，供更多人共享，有时还根据需要开发专门供网络远程教学使用的网络课程。网络远程教学是在师生不在同一时空背景下发生的，依赖于一定的网络学习平台，学生可以根据自己的需要和当前水平选择不同学校、不同的教师，在自己合适的时间内进行学习。它通常以个别化学习方式为主，必要时辅以集体学习。

总之，媒体的变化是教学模式创新的必要条件，如果教学媒体一成不变，新的教学模式就无从谈起。随着多媒体技术的发展，多媒体已经普遍走进课堂，成为教师上课的好帮手。但是多媒体是一把双刃剑，如何做到用而不依，多而不杂，是摆在广大教师面前的一道难题。

第三节　信息技术对教学工具的影响

工具，英文为 Tool，原指工作时所需用的器具，后引申为达到、完成或促进某一事物的手段。当这种器具或手段用于完成某一教学目的时，即为教学工具。如三角板、直尺以及教师的教鞭等。

一、教学工具的分类

教学工具的分类方法有很多，如从学科角度，可以分为数学教学工具、物理教学工具和美术教学工具等；从用途角度又可以分为常规教学工具，如黑板、挂图、教鞭等，以及实验教学工具，包括酒精灯、吸管、凸透镜等；大多数学者将教学工具按时间发展来划分，分为传统教学工具和现代教学工具两大类。

1. 传统教学工具

传统教学工具一般是指信息技术广泛应用之前使用的教学工具，又分为模像直观工具（包括模型、挂图、活动图、黑板等）和实物直观工具（包括生物标本、生物化石等）。这些工具是教学中历史最悠久的传统教学工具。它们直观性强，使用方便，经久耐用，经常用于呈现生命体形态结构的知识信息（如细胞亚显微结构）和生命活动过程的知识信息（如光合作用过程），在人类的教育史上曾发挥了巨大的作用。但是，它们表现的图像总是平面的，没有立体效果，不能逼真地反映客观事实，因此现在已经很少用到。

2. 现代教学工具

现代教学工具一般是指利用信息技术的教学工具，如电子白板、电子绘图器、电子教鞭等都属于现代教学工具。由于这些工具需要信息技术的支持，因此现代教学工具必须用于特定的环境下，一般指多媒体教室。而且要在多媒体计算机上安装特定的软件来支持这些工具的运行。如在多媒体计算机上安装制图工具后，才可以利用其进行绘图等操作。现代教学工具具有传统教学工具无法比拟的优势。利用现代教学工具可以快速地制作出理想的图形图像，可以精确地计算出上万位的数据，可以用很少的时间搜集到海量的资源，可以实现师生远距离的交流等。但是由于其对多媒体计算机和相关软件的依赖性，配置这些工具必须先配置多媒体教室等配套设施，花费较大。另外，如果课堂使用工具过多，会流于花哨，分散学生的注意力，反而不利于学生学习。

总之，传统教学工具与现代教学工具各有其优点，在教学中，教师要进行优化组合，使其扬长避短、物尽其用，从而提高教学水平和教学效率。

二、教学工具的特点

教学工具种类繁多，千差万别，但是在教学中都具有以下特点。

1. 精确性

精确性是作为教学工具的必要特征，例如量角器、试管、计算器等。教学工具要帮助教师解决问题，而治学必须是严谨的，因此教学工具必须要精确，绝不能因为客观原因任意代替，这样学生就会依葫芦画瓢，影响以后的学习。

2. 直观性

教学工具要辅助教学就不能抽象难懂，而是要直观地表达问题。如果使用教学工具后学生仍然难以理解，不知所云，就失去了使用教学工具的意义。例如，用地球仪可以直观地展现我们生活的地球上的国家、山川、湖泊等；用几何画板可以很容易理解一次函数的性质等。

3. 便捷性

常用的教学工具是服务于课堂教学的，当然要走进课堂。如今，新式教学工具体积都越来越小，方便教师携带。此外，像音乐课中常使用的钢琴一般都在专用的教室安装，不再需要教师和学生搬动。便捷性是教学工具得以广泛推广的重要前提。

4. 可控性

教学工具是学生和教师共同使用的，它的使用应该是在学生和教师的操作下按照步骤完成的。尤其是针对当前比较流行的信息化教学工具，工具的使用是按照事先设定好的程序或者是数据的输入来控制的。在整个操作过程中，人还是核心，绝不让工具代替人的思维和活动。

三、信息技术支撑的教学工具

从广义上讲，信息技术支撑的教学工具是指围绕教学设计开发的，能够为教和学提供支持与帮助的各类工具，它不仅包括现代的计算机软件类工具，还包括传统的字典、词典等工具书类工具。从狭义上讲，信息技术支撑的教学工具就是指围绕学科特点设计和开发的能够为信息化学科教学提供支持与帮助的计算机软件类工具，包括几何画板、仿真实验室等。

教育的信息化必然要求教学方法和手段的信息化，而教学工具的信息化是这两者实现的先决条件。在中小学课堂上，在教学过程中和教师备课中常用到信息化教学工具，它们的出现使课堂变得丰富多彩，同时对教师也提出了更高的要求。下面我们就其中几个常用的信息技术支撑的教学工具加以阐释。

（一）信息检索工具——Google，Baidu

网络信息检索是目前人们获取信息最普遍的一种方式。因特网中蕴涵着越来越多有价值的教育资源，这些资源需要使用有效的信息检索工具——搜索引擎来查找和获取。世界上最大的搜索引擎 Google（谷歌）和最大的中文搜索引擎 Baidu（百度）是目前最著名的搜索引擎网站。越来越多的教师经常使用 Google 或 Baidu 来搜集教学中所需的各种资料，因此掌握信息的查询方法和技巧，学会下载或引用网络资源已成为网络时代教师的一项基本功。

（二）教学交流工具——E-mail，QQ，MSN

1. E-mail

E-mail 即电子邮件，是一种非实时的、异步的网络交流工具，它是目前人们使用最多、最基本的网络交流方式。E-mail 通过因特网以电子的格式（如文本、多媒体文件等）将信息发送到收信人的邮箱中，收信人可随时进行读取。E-mail 具有使用方便、传递迅速和费用低廉等优点。由于 E-mail 的方便快捷，在教育领域的应用日益广泛，成为师生、生生相互交流的一种首选方式。国内使用较多的是 qq 邮箱、126 和 163 邮箱，国外则是 Gmail 和 Hotmail 等。

2. QQ，MSN

QQ 和 MSN 都属于网络即时通信工具，它们的功能基本相同。相对于 E-mail，即时通信工具的最大特点是实时、同步地传输信息。教师可以使用 QQ 与同事或学生进行即时发送和接收信息、语音视频面对面聊天，甚至传送文件等。QQ 还具备群组功能，使用它可以建立网络工作小组或专题学习小组，方便地进行多人同时交流。即时通信工具方便易用，功能强大。用户群正不断扩大，特别是在学生群体中的普及率正在提高。在国外，学生间的交流多用 ICQ，它与 QQ 的功能类似，功能多样，又容易上手。

（三）概念地图

概念地图（concept map）也称思维地图，是指围绕特定主题创建知识结构的一种视觉化表征，是语义网络的可视化表示方法，是人们将某一领域内的知识元素按其内在关联建立起来的一种可视化语义网络。在知识领域学习中，概念地图以视觉化形式表现了学习者建立概念之间联系的方式和结果，同时也表现了知识结构的细节变化。概念地图的构成主要包括节点、连线、连接词三个部分。概念地图研究的倡导者诺瓦克（JosephD.Novak：1984）开发了一种典型的概念地图模型。诺瓦克开发的概念地图模型，有助于明晰地反映概念地图的结构与特征，对初学者构建自己特定知识的概念地图能起到一种示范和评价参照的作用。

四、工具变化与教学模式创新

与之前提到的环境变化和媒体变化相比，工具的变化是最快的，有的软件经过改造和重组即可作为新的教学工具服务于教育，而这或许只需要几天甚至是更短的时间。因此，它与模式的作用也最频繁，影响也最直接。尤其是现在广泛使用的信息技术支撑的教学工具,更是对教学模式的创新影响深远。

首先,工具变化推动了新型教学模式的产生。例如,几何画板的出现直接推动了"基于几何画板的数学教学模式"的产生,包括创设情境、提出问题、解决问题和综合运用。可见,一种工具就可以推动一种或几种新模式的产生,而这并不是必然的,是由这种工具的性质所决定的。例如几何画板可以创设情境,激发学生的学习兴趣,使枯燥、抽象的数学概念变得直观、形象,还能培养学生的发散思维和直觉思维等。几何画板正是有了这样强大的功能,才能推动模式的形成。

其次,工具变化是对原有教学模式的完善和补充。例如,在协作学习模式中,教师和学生利用QQ、MSN等交流工具发布信息,有的学生因为没有及时在线而失去了和其他人讨论的机会。而Blog的出现弥补了这一不足,教师在Blog中将教学资料和课后作业等发布后,学生可以根据自己的时间去下载,不再受时间的束缚。教师要善于发掘工具变化对原有教学模式的补充点,真正发挥教学工具的作用。

总之,工具变化是促进教学模式创新的有力手段,它可以促成新教学模式的诞生,也可以辅助原有教学模式变得更完整和流畅。但是,教师不能一味地使用教学工具,而要去发掘工具背后的教学理论、教学策略和教学模式等深层次的问题。

第四节　信息环境下教学模式创新与课程整合

一、信息技术与课程整合的内涵

进入21世纪以来,信息技术与课程整合就是教育界研究的热点问题,为了更好地理解其内涵,首先要弄清楚整合、课程整合的含义。

(一)信息技术与课程整合的定义

整合就是指一个系统内各要素的整体协调、相互渗透,使系统发挥最大效益。整合强调了对个体特征的承继性,即被整合的个体并不丧失自身特性,使当前行为保持在过去已经形成的某些理念之下的同时,又强调了个体中一些要素的交叉与融合,使处于同一过程的不同个体在某种目标的引导与要求下,呈现出高度的和谐与自然。

课程整合就是使分化了的教学系统的各要素及其成分形成有机联系、成为整体的过程。课程整合意味着对课程设置、各课程教育教学的目标、教学设计、评价等诸要素做研究教育过程中各种教育因素之间的关系。比较狭义的课程整合通常指的是，考虑到各门原来分列课程之间的有机联系，将这些课程综合化。相对广义的课程整合，即指课程设置的名目不变，但相关课程的课程目标、教学与操作内容，包括例子、练习、学习的手段等课程要素之间互相渗透、互相补充。

信息技术与课程整合意味着在已有课程的学习活动中结合使用信息技术，以便更好地完成课程目标、培养创新精神和锻炼实践能力。它是在课程教学过程中把信息技术、信息资源、信息方法、人力资源和课程内容有机结合，共同完成课程教学任务的一种新型的教学方式。

（二）信息技术与课程整合的目标

信息技术与课程整合的实质是基于信息技术在教育中的功能优化组合并系统设计、处理和实施课程的各个方面（如课程内容、课程资源、教学环境、教学过程、学习评价等），从而更好地完成课程的目标。

信息技术与课程整合的宏观目标，可以定义为："建设数字化教育环境，推进教育的信息化进程，促进学校教学方式的根本性变革，培养学生的创新精神和实践能力，实现信息技术环境下的素质教育与创新教育。"具体可以阐述如下：

1. 培养学生具有终身学习的态度和能力。
2. 培养学生掌握信息时代的学习方式。
3. 培养学生具有良好的信息素养。
4. 培养学生的适应能力、应变能力与解决实际问题的能力。

二、信息技术与课程整合的理论基础

建构主义（constructivism）也译作结构主义，其最早提出者可追溯至瑞士的皮亚杰（J. Piaget）。在研究儿童认知发展基础上产生的建构主义理论，不仅形成了全新的学习理论，也正在形成全新的教学理论。建构主义学习理论认为，知识不是通过教师传授得到的，而是学习者在一定的情境即社会文化背景下，借助其他人（包括教师和学习伙伴）的帮助，利用必要的学习资料，通过意义建构的方式而获得的。"情境""协作""会话"和"意义建构"是学习环境中的四大要素。

"情境"：学习环境中的情境必须有利于学生对所学内容的意义建构。这就对教学设计提出了新的要求，也就是说，在建构主义学习环境下，教学设计不仅要考虑教学目标分析，还要考虑有利于学生建构意义的情境的创设问题，并把情境创设看作是教学设计的最重要内容之一。

"协作"：协作发生在学习过程的始终。协作对学习资料的搜集与分析、假设的提出与验证、学习成果的评价直至意义的最终建构均有重要作用。

"会话"：会话是协作过程中不可缺少的环节。学习小组成员之间必须通过会话商讨如何完成规定的学习任务。此外，协作学习过程也是会话过程，在此过程中，每个学习者的思维成果（智慧）为整个学习群体所共享，因此会话是达到意义建构的重要手段之一。

"意义建构"：这是整个学习过程的最终目标。所要建构的意义是指：事物的性质、规律以及事物之间的内在联系。在学习过程中帮助学生建构意义就是要帮助学生对当前学习内容所反映的事物的性质、规律以及该事物与其他事物之间的内在联系达到较深刻的理解。这种理解在大脑中的长期存储形式就是前面提到的"图式"，也就是关于当前所学内容的认知结构。由以上所述的"学习"的含义可知，学习的质量是学习者建构意义能力的函数，而不是学习者重现教师思维过程能力的函数。换句话说，获得知识的多少取决于学习者根据自身经验去建构有关知识的意义的能力，而不取决于学习者记忆和背诵教师讲授内容的能力。

三、信息技术与课程整合的途径与方法

（一）要用先进的教育理论（特别是建构主义理论）来指导整合

学习理论、教学理论、传播理论、系统方法及建构主义学习环境下的教学设计方法可以为课程整合提供强有力的理论支持，离开了理论的支持，整合就是一副空架子，没有灵魂。建构主义理论、奥苏贝尔的认知同化论、"主导—主体"教学理论和多元智能理论等都为信息技术与课程整合提供了先进的理论基础，是开展实践研究的基石。

（二）要紧紧围绕"主导—主体"新型教学结构的创建来进行整合

传统的课堂教学是以教师为中心的教学，学生处于被动的接受地位，又被称为"填鸭式"和"灌输式"。而整合的实质是改变这种以教师为中心的教学结构，创建既能发挥教师主导作用又能体现学生主体地位的新型教学结构，"主导—主体"就是这样一种教学结构。教师不再是课堂的主宰，而是设计者、提供者、帮助者和引导者；学生成为学习的主人，积极主动地学习知识和技能，这种知识的习得是学生自己建构的，真正做到了理解和长时记忆。

（三）要注意运用"学教并重"的教学设计理论和方法来进行整合

信息技术既是辅助教师教课的形象化教学工具，也是促进学生自主学习的认知工具与协作交流工具。在信息技术飞速发展的今天，信息技术走进课堂已经成为普遍的事实，但是如何合理充分地利用信息技术，成为摆在教师面前的新挑战。用多了，课堂华丽而迷乱，用少了，又无法将整合体现出来。"学教并重"的教学设计理

论和方法正好可以协调两者之间的矛盾。"学教并重"的教学设计主要围绕"自主学习策略"和"学习环境"两个方面进行。前者是整个教学设计的核心，即通过各种学习策略激发学生去主动建构知识的意义（诱发学习的内因）；后者则是为学生主动建构创造必要的环境和条件（提供学习的外因）。

（四）要重视各学科教学资源的建设和信息化教学工具的搜集与开发

这是课程整合的必要前提。要运用这些模式的前提就是要有丰富的教学资源。没有丰富的高质量的教学资源，就谈不上学生的自主学习，更不能让学生进行自主发现和自主探索，新型教学结构的创建就更无从谈起，创新人才的培养也就落空了。教师也不能一味地使用已有的工具，有能力的教师可以自行研制和开发适合自己使用的工具和方法。

（五）要结合不同学科的特点探索能支持新型教学结构的教学模式

"主导—主体"教学结构的教学模式主要有讲授型（同步与异步）模式、个别辅导模式、讨论学习模式、探索学习模式、协作学习模式等。这些教学模式适合不同学科的不同教学内容，没有永远的适合与不适合。因此，教师要深入研究本学科的特点，不拘泥于某一模式，而要探索适合本学科的新型教学模式，在教学中不断检验和完善，并最终推广应用。

四、信息技术与课程整合的误区分析

信息技术与课程整合已经开展了近十年，在这十年中取得了可喜的成绩，教学不再是教师的独舞，而变成了教师编舞，学生成为主角的舞台。但是，在这其中也有一些误区和迷茫，比如，技术至上、过分依赖多媒体、理论研究不深入等都影响了整合的深层次开展，需要广大教师引起重视。

（一）在技术的世界里迷航

1. 唯技术主义，过度依赖技术支持

当今信息技术迅猛发展，许多领导和一线教师都过分依赖技术，认为没用网络就不是好课，甚至认为技术是万能的，反而忽视教学规律。这样盲目追求技术高、精、尖、全，重硬轻软，往往忽视了最重要的——人的价值。

2. 过多的多媒体展示

有的教师认为多媒体是万能的，在课堂上从头至尾都是用多媒体教学，甚至代替教师的板书。在文科教学中，用多媒体创设过多的情境会剥夺学生的想象力和对优美文字的感悟力；在理科教学中，过分的形象化会影响学生抽象思维的培养。

3. 大而全的完整课件

很多教师在对课件的认识上存在误区,认为一节好课就要从始至终使用同一课件,因而为了制作这样大而全的完整课件往往用去很多时间和精力,由于技术等方面的原因制作的效果也不理想。教师应把精力集中在每堂的重点和难点问题上,课件不用面面俱到。另外,教师也可以根据自己的教学意图,利用现成的课件,通过抓图、抓动画等方法截取其中所需部分,重新组织加工。

(二)错误理解学生的主体地位

1. 课堂拓展的迷失

课堂拓展应该以教学内容、教学主体为核心,而不是漫无边际,教师事先什么也不做,就让学生在课上长时间地上网查资料。教师要做到有的放矢,合理有效地利用课堂时间,做到有意义的课堂拓展。一般来说,教师应把一些有用的信息整合到一个小的专题网站上,学生只要上这个网站搜索就可以了,这样可以大大提高学习效率,真正做到有意义的课堂拓展。

2. 无效的协作

学生之间的合作有形式而无实质,信息化教学要求的协作应该是有主题、有分工、有差异的合作,而且协作之后有评价,有教师指导,有思考。一般来说,在时间比较充裕的课堂里,协作学习比较有效。而对于时间不足的课堂,应把学生分成两三个人一个小组,而不是十几个人的争论。另外,电脑一排排摆放的多媒体网络教室不适合协作学习,应采用圆桌式的设计。

3. 游离于群体之外的学生

在信息化课堂中,对于成绩好、自主学习能力强的学生来说,会很自觉地进行自主学习。而对于计算机技术掌握不好、自控能力较差的学生来说,可能会对教师的操作,以及协作学习产生抗拒,以至于差生更差。因此教师要关注每一名学生,让"差"生找回自信,融入集体,避免两极分化的产生。这一点至关重要,教师要防微杜渐,防患于未然。

4. 无边界的自主

把"自主"变成"自流",没有指导、没有提示、没有具体要求、没有检查、没有反馈,过度弱化了教师的作用。例如,有的教师在教学中放手让学生在网络中自学而不进行监控,让他们在讨论区中自由发言而不围绕主题,不但信息技术环境下数字化学习的优势没有发挥出来,连传统教学中教学任务的完成、必要的师生情感交流、教师人格魅力的熏陶等都丢失殆尽。

（三）教师主导地位的错位

1. 重活动形式，轻活动效果

课堂中的教学活动要和本节课的教学目标密切相关，所有的教学设计要围绕教学目标进行。然而在很多课堂教学中我们发现有些教师花了很多力气设计的活动，只重视活动形式，而忽视了活动效果。以一堂小学美术课"脸谱"为例，教师设计了学生在课堂上表演几种京剧中的脸谱，于是学生根据上网查询的资料及自己已有的对脸谱的理解表演了个节目，但是没有达到预期的效果。

2. 以信息作为知识

信息即知识，这是严重的认知错误，它们有着本质的区别。信息是静态的、外在的，易复制、易传播、缺乏意义。信息只有内化到人的认知结构中，并对人的思考与行动产生影响后，才能称为知识。因此，课堂上粘贴与复制，无意义的阅读与探究皆属于此。在教学设计中，教师要分清哪些是知识，哪些是信息。

3. 教学情境创设偏离教学目标

建构主义理论强调对情境的创设，但是有一部分教师并没有真正理解什么是情境创设，以及如何创设。现在，很多教师在课堂开始阶段用课件播放与本节课有关的视音频资料，如果不使用多媒体就无所适从，无法进行情境创设。真正意义上的创设情况应力求真实、生动、直观而又富于启迪性。

（四）教学资源认识上的偏差

1. 对网络资源过分依赖，忽视其他教学资源

如今，网络因其许多无可比拟的优势而在教学中发挥着越来越重要的作用，但是作为学习资源的提供者来说，网络并不是唯一的。比如说报告会、辩论会、戏剧表演等也应该作为教学资源引入到教学中。另外，自然风光、文物古迹、风俗民情等也应该成为进行思想德育教育的有力资源。教师不能认为资源就是网络资源，也不能认为信息技术就是网络技术，这样会以偏概全，得不偿失。

2. 只重视物质资源，忽视人力资源

一提起学习资源，大多数教师反应的是物质资源，但是人力资源的重要性也不能忽视。教师可以让某方面有特长或经验的学生为其他学生提供帮助，学校也可以通过与本地区的学校甚至是国外的学校建立学习伙伴关系，发挥不同地域不同层次的专家、教师、学生的优势。而这些都属于人力资源，教师不能忽视其重要作用，毕竟，人是最主要的因素。

3. 教育资源建设渠道单一

教育资源的建设不是某一个人某一个部门的任务，而应是一项日常的、持续的任务，资源建设要由公司、教师和学生共同参与完成，三方相互补充，共同建设优秀资源。信息技术与课程整合应用从有机的教学系统来考虑，不能任意夸大其中某一因素的作用，也不应忽视其中某一方面，否则将会对教育信息化最终的效果带来不利影响。只有从思想观念上产生根本的改变才能实现信息技术与学科课程的深层次整合，才能实现教育的真正信息化。

第二章
信息化环境下移动课堂教学产生的背景

第一节 信息技术发展的时代背景

一、信息技术的不断发展

第三次科技革命包含空间技术、原子能技术、电子计算机技术等的利用和发展。电子计算机的广泛应用，促进了生产自动化、管理现代化、科技手段现代化和国防技术现代化，也推动了情报信息的自动化。第三次科技革命带来了信息技术的飞速发展，掀起了信息革命。信息革命以互联网的全球化普及为重要标志。信息技术的巨大变革引发新的技术变革，对社会发展产生了深远的影响。

当今社会处于数字化、信息化时代的转型时期，新技术的快速发展和广泛普及对人的发展提出了更高的要求。在这个时代的转折点和关键点上，我们需要重新审视教育制度和教学模式，思考如何在教育教学中充分利用现代技术并最大限度地发挥技术的有效性。处于信息化潮流之中，我们的教育目的之一必然包含——我们能够积极主动地处理信息，提高信息处理能力，包括信息的获取、分析、加工等方面的能力，具备信息素养。

《国家中长期教育改革和发展规划纲要（2010-2020）》高瞻远瞩地提出："信息技术对教育发展具有革命性影响，必须予以高度重视。"信息技术对教育的各个方面、各个环节都会产生颠覆性的变革，它正在改变我们的学习习惯和学习方式，也在改变学校的教学模式。我们没有理由不转变教育观念，重新审视教育技术，从不同的视角积极主动地探索信息革命下如何进行教育变革，如何在教育中充分利用现代信息技术以促进教育的发展。

二、亟须变革的教育现实

在工业革命之前，学徒制一直是最主要的教育形式。学徒制强调的是现场教学、个别化教学和代际间口传手授，教学发生在真实的工作场所中，徒弟在师傅的指导下学习和实作。学徒制培养出了具有高超技术水平的技艺人员。

工业革命的兴起使得工厂的规模扩大，这样就急需大量的具有一定知识和技能的劳动力。也就是说，近代资本主义的兴起要求广泛普及教育，扩大教育规模，提高教学质量和效率，迫切要求在短时间内培养出大批量受过良好教育的劳动者。然而，传统的学徒制难以满足这一需求，班级授课制这一新型教学组织形式也就应运而生了。

班级授课制是以班级为单位，由教师按照固定的课时表安排，向固定的学生教授统一内容的一种教学组织形式。捷克著名教育家夸美纽斯在其著作《大教学论》中首次对班级授课制从理论上加以系统论证，使班级授课制确定下来。后来，德国教育家赫尔巴特进行了补充说明，使其进一步完善。

接下来，让我们分析班级授课制的基本特点，我们可以从中看出为什么班级授课制顺应了工业革命之需，并自其创立以来，一直持续至今，依然发挥着非常重要的作用。

第一，班级授课制有利于学生在有限的时间里掌握大量系统化的知识。第二，教师可以进行"一对多"教学，可以大规模地向全体学生进行授课，提高了教学效率。第三，班级授课制按照"课"来确定统一的教学进度和学习要求，在教学中管理学生按照统一的步调执行即可，教学管理更为高效。因此，班级授课制能够高效地培养大量的人才，这正好迎合了工业革命对大量劳动力的迫切需求。

随着计算机和网络信息技术的发展与广泛应用，当今社会已经步入了信息化时代。信息革命不仅仅要求我们具备一定的专业知识和技能，还提出了更高层次的发展要求，比如：熟练掌握信息技术，学会及时处理应急事件，拥有不同于他人的独特创想，能够自主学习新鲜事物，敢于探索求知，等等。因此，信息革命对教育提出了更高层次的目标要求。然而，传统的班级授课制教学组织形式已经难以充分满足这一要求。

信息革命带来的新型理念冲击着人们的思维，提出的新要求促使人们适时做出改变，终身学习和自主学习在当下备受关注。人人都应该接受终身教育，进行终身学习；人人都需要积极自主地有选择性地进行学习，以适应时代的发展和满足自身的发展需要，从而更好地实现自我价值和获得完满丰盈的生活。

第一次教育革命发生在从农业社会到工业社会的转型时期,在工业革命的助推之下,教学组织形式由学徒制过渡为班级授课制。第二次教育革命初见端倪,在信息革命浪潮的助推下,教学组织形式由班级授课制向终身学习、自主学习发展。通过简要梳理教育发展的历程,我们可以看出教学组织形式由手工学徒制到班级授课制再到现时代的终身学习、自主选择学习的变迁和发展趋势。因此,我们需要审视教育教学的现状,以找到教育教学的出路。

　　首先,教学内容与社会实践脱节。太多的学生在工作后抱怨:"在学校里学习的绝大多数知识,在生活和工作中很少用得上。学到的知识在毕业后基本又'还给'了老师。"是的,正如这些学生所言,学校教育跟社会实践存在着脱节的现象。虽然学生在学习知识的过程中也会锻炼逻辑思维等能力,但是传统教学必须做出改变。我们需要关注学校课程体系与学生发展的结合,构建适合并促进学生发展的课程体系,实现课程的生活化和实践化。

　　其次,传统教学往往在教学内容、教学进度等方面"一刀切"。那些"学得慢"的学生常抱怨教师讲得过快,自己还没有完全理解某一知识内容,但是为了跟上教师的进度,只能接着学习后面的知识,而前面那些没有掌握、没有彻底弄明白的知识点就成了疑难点。长此以往,这样的疑难点越积累越多,以至于这类学生慢慢成为所谓的"差生"。与此形成鲜明对比的是,那些"学得快"的学生,他们能较快地理解知识内容,厌烦教师一遍又一遍地讲解,希望得到较高层次的拓展提升,或者希望进行下一阶段的新知识学习,但是传统教学往往限制了他们的这些需求,当然,也就剥夺了他们发掘自己潜能的机会,也许还会慢慢降低他们的学习兴趣和积极性。因此,我们需要思考如何才能使得每一名学生都能够按照自己的学习进度和学习特点进行学习,以使得每一名学生都能够最大限度地发挥自己的潜能。

　　再次,传统教学重视结果,轻视过程;重视知识的知晓,忽视智慧的培养;重视知识的获得,忽视情感的感悟和生活的体验。在教学中,我们更多关注学生掌握了多少知识,忽视学生切实感悟到什么、体验到什么;关注学生"学会",忽视学生"会学";关注学生的学习成绩,忽视学生的潜能;关注学生的学习结果,忽视学生的思维过程。现实中不论是教师还是家长,都非常关注学生的考试成绩,较少关注学生在学习上的其他表现——学生是否具有良好的学习习惯,学习方法是否有效,学习积极性是否有待提高,学生的问题意识、交流表达能力、独立思考和探索能力的发展情况如何等——甚至忽视学生完满性格的发展、道德品行的完善等等。

　　最后,传统教学强调教师的主导作用,尚未深入发挥学生的主动性。传统教学中,教师往往按照自己的教学设计按部就班地进行教学,学生在课堂上被动地听讲、忙于记笔记，课后又忙于完成作业，以应付各种考试。学生面对更多的是"听课、做笔记、做练习、考试"，属于学生自己思考的时间较少，这样会导致学生缺少学习的热情和好奇心，缺少个性化创想。教师虽然发挥自己的主导作用来顺利、高效地完成自己的教学任务，但对于发挥学生的主动性、积极性与创造性还有待加强，还需要进一步探索，怎样使学生成为有智慧、有个性的完整的人，而非仅仅是具备知识但缺少灵性的人。

综观以上可以看出，一方面，传统教学自身存在着种种弊端和缺陷；另一方面，现时代又有"终身学习、主动学习"的新教育要求。因此教育正处于关键的转折点上，必须抓住时机适时做出变革。

第二节　数字化时代的教育变革

美国著名的新闻和媒体经营大亨鲁伯特·默多克（Rupert Murdoch）曾经在一个演讲中说道："在座的各位，都不需要我告诉你们，人才和科技怎样使我们的生活变得更加富有和多彩。不管我们到哪里，我们都可以看到电子科技给生产力带来的进步。科技也创造了比以往更多的工作机会，同时把我们从时间和空间的局限中解放出来。"

以信息技术为枢纽的数字信息化形式是当前世界经济转型的典型表现，在信息技术冲击下，"未来的社会将逐步向扁平化演进"，这种扁平化趋势影响下的全球分散式信息，将会形成基础设施。因此，未来"每一个人都必须具备理解当今全球性知识的基础技能"。可见，以互联网为支撑的产业革命让科技生产者处于创新人才链的源头位置；具有丰富的知识构成、能够自我获取新兴科技和探索未知能力的创新人才成为这个时代的领军人物，这些人才是在互联网上能够灵活运用各种科技知识的综合人才。

面对这样的人才需求，在讨论全球教育改革思潮时，有学者认为"之所以当前以新自由主义为主导的经济理论日渐盛行，各国不约而同围绕经济展开激烈竞争，这都与新的信息技术发展密切相关，正是新的信息技术发展才使得'产生知识、信息处理与沟通技术'成为生产力的来源，对教育创新更是在全球范围内迅速更新了原来的模式"。在教育领域，信息技术带来了个性化、智能化、定制化等新的学习理念，正是这种理念，也出现了新的学习方式。新的人才培养将以新技术与信息技术融合创新为手段而注重人们的学习能力发展。这不仅是顺应社会的发展，而且也是满足人类全面发展的需要。

一、数字化与学习方式的变革

1. 学习方式

传统的学习方式主要是教师对学生的单向传输过程，学生需在规定时间内按照统一要求达到测试要求，学习路径呈同质和线性发展趋势。而今，信息技术让知识以网状化状态进行传播和应用，具有强烈的时效性和前沿性。这些碎片化的知识点来源于人们任意时间的意义表达，学习者用多元化思维来思考。学习内容不再局限于教材，获取知识的途径和时间更趋个性化，真正实现了"以人为本"，成为构建学习型社会的重要组成部分。信息技术创造了跨越时空的扁平化交互式教育平台，消除了全世界人们之间的距离。新的学习结构由传统金字塔型转变为分散网络型，它们围绕即兴的目标进行随时信息交流，使教育与世界交融。从这种意义上说，信息技术体现了为任何人、任何时间和地点的人类需求而提供服务的价值取向，这种跨越为全球化学习打下了坚实基础。基于不同领域新技术的个体组合所形成的交互平台也见证了人们通过互联网形成了交叉知识链接的协同学习结构。

2. 学习地点

显然，新形势下的学习方式已从教室延伸到了对全球领域横向体验的共同学习环境中，提升了个人对全球变化的分布式体验。从课内到课外、从学校到家庭、从国内到国外，使传统面对面师生讨论实现了可扩展和可选择的大教育状态，突破了师生间传统的主从关系，对学习具有深远意义。以互联网为代表的信息技术让移动学习、微学习、泛在学习等一系列数字化学习不断涌现，成为人们按照自身需求创造出来的人为社会系统，开启了教育的多种渠道。这些渠道使人们之间的同步与异步交流得以实现，不断消除着人们与教育环境的距离，"刺激了教育者去拓展新的学习环境设计"，使得"时时、处处、人人皆学"成为现实，从根本上营造出了前所未有的全新学习环境。资源共享、多重交互、自主探究、协作学习等所具有的智能化、快捷化、超链化等特征使学习者感同身受着客观世界的一切变化过程，为人们提供了"技术、环境与人"相互协调的教育生活空间，使人的生命本质在教育生活中得以彰显。

教育发展的历史与现实表明：教育的终点就是要回归生活，马克思曾指出"人们的存在就是他们的实际生活过程"，教育的本质就是人的生命实践。从这种意义上说，信息技术让教育环境获得了工具性、生活性和文化性的多重诠释，使信息技术拥有了人类和社会的生命和文化等多种价值取向，贴近了生活，也走向了更加具体的生命实践，使生活和学习融为一体，形成了一种高度智能的信息化学习生态环境。

二、数字化与教学方式的变革

关于教学,古希腊时期的苏格拉底和柏拉图采用诘问法或辩驳式提问;洛克认为教师对儿童实施形式教育要有坚实的经验基础,通过经验教学来使儿童掌握深层次的概念;裴斯泰洛齐创设了"实物教学";从儿童身心发展来看教学的卢梭对爱弥儿的教育采用了自然教育的方式。上述的教学理论和方式,没有随着时间而消逝,而是在不断地改进中更加为现今的我们所采用。随着科学技术的不断发展,教育理念也在不断更替,从以往的教师为中心到后来的学生为中心,从以往单一的课程到现今多样的选择,从以往的死记硬背到现今的个性化发展,无一不体现着教育的与时俱进。由此可以想象,在科技如此高速发展的今天,以往的教学方式和技术已经不能满足现今学生的需要了,因而改革势在必行。

在多媒体技术还未产生之时,教师在课堂教授知识时,一般都采用口头描述或在黑板上记录的形式,但这些教学方法都不能很好地将教师所讲的知识清晰、全面、深刻地传授给每一位学生。有时,教师为了讲解一个数学公式的由来,需要写上满满一黑板,既浪费时间,学生又不能直观地了解。但是,随着多媒体技术在教育中的应用,教师在讲课时,将知识以"数字化"的形式存入电脑中,再通过多媒体将知识教授给学生,使学生更为直观地了解这一知识。另外,远程教学也是教学方式的一大新突破。远程教学的到来,使得每一位学生都可以通过网络学习到优质的教学资源。甚至国外很早就采用远程教学的方式来通过函授提供学位,这一教学方式突破了时空的局限,使优质的教学资源可以在更广的范围内为大多数学生所共享,优质资源的效益得到最大化。

教学方式在教育的过程中起着至关重要的作用,一位教师教学方式的优劣,直接关系到学生对于知识的学习。《国家中长期教育改革和发展规划纲要(2010-2020)》中强调要强化信息技术的应用,提高教师应用信息技术的水平,更新教学观念,改进教学方法,提高教学效果。教师需要借助现今的数字化技术来为自己的教学增姿添彩,而不应固守前人的教学方式一成不变。事实上这并不是对已有教学方式的冲击,并不是摈弃陈旧的教学,只是在原有的基础上进行一些变革,使之能更好地适应现在的社会。众所周知,我们现在已处于信息化的时代,因而我们的教学也应该具备这一时代的特征。

三、数字化时代课堂教学变革的现实困境

数字化时代的到来,对课堂教学来说无疑是一次千载难逢的机遇,但同时也昭

示着课堂教学迎来了一场空前的挑战。之所以说它是挑战，是因为当前在数字化背景下，我们在课堂教学实践中遇到了诸多现实困境，亟待我们去逐一解决。

1. 传统教学手段的缺位

自从现代信息技术引入课堂教学领域以来，人们便纷纷追求教学的现代化取向，甚至产生了对现代教学媒体的过度依赖。较为严重的现象是，当前很多老师几乎只有在现代教学媒体辅助下方能完成教学，比如，经常有老师反映由于停电了而不能上课，甚至连忘记带 U 盘了就无法借助课件进行正常教学。

显然，这种对现代教学媒体过度依赖的同时，也反映了现实教学的另一个极端现象，即导致了传统教学手段严重缺位于现代课堂教学中。事实上，传统教学媒体如书本、黑板、粉笔、挂图、画册、模型、实物、小型展览以及手指等都具有教学上的很多优势，也是现代教学媒体没法替代的。如粉笔加黑板的板书式教学在突显教学直观的同时兼顾师生间的有效互动，这是多媒体教学没法替代的。比如，教师可以通过对板书速度的控制，来调整对学生的管控。这种直接互动方式不仅能很好地吸引学生的注意力，还能留给学生足够的思考空间。况且，良好的板书设计也是体现教师魅力的关键所在。

传统教学媒体具有很多现代教学媒体所不及的优势，如成本低，方便移动，在教学运用中对教师和学生的技术性知识的要求不高，其适应性强，易于操作。正如，有学者所言，在选择传统教学媒体时，对学生、教师、教学条件、媒体特征、媒体效益等因素考虑较少，而这一因素在选用现代教学媒体时却是必须做出充分考虑的。

2. "手脑"并用的机会减少

数字化时代，由于计算机的广泛运用，人们的手写功能逐渐被键盘输入所代替，造成人们"手脑"并用的机会逐渐减少。这样的结果对于现代教育教学乃至整个社会的发展并不是一件好事，反而不利于学生的健康发展。根据神经学的相关研究，写字是一个复杂的功能，依赖于一个庞大的神经系统网络。普兰汀（Planton）等人对 1995-2012 年期间使用功能性磁共振成像（Functional Maqnetic Resonance Imaging，FMRI）和亚电子发射计算机断层扫描（Positron Emission Tomography，PET）方法涉及写字过程的 18 篇论文进行了元分析，结论确认了"书写脑"的存在。研究者还发现了一个由 12 个节点构成的范围广泛的涉及写的脑神经网络；左额上沟/额中回区、左顶间沟/顶上区和小脑前区这三个脑区支持的认知过程是写字独有的，最起码对写字来说是很关键的。因此，可以认为，这三个脑区构成了人类的"书写脑"。然而，在数字化的今天，文字的输入方式从手写到键盘输入的简化，不能不说人类正面临一场书写危机。具体来讲，这种危机一方面表现为人的"手脑"并用的机会减少,也就是说,人的"书写脑"的功能得不到很好的发挥而逐渐削弱;另一方面由于键盘输入简化了人们对手写汉字时所特有的对汉字内部结构的复杂处理的程序,这种简化将在很大程度上丢掉汉字的更多丰富的表意性信息。

3. 虚拟世界的道德缺失

数字化的典型特征就是为我们构筑了一个超越现实的虚拟世界。课堂教学中师生的互动场所也随之从现实的基于教室的课堂延伸至超越现实的赛博空间里的虚拟课堂,师生之间的互动模式也从直接的"人—人"互动模式发展为"人—机""机—人"或"人—机—人"等多种互动模式。在这个虚拟课堂中,教师或学生的主体性和自由度受到了超现实的膨胀。然而,正是人的这种主体性和自由度的超常膨胀,使得人的道德意识和道德情感在这个虚拟课堂中无法受到保障。如有学者在研究数字化背景下大学生的人文素质时直接指出:"学生在网络中隐瞒自己的真实身份,创设虚假角色,容易造成信任危机;一旦学生处在这种具有非社会性和道德感隐蔽的网络氛围之中,就会缺乏道德感和责任感,造成'精神真空'和'道德真空',最终将导致人格的扭曲;还有居高不下的网络犯罪、层出不穷的反科学、不健康的信息污染、令人胆战心惊的电脑黑客、道德滑坡等,都让人们深切意识到数字化时代的人文危机。"

4. "真"与"假"呈乱象趋势

在数字化时代所设计出的虚拟世界里的虚拟存在中,它们都是源于现实和超越现实的存在,其明显特征就是"真"与"假"并存。说它"真"是因为它们是源于现实的,是对现实存在的经验化的结果,其存在的本质是"借助于'数字化'构造一个'真实'虚拟的而非想象、虚假的信息传播与交流的平台";说它"假",是因为它与现实存在并非是同步存在的,它是对现实存在的虚拟仿真。正如某学者指出:"赛博空间,是虚拟的,但它又是可视的,真实的,出现了真的是假的,假的也是真的。"这个虚拟世界所不可规避的"真""假"乱象趋势,在具体的课堂教学中则主要表现在三个方面:一是教学内容的虚拟化。数字化时代的课堂教学总是习惯于将真实的客观知识经验化为虚拟世界的"真实"存在。比如模拟自然灾害中自救、大火中逃生等。虽然类似的教学内容是虚构的,但是它反映的自然规律却是真实的,也就是说其达到的教学效果是真实的、合理的;二是师生间的互动交往融入了虚拟存在的媒介。在数字化时代里,师生间的互动交往活动早已经超越了面对面的交往,而是将真实的人际交往行为经验化为虚拟存在并延续到虚拟世界里持续进行。三是教学场景的虚拟化。数字化的今天,已经发展到有足够的实力设计一个完全虚拟的课堂场景,就某个真正的现实问题进行课堂讨论,实现在真真假假、虚虚实实中完成课堂教学任务。

四、数字化时代课堂教学变革的历史机遇

数字化时代的到来,为教育事业的发展带来了翻天覆地的变化,尤其是给课堂教学造成了极大的影响和冲击。比如,由于数字化的影响,传统的师生之间以教科书为中介的简单的互动模式已经不能满足当前"信息潮"支撑下的实际需要,更值得关注的是由于数字化的引入为课堂教学开辟了诸多教学研究领域从未涉及过的新领域。当然,面对这种影响和冲击,既体现了课堂教学研究与发展的历史机遇,也反映出课堂教学改革与创新的新挑战。就其面临的历史机遇而言,主要表现在下列六个方面:

1. 激起了教学理念的创新

教学理念是教师从教学实践中形成的对教学的基本观点和根本看法,以及在此基础上形成的相对稳定的思想和观念体系。可以说,教学理念至少包括三层意思:首先,它是一种思想观念,即它是不同于人们的具体教学实践,是一种主观认识体系;其次,它源于教学实践,即由教师在教学实践中不断概括而成;第三,它是有关教和学的活动的内在规律的总体认识。可见,教学理念的发展与变化总是基于人们的教学实践的发展和变化。由于数字化的引入,为现实的教学活动提出了诸多新的要求,如数字化背景下教师必须会电子产品的操作,而且能认识和接受从现实世界到虚拟世界的变化等。这必将引起旧的教学理念与新的教学条件不相适应,在我们没法抵制数字化所带来的新的具有绝对优势性的教学条件的诱惑时,我们只有从观念认识上改变自我,改变我们对待教学活动的态度,即变革和创新我们的教学理念。

2. 突破了教学思维的瓶颈

教学过程作为一种认识活动,它同样是人们的思维逻辑过程逐渐展开的结果。这就决定了教学思维在教学活动过程中的决定性意义。这里的教学思维,是指师生基于教学实践活动而引起的关于教和学的活动的各种思维方式、过程和结果的总和。显然,数字化时代的到来,为师生的教学思维开辟了一片新天地,拓宽了教学思维的对象世界。在课堂教学领域,由于数字化的引入,而使得人们原有的关涉课堂教学活动的思维方式发生了根本性的变化。由于数字化世界所构筑的赛博空间里的存在是基于现实而又超越现实的存在,从而导致了我们的认知思维同样可以在源于现实而又超越现实的情境下无限制地遨游于赛博空间。

3. 超越了教学时空的局限

在传统意义上,基于空间的认识,课堂主要是指进行教学活动的教室;而基于时间的课堂则是持续40或45分钟的教学过程。数字化时代的今天,我们的课堂教

学则有了新的定义，基于教室的课堂教学不再是学生接受知识的唯一场所。比如翻转课堂就颠覆了传统的课堂中接受知识、课后内化知识（通过作业复习巩固）的模式，而将学生接受知识的过程提到课前由学生自主学习来完成，课堂中则通过探究、讨论等方式解决学生接受知识过程中所遇到的种种困难。

因此，数字化背景下的课堂教学不再仅仅是向40或45分钟要质量，而是充分利用现代教学媒体的优势，帮助学生从广大信息潮中寻求需要的信息，而仅仅依靠教师提供的知识信息是有限度的，不足以满足学生的学习需求。更重要的是在数字化背景下，由于虚拟世界的存在，而实现了诸多如抗灾、救火等现实课堂教学中无法实现的教学活动。因此，数字化时代的课堂教学已经在空间上超越了教室的局限，跨过了现实的界限，通过网络技术，融入虚拟世界；在时间上超越了传统意义上的40或45分钟的局限，比如翻转课堂的"先学后教"模式，就把学生的大量学习时间转移到了课前的学习准备上了。

4. 引起了教学结构的变化

教学结构是在一定教育思想、教学理论、学习理论指导下的，在某种环境中展开的，由教师、学生、教材和教学媒体这四个要素的相互联系、相互作用而形成的教学活动的进程的稳定结构形式，它将决定教师按照什么样的教育思想、教学理论与学习理论来组织教学活动进程。根据教学结构的定义，我们会发现，教学结构实际上反映的是教师、学生、教材和教学媒体这四个要素之间的相互关系结构。从已有的课堂教学结构来看，传统的主要有以教师为中心的教学结构、以知识为中心的教学结构和以学生为中心的教学结构。随着数字化时代的到来，课堂教学结构也主要从教师为中心和知识为中心的教学结构形式转向以学生为中心的教学结构形式。陆志平在其《数字化时代的课堂重建》中论述到，在数字化时代里，课堂教学正由辅助教学转向"E学习"。也就是说，在课堂教学的教师、学生、教材和教学媒体这四要素中，计算机辅助教学模式所支持的是教师在教学媒体的作用下教教材，即通过信息技术把知识传递给学生。可见，计算机辅助教学是支持传统教学模式的。然而，在数字化环境下的"E学习"（如翻转课堂的先学后教）则是基于学生为中心的，即教师和信息技术都是作为学生直接面对知识的媒介。其中，教师起指导和帮助作用，而信息技术起支持和辅助作用。

5. 实现了教学方式的变革

数字化时代改变了传统的粉笔加黑板式的简化教学形式，实现了现代化教学手段支撑下的"虚拟＋现实"的新型教学形式。在传统教学中，由于条件的限制，而主要使用的教学方式是讲授式、讨论式、问答式、表演式等，而数字化背景下，课堂教学方式有了诸多新的变化。为了适应数字化教学环境的需要，教师在探索教学方式时，不仅离不开计算机网络技术的支持，更是希图啥都能与新型教学媒体挂钩，甚至认为没有融入现代信息技术的课堂是不合格的课堂。可见，数字化时代的教学方式的变革与创新的核心是对现代信息技术的充分运用，或者说是对现代信息技术的依赖。在现代化信息技术的支持下，课堂教学方式变革的具体内容虽然我们没办法做出逐一呈现，但其变革的维度至少包括在三个方面：一是由于信息技术的运用，从质上推进了课堂教学方式的变化，如在师生之间的直接对话过程中介入了一个虚拟场景，这种虚拟实验能避免很多教学交往中的尴尬局面；二是由于信息技术的运用，实现了课堂教学方式在量上的变化，如可以通过云技术进行多面展示、通过技术设计开发教学软件、通过网络平台实现在线学习和咨询等；三是实现了时空维度上拓展，即促进了课堂教学方式在结构形态上的变化，传统课堂教学主要采取讲、听、练、考等单向推进的方式进行，而进入数字化时代后，则主张课堂教学主要采用自主、合作、探究等方式综合进行。

6. 改变了教学评价的方式

数字化时代的课堂教学不仅在教学理念、教学思维、教学时空、教学结构和教学方式等方面存在系列变化，同样引起了课堂教学评价的变化。在课堂教学评价上，由于数字化信息技术的运用，使得评价的方式更加开放、多元。

诚然，在数字化时代里，引起课堂教学评价发生改变的原因是多方面的，但概括起来大致有两点：一是传统的教学评价方式已经不足以适应新型课堂教学结构的变化，在现代化信息技术所支撑下的课堂教学引入了数字化的虚拟世界、给人一种虚拟感觉，这不是简单的考试和分数所能涵盖的，它需要借助现代化信息技术进行精确的数据测量和分析。比如虚拟仿真实验的引入和运用等。二是随着现代化信息技术的运用，大量新型社会评价方式逐渐被师生所青睐。比如，有学者就建议："日常评价可以引进投票、关注、粉丝、网评等网上通行的学生喜闻乐见的评价方式，改变分数加排名的简单做法。"

当然，我们在教学过程中对这些新型社会评价方式的选取和运用也不能盲目进行，必须遵循一定的原则。首先，应该遵循新型社会评价方式的教育性原则，即通过引入此类新型社会评价形式的目的是促进学生身心的和谐、健康发展，而不是为了赶时髦；其次，应遵循综合性原则，即这些评价虽然在一定程度上能吸引学生的注意、激发学生的学习兴趣，但往往优势也正好隐藏着自身的不足，比如网评本来是一件方便快捷的好事情，但经常由于缺乏面对面的交流而导致评价的虚假和恶搞等，因此，必须综合多种评价形式，取其均值，以将评价中由于个人偏好而造成的不真实成分控制在有限范围；第三，应遵循人文关怀性原则，或者说是评价方式的修正性原则，即当我们在运用现代新型社会评价方式进行评价时，必须考虑教学实际，顾及个体感受，不能因为评价而伤及某教师或学生。

五、数字化时代课堂教学变革的路径反思

毋庸置疑，数字化的应用给我们的课堂教学带来了颠覆性的变化。然而，面对此种机遇与挑战并存的情况，我们究竟应该怎样做才能更有效地使数字信息服务于我们的课堂教学呢？对此，我们可从下列几个方面着手思考。

1. 切实转化师生的教学主体性角色

传统的教学条件下，师生之间的互动交往模式主要是基于现实课堂教学的"人—人"交往模式，师生之间直接面对面地进行交流。显然，这种有限条件下，课堂教学主要是基于教师中心或知识中心的结构形式，教师组织教学的目的主要是尽可能高效率地将所备知识传递给学生，学生则完全处于等待接受的状态，而且教学资源也主要源于教材和教参。然而，由于数字化资源的引入，使得这种课堂教学结构发生了根本性的变化，教师不再享有对知识的绝对优势权，师生交往所借助的客观知识（教学内容）也不再局限于某本单一的教材，学生也不再是等待接受的被动学习者。这就需要处于课堂教学中的师生必须切实转化各自的教学主体性角色。

从教师主体来说，理应改变"我"（教师）为中心的教学态度，因为开放、丰富的数字资源早已经超越了"教材"的局限，学生获取知识的渠道也不再仅仅源于教师或单一的教材，因此，教师所做的应该是为学生获取更多知识提供方便，帮助学生掌握如何在浩瀚的知识海洋里尽可能快地获取需要的信息。

从学生主体来说，在这个丰富多彩的信息世界里，那种等待接受、被动吸收的"享乐主义"角色已经不复存在了。为了适应变化莫测的数字世界的需要，学生需要积极、主动地去获取知识信息。

2. 谨慎对待数字化时代的教学变革步调

数字化激起了当今课堂教学潮涌似的变化，但是变革不能一蹴而就，仍需循序渐进，谨慎为之。也就是说，我们在认同和接受数字化时代引起的课堂教学变化的同时，还需谨慎对待数字化时代诱发的教学变革步调。这是因为：一方面数字化的世界让我们在真假难辨的情况下，淡化了对现实、对直接经验的亲历需求，因为虚拟的数字世界所呈现的仿真经验往往是经过加工、处理、选择后相对完美的经验，其很容易让涉世未深、缺乏辨别能力的学生更愿意接受虚拟世界的东西才是自己真正需要的错觉；另一方面数字化世界所存储的大量信息在带给学生更多方便、快捷

的同时，也牢牢地锁住了学生对网络搜索的强烈依赖，或许这正默默地夺走学生独立思考问题的能力。正如有学者指出："我们以为虚拟是真实现象的数字化再现，其实它是经过选择、加工的主观再现，它以貌似客观真实的方式呈现着主观、虚拟的内容。因此，无论是旧媒体还是新媒体，都不能天然地应用于教学，必须通过有目的的、自觉的改造，才能使其服务于教学。"然而，所谓的谨慎为之，并不意味着就放弃而不为之。虽然数字化世界变幻莫测、多姿多彩，使得我们疲于应付，乃至是应接不暇，但同时也正是因为这种多样性、超现实性刺激了我们不断改革与创新的神经，使我们不得不自我调整而主动适应时代的发展需求。因此，我们所指的谨慎对待数字化时代的教学变革步调，实质是告诉大家既要"埋头拉车，更要抬头看路"。在面对虚实相济的数字世界时，我们不能一味跟风，要紧扣教学实际，进行循序渐进的教学改革。我们也应该极力克服畏难情绪，要乘风破浪，勇于探索和创新，致力寻求教学改革与时代发展的切合点，深入教学实践，不断反思与总结经验，要让教学实践成为践行改革成效的根本标尺。

3. 极力匹配数字化时代教学变革的辅助系统

常言道，有了思想不去行动等于妄想，有了行动不思效果等于茫然。为了让数字化时代的课堂教学变革顺利进行，我们在付诸实际行动的同时，还不得不思考如何使之更加合理有效地进行。也就是说，我们在甩开膀子干的同时，还应辅之以相应的支持系统。对此，我们可从四个方面建设该辅助系统：一是提高思想意识。数字化已经成为时代发展的必然趋势，我们应该清楚地意识到在此背景下，进行课堂教学变革也是势在必行，否则我们的课堂教学将难以满足数字化时代学生追求知识的强烈欲望。二是加强科学研究。面对数字化时代带来的课堂教学的机遇与挑战并存的现实，我们既不能因为它是一次机遇就绝对信赖地往前冲，也不能因为数字化时代抛给我们的课堂教学太多的挑战而畏缩不前。我们需要把握好变革的步调，有目的、有计划地进行课堂教学变革，加强对数字化时代的课堂教学变革与创新的科学研究，防止课堂教学的改革大军被浸没在虚拟世界的陷阱中。三是注重实践探索。课堂教学变革不能跟风随雨、人云亦云，更不能只停留在纯理论的思辨与妄想之中，而应该深入课堂实际，进行实践反思与创造，从而在不断否定、否定、再否定中追求进步。四是拟定相应的政策文件，一方面赋予师生进行课堂教学变革的应有权利；另一方面制定相应的规章制度，既起规范之效，又有监督之力，从而确保课堂教学改革的顺利进行。

4. 重新界定课堂教学的时空概念

显然，数字化时代带给教学的变化是显而易见的，其中尤其值得注意的是引起了课堂教学在时空上的变化。在数字化时代里，课堂教学正以非常快速的步伐从主要关涉现实世界走向兼顾关涉现实与虚拟相结合的二重世界。这一变化导致了现如今的课堂教学在时间上超越了每节课的 40 或 45 分钟，在空间上从教室拓展到大千世界，以致单一的教室活动已经不足以满足数字化时代的课堂教学的基本需求。因此，若想全面深刻地理解当前的课堂教学，必须对课堂教学的时空概念做出数字化时代的重新解读。否则，传统意义上对课堂教学的理解必将束缚着数字化时代赋予课堂教学的全新意义的合理发挥。基于这样的思维逻辑，我们提出"泛课堂教学"的概念，即只有在"泛课堂教学"理念的包容下，数字化时代的课堂教学时空观念才能有其准确合理的定位。当然，我们在此提出"泛课堂教学"理念，与其说是给数字化时代的课堂教学重新定位，不如说是我们更愿意被理解为为大家思考数字化时代的课堂教学提供一种全新的思维视角，希望借此激起大家对此更多的关注和思考。

第三节　求知创新的社会需求

一、社会发展的需要

快节奏的社会生活对我们每个个体提出了更高的时代要求：我们要快节奏地学习新鲜事物，分析理解新情境，做一个学习能力强的求知者。因为，人生需要求知。不管是谁，都需要不断地发展和完善自己，以适应瞬息万变的社会发展，更好地面对未来的不确定性。我们需要紧跟时代的步伐，融入时代潮流，在新的时代背景下审视我们的生活、学习和工作。

社会的飞速发展对教育提出了新的需求：现时代社会不仅需要具备知识和技能的专业人才，更需要具有独特的个性、较强的学习能力、较大的发展潜力和创新能力的高层次人才。这也就促使我们重新思考教育问题——我们怎样去培养学生，使学生将来能适应社会的发展。

二、学生学习的差异化需求

学生个体具有独特性，个体之间存在着差异。学生在学习过程中同样存在着显著的个体差异，具体表现在如下几个方面：

第一，学生在认知方式上存在差异。认知方式又称为认知风格，它是指学生在组织和加工信息的过程中表现出来的个性差异，其实质就是个体在感知、记忆、思维、想象等认知过程中所偏爱的、习惯化了的态度和方式。譬如，有的学生喜欢在安静的环境下静静地看书，而有的学生喜欢在嘈杂喧闹的环境下做数学几何题；有的学生喜欢独自一人沉思，有的学生喜欢和他人交流，善于表达自我；有的学生擅长用抽象的逻辑思维解决问题，有的学生则擅长运用具体的形象思维看待事物……学生的认知方式千差万别。

第二，学生的学习风格存在差异。"学习风格"这一概念是由哈伯特·塞伦首次提出的。学习风格是指学生在学习过程中比较喜欢采用并习惯化了的学习方式，是个性化的学习策略和倾向的总和。学生的学习方式各有特点。例如，在语文学习中，有的学生喜欢安静地阅读，静心体会文章的内容想要表达的含义；有的学生则喜欢大声朗读，在朗诵中理解文章的寓意。学生的学习步调有快有慢，我们不能按照统一的教学设计组织学生学习同一知识点。学习能力较强、学习进度快的学生，会因为学习内容早已掌握，从而感到教师的讲授枯燥无聊；学习能力较差、学习进度慢的学生，则可能会认为教师讲得太快，觉得学习内容太难，逐渐跟不上教师的授课节奏，从而失去学习兴趣。学习风格没有好坏之分，也与智力无关。我们不能单纯地说："学得快"的学生就好，"学得慢"的学生就不好。学习风格的差异还表现在学生对知识点的掌握能力存在差异。在传统课堂（标准化课堂）上有的学生没有足够的时间来吸收内化知识。而知识内化是一个过程，需要一段时间。如果给予那些"学得慢"的学生充足的时间，很有可能的是，那些"学得快"的学生对知识点的理解不比"学得慢"的学生更深入和扎实，对知识点的记忆不比"学得慢"的学生更持久和牢固。因此，传统课堂"一刀切"的教学模式忽略了学生学习风格的差异性。

第三，学生的学习动机存在差异。学习动机包含学习兴趣、学习需要、情感、意志力等非智力影响因素，起到激发和维持学生学习行为的重要作用。学习动机对学生的影响并不直接"卷入"认知过程，而是间接增强学生的学习效果。例如，在学习意志力方面，有的学生可以一直表现出刻苦努力的学习意志力，但有的学生没有持之以恒的学习意志力，只能在一段时间内保持较好的学习状态。在教学过程中，我们应当关注每名学生的非智力影响因素，针对学生的学习动机差异，制定属于每名学生的学习目标，做出合适的学习规划，设定不同层次的学习任务，实现真正的个性化指导与帮助。

世界上没有两片完全相同的树叶，同样，世界上也没有完全相同的两个学生。每名学生个体都具有自身特有的认知方式、学习风格和学习动机，所有这些特质结合在一起就构成了学生的个性。在这个非常注重个性的时代，我们需要善于发现学生本来就存在的个性，并促使其得到最大限度的发展。

我们正处于信息革命的时代潮流之中，社会的发展要求每个人成为更高层次的"终身学习者""自主选择学习者"，教育的现实亟须变革，而学生个体之间存在着差异，因此，应当探索新的教学模式，革除传统教学模式的弊端，促使学生个体更好地进行终身学习和自主选择学习，培养适应社会发展的具有个性的创新型人才。

第三章
移动自主课堂教学模式的构建

第一节　师生进入移动自主学习角色

随着现代信息技术的迅猛发展，网络技术在教育中的应用日益广泛和深入，特别是Internet与校园网的接轨，为学校教育提供了丰富的资源，使网络教学真正成为现实，为有效实施素质教育搭建了平台，有力推进了新课程改革。现代信息技术的发展为创新人才培养提出了挑战的同时也提供了机遇，国家教育部《基础教育课程改革纲要（试行）》明确提出，要"大力推进现代信息技术在教育过程中的普遍应用，促进现代信息技术与学科课程的整合"。而运用现代信息技术教学具有"多信息、高密度、快节奏、大容量"的特点，其所提供的数字化学习环境，是一种非常有前途的个性化教育组织形式，可以超越时间和空间的限制，使教学变得灵活、多变和有效。处在教育第一线的我们，必须加强对现代化教育技术前沿问题的研究，努力探究如何运用现代信息技术，尤其是在课堂上将基于现代信息技术条件下的多媒体、计算机网络与学科课程整合，创新教学模式、教学方法，更好地激发学生的学习兴趣，调动积极性，使课堂教学活动多样化、趣味化、生动活泼、轻松愉快，提高教学效率。

课堂教学改革是实施新课标的重要基点。现代社会要求年青一代要具有较强适应社会的能力，并从多种渠道获得稳定与不稳定、静止与变化的各种知识。传统的教学模式是老师在课堂上讲课，布置家庭作业，让学生回家练习；而"翻转课堂教学模式"是学生在教师指导下，通过积极参与教学实践活动，学生在家完成知识的学习，课堂变成了师生之间和学生之间互动的场所。面对常规的每一节课，面对基础不一的每一名学生，面对每一个新的知识点和每一名学生不同的需求，打造"翻转教学模式"下以学生为中心的高效课堂教学就显得十分重要。

一、学生角色

学生进入移动自主课堂后会看到自己未完成的任务，其中包括老师发布的考试、作业和学习资源；自己制定的学习任务，如查看学习资源和错题练习等；系统根据学习曲线算法在适当的时间布置给学生的相应学习任务，如学生长时间没有复习和练习某个知识点时，系统会将相应学习资源和练习推送给学生进行复习和练习。学生可以查看自己最近一段时间的学习记录，及时了解自己的学习情况。学习记录中包括最近学习了哪些资源以及学习每一种资源所用的时间、测试情况的反馈，包括每一个知识点测试题目的数量、正确率等信息。平时考试、做作业会产生错题，利用好这些错题可以有效提高学习效率。学生可以利用移动自主课堂的"错题本"功能，根据时间顺序（倒序）、试题错误次数（倒序）、知识点归类和随机这几种方式查询最近的错题，每一道错题都可以进行即时练习，每一次练习都自动存入系统，并根据结果的对错调整该错题的权重。同时，系统可以自动推送与某道错题相关的知识点和学习资源，以方便学生进行针对性的学习（因材施教）。移动自主课堂考试、作业功能可以根据学生的学习记录自动剔除学生已经牢牢掌握的试题，从而缩短学习时间，提高效率。学生可自主在题库中随机（由系统根据算法进行预筛选）或指定筛选条件等多种方式抽取试题学习，以及根据学生的特点推送与学生掌握不好的知识点相关的试题供学生进行练习（缩短学习时间）。同时，系统根据高分学生的学习记录，推送这部分学生的学习资源和练习供当前登录的学生进行练习，并根据练习题的测试情况调整推送参数，以探索最适合该学生的学习模式。针对每名学生的不同学习特点，系统对学习资源进行有效分类。系统将知识点和学习资源建立网络结构，并根据教师指定的难度和实际测试过程中形成的难度数据建立分层结构（海量资源分类）。学生可选取知识点的学习资源，系统自动记录学生学习每个资源所用的时间，以 t 表示。每个学习资源在入库时由系统自动根据资源内容设置学习时间，以 t_0 表示。当 $t > t_0 \times 1.5$ 时，t 取 1.5 倍的 t_0，其意义是如果学生学习某个资源耗时过长，可以认为仅学习了 1.5 倍的标准时间。这样可以排除一些人为的操作，避免产生影响统计分析的结果。针对每个学习资源，学生可在学完资源后进行即时练习，趁热打铁。

二、教师角色

教师可利用平板电脑或其他方式出题，同时指定试题的属性，如关联的知识点、体现的能力和难度系数等。对于试题的难度系数，系统可以根据学生答题的情况计算出来，自动将错误率较高的题目推送给教师并给出建议，如题目太难、讲解不够等，从而优化题库。为了提高教学效率及资源利用率，系统可以统计每个资源的使用情况，包括学习次数和时间等，并针对使用过于频繁或者过少的资源推送通知。同时，系统还监控学生学习指定资源的情况，包括近期学了哪些资源，投入时间如何，与这些资源相关的试题成绩如何等，从而更准确地了解学生的学习情况，提高课堂教学效率。教师可以通过考试系统发布随堂练习，及时查看学生学习掌握程度，以便当堂解决学生本节课学习中存在的问题。考试系统根据历史数据，对试题库中的试题进行预筛选，剔除正确率非常高、近期出现频率过高的试题，同时将错误率过高、近期很少出现的试题前置显示，为教师提供更多的建议，从而提高出题质量，实现因材施教。在体现个性化教学方面，系统中的学生学习情况查询功能可以使教师了解学生的整体情况，包括错误率较高的知识点和题目。同时，将查询到的数据与相应学生学习资源的时间投入情况进行对应，以协助教师分析学生失分的原因。还可以针对指定学生，了解其最近的学习档案和考试、练习情况，包括其薄弱知识点、资源学习的盲区等，以便针对个体给出个性化的学习建议。

三、营造师生及生生互动的学习空间

1. 师生、生生互动

移动自主课堂采用先学、精讲、后测、再学，并有教师参与的教学模式。在移动自主课堂中，教师根据学科类型、知识点特点、学生特点、教学目标与教学内容等，可采用灵活多样的教学方式，并且系统可自动记录学生行为和教师行为数据。教师根据系统提供的数据可以了解每一名学生的学习情况，学生也可以通过"点赞"或"不赞成""笑脸"或"哭脸"等方式对某知识点的学习心情、学习效果、教师讲解等情况做出回应。学生之间可以针对某知识点的学习进行竞争学习，教师和学生之间可针对某知识点发起话题讨论等，在课堂教学中实现师生、生生互动。更重要的是，这样可采集到用于学生分析和管理的真实数据。

2. 个性化学习

在课堂教学中，虽然学生是在教师的安排下有序学习，但课上时间主要集中在教师对疑难问题的解答或教学内容精讲上。而那些课上没学会或缺课的学生，则可以在课外登录"移动自主课堂"，自主学习课堂教学中的相同内容。在课外，系统根据每位学生的学习路径和近期学习情况，针对教学过程中的重点难点和每位学生的错误点进行个性化推荐。根据系统记录的学生错误试题的数据，教师也可以进行个性化指导。

3. 学习轨迹与成长记录

移动自主课堂可以详细记录学员的学习过程和学习习惯等相关数据，再加上教师的指导，更能充分发挥这些数据的作用。

四、移动自主课堂教学模式的设计

移动自主课堂包含的角色有学生、教师和管理员，他们都可通过 Web 或者平板电脑与服务器交互，实现所需的功能，如出题、出卷、布置作业、考试、做题、批改作业等。

Web 浏览器方式主要给管理员和教师提供图形用户接口，以方便使用电脑进行系统的管理工作，主要包括系统参数设置、用户管理、题库管理、试卷管理、考试管理和教学质量分析等相关功能。

平板电脑方式可为所有角色服务：管理员可以了解指定教师和班级情况；教师可以实现实时出题、出卷、布置作业、批改作业、改卷、查询学生学习情况等；学生可以实现实时学习、考试、练习等功能。

信息化环境下移动课堂教学模式探究以"移动自主课堂"为核心，我们还设计了"四课型"渐进式自主学习方式。其基本模式是：先学、精讲、后测、再学，即教师提前通过学生学习支持服务系统向每名学生发送资源包，包括导学案、课件、测试题及有关学习资源（包括微视频等），学生参考资源包，依据课本进行预习自学，并记录问题或疑问，学生通过平板电脑或其他媒介展示反馈学习成果，或通过学生学习支持服务系统进行前测，通过测试展示学习成果或问题，对重难点内容由学生或教师进行点拨，在充分质疑交流的基础上进行归纳总结（老师与学生互动）。最后通过学习平台进行练习评价课，系统自动统计测试成绩并进行分析，之后由学生、教师或系统进行讲评、评价。

第二节　移动自主课堂的改革突破

移动自主课堂是基于无线网构建的课堂教学支撑平台，充分吸收了无线互联的优势，教师可根据教学目标、教学内容、教学方法等，利用资源支持备课、上课等教学环节，并建立知识点之间的内在联系。这种课堂教学支撑平台支持下的课堂教学可满足如下要求。

第一，满足课堂教学的要求。慕课和翻转课堂无法支持课堂教学的各方面要求，而移动自主课堂支持课堂教学的各个环节，包括备课、上课、提问、课堂练习、单元测验、考试、学生评价等，并具有可操作性和方便性。

第二，可随时随地组织课堂教学。慕课授课形式具有局限性，翻转课堂不能实时进行课堂教学，移动自主课堂则在无线网络的支持下，可以不限时间和地点地组织课堂教学。

第三，支持各种形式的教学模式，其中包括慕课模式和翻转课堂模式。慕课是典型的先教模式，翻转课堂是先学模式。

第四，支持因材施教。基于大数据，自动或人工获取教学行为、学习行为等数据，建立评价体系和数据挖掘模型，客观评价学习效果、教学效果、学生分析等。根据这些数据和评价信息，实施因材施教。

第五，支持教学资源开放、共享。原则上，移动自主课堂支持各种形式的教学模式和学习方式。

一、构建自主学习的移动课堂

自主学习（意义学习）是相对于被动学习（机械学习、他主学习）而言的，是指教学条件下学生的高质量学习。自主学习概括地说，就是"自我导向、自我激励、自我监控"的学习。对学生明确提出课前自学，提出疑问。教师在课堂上引导学生分组讨论，解决问题，对一些共性问题进行点拨。

我们要强调自主学习、合作学习、探究学习，要把所有学生的学习都提高到一个自主学习的高度。自主学习就是学生自我导向——明确学习的目标，自我激励——有感情的投入，自我监控——发展学生的学习策略和思考策略，作为教学的一个目标，应通过具体真实的问题解决来更好地明确解决问题所依持的原理。让学生能够把这一原理应用到更广泛的情境中去。原有的试图说服学生、命令学生、简单重复已有的正确结论的学习方式，禁锢了学生的思想，剥夺了学生质疑的权利，压抑了学生的创造潜能。

根据国内外学者的研究成果，具体地说，自主学习具有以下几个方面的特征：学习者参与确定对自己有意义的学习目标，自己制定学习进度，参与设计评价指标；学习者积极发展各种思考策略和学习策略，在解决问题中学习；学习者在学习过程中有情感的投入，学习过程有内在动力的支持，能从学习中获得积极的情感体验；学习者在学习过程中对认知活动能够进行自我监控，并作出相应的调适。

自主就是尊重学生学习过程中的自主性、独立性——在学习的内容上、时间上、进度上，更多地给予学生自主支配的机会，给学生自主判断、自主选择和自主承担的机会。过去的课堂是老师控制学生学什么，什么时间学，学生始终处于被动状态，这种过度控制压抑了学习的兴趣和学习过程中的美好体验。自主学习可以有效地促进学生发展的学习。大量的观察和研究充分证明：只有在此种情况下，学生的学习才会是真正有效的学习。学生会感觉到别人在关心他们，对他们正在学习的内容很好奇，同时也会积极地参与到学习过程中，在任务完成后得到适当的反馈，他们看到了成功的机会，也对正在学习的东西感兴趣并觉得富有挑战性，感觉到他们正在做有意义的事情。例如，弗莱明发现青霉素的过程，反映了自主学习，及时发现问题，提出问题，解决问题的过程。1928年底的一天，弗莱明和他的同事在实验室闲聊，突然发现一只原本培养金黄色葡萄球菌的培养皿出现了一圈清晰的环状带，于是提出为什么霉菌周围的金黄色葡萄球菌消失了呢？是不是在霉菌中存在一种物质可以杀死葡萄球菌？带着问题继续研究，终于制成具有杀菌力的青霉素。说明科学发现，需要多问几个为什么。要促进学生的自主发展，就必须最大可能地创设让学生参与到自主学习中来的情境与氛围。

二、构建合作学习的移动课堂

合作指教学条件下学习的组织形式，相对的是"个体学习"与"竞争学习"。是学生之间和师生之间的互动合作，平等交流。学生不再是孤立的学习者，而是愿意与同伴一起合作学习，与人分享学习与生活中的失败与成功的体验。合作是一种开放的交流。培养学生合作的品质，乐于与他人打交道，是培养人的亲和力的基础。合作学习强调学生在小组或团队中为了完成共同的任务，有明确的责任分工的互助性学习，它有以下几个方面的要素：积极承担在完成共同任务中个人的责任；积极地相互支持、配合，特别是面对面的促进性的互动；期望所有学生能进行有效的沟通，建立并维护小组成员之间的相互信任，有效地解决组内冲突；对于各人完成的任务进行小组加工；对共同活动的成效进行评估，寻求提高其有效性的途径。

合作动机和个人责任，是合作学习产生良好教学效果的关键。合作学习将个人之间的竞争转化为小组之间的竞争。如果学生长期处于个体的、竞争的学习状态之中，久而久之，学生就很可能变得冷漠、自私、狭隘和孤僻，而合作学习既有助于培养学生合作的精神、团队的意识和集体的观念，又有助于培养学生的竞争意识与竞争能力；合作学习还有助于因材施教，可以弥补一个教师难以面向有差异的众多学生教学的不足，从而真正实现使每名学生都得到发展的目标。在合作学习中由于有学习者的积极参与，高密度的交互作用和积极的自我概念，使教学过程远远不只是一个认知的过程，同时还是一个交往与审美的过程。研究表明，如果学校强调的是合作，而非竞争，既不按智力水平分班，又不采取体罚的措施，那么这种学校就不太会发生以大欺小、打架斗殴以及违法犯罪等事件，同时也不会因为强调竞争而降低学习成绩。事实证明，要提高一个孩子的学习成绩，更有效的办法是促进他的情感和社会意识方面的发育，而不是单纯集中力量猛抓他的学习。

合作学习可以帮助学生通过共同工作来实践其亲社会技能。在合作式的小组学习活动中可以培养学生的领导意识、社会技能和民主价值观。

三、构建探究学习的移动课堂

"把课堂还给学生"，教师要积极在课堂上开展探究式教学，让学生不仅知其然，还要知其所以然。探究教学的含义是：在教学过程中构建具有教育性、创造性、实践性、操作性的学生主题参与活动为主要形式，以鼓励学生主动参与、主动探究、主动思考、主动实践为基本特征，以教师合理、有效的引导为前提，以实现学生各方面能力的综合发展为目的，促进学生整体素质的全面发展。所谓探究学习相对的是接受学习。接受学习将学习内容直接呈现给学习者，而探究学习中学习内容是以问题的形式来呈现的。和接受学习相比，探究学习具有更强的问题性、实践性、参与性和开放性。经历探究过程以获得理智和情感体验、建构知识、掌握解决问题的方法，这是探究学习要达到的三个目标。"记录在纸上的思想就如同某人留在沙上的脚印，我们也许能看到他走过的路径，但若想知道他在路上看见了什么东西，就必须用我们自己的眼睛。"德国哲学家叔本华的这番话很好地道出了探究学习的重要价值。探究学习也有助于发展学生优秀的智慧品质，如：热爱和珍惜学习的机会，尊重事实，客观、审慎地对待批判性思维，理解、谦虚地接受自己的不足，关注好的事物等。

探究创新就意味着不故步自封、不因循守旧、不墨守成规，总是试着改变，所以创新、探究和发展是健康人格的重要组成部分。缺乏创新意识和能力的人的人格是不完善的，一个自我实现的人总是带有开拓进取、勇于冒险的精神，不会固守不变的东西得过且过。探究学习即从学科领域或现实社会生活中选择和确定研究主题，在教学中创设一种类似于学术（或科学）研究的情境，通过学生自主、独立地发现问题、实验、操作、调查、信息搜集与处理、表达与交流等探索活动，获得知识、技能、发展情感与态度，特别是探索精神和创新能力的发展的学习方式和学习过程。

探究学习教学基本思路：明确学习目标，带着问题去学习探索新知识，可通过预习，列出知识框架，找出疑难点，查找资料，尽可能先解决。课堂上，教师要走下讲台，到学生中间去，当好导演，要调动好课堂，让学生在课堂上有问题提，有问题探究，有问题通过小组合作来解决。要允许学生发表不同的观点，但教师只在一些科学性的问题上给予明确答案，适时进行点拨指导，如果学生提不出问题，教师就要事先准备好有探究性的问题，不同类型的内容有不同的探究方法。有新的知识点的探究，有概念间区别的探究，有科学家研究问题思路的探究，有探究性实验的设计，有探究性问题的资料研究，有对照实验设计探究，有实习、实践等问题探究等。

四、教师落实移动课堂教学模式

教师走下讲台，努力创造活跃的课堂氛围，可以使学生迅速进入情绪高昂和智力振奋的内心状态。才能有效促进学生思维方式以及思维过程中能力的迁移，达到培养学生联想类比能力的目的。这就是"激趣——探究"教学，其基本模式为：激发兴趣，提出问题，做出假设；设计方案，分组实验，合作探究；分析数据，发现规律；综合考虑，得出结论。真正使课堂成为一种民主、和谐、共进的平台，最大限度地提高学习的自由度。这种教学模式改变了师生在课堂中的角色定位，学生成为课堂的主角，教师担当了导演，通过教师的"导"，让课堂成为一个真正的"学习共同体"，教师与学生分享彼此的思考、经验和知识，交流彼此的情感、体验和观念，共同创建一个"合作型的课堂"，使师生在合作的过程中都能有所收获，真正实现师生的共同发展。教学从"主体失落"走向自身觉醒，教学觉醒意味着教学主体的回归，教学觉醒意味着教学过程是一种对话。学生从边缘进入中心。需重视学生的多元化，需要教学回归学生的现实生活。

关注学生作为"整体的人"的发展。"为了每位学生的发展"，"让每一位都自信，使每一位都成功"，谋求学生智力与人格的协调发展。倡导个性化的知识生成方式。学校教学应促进学生发现和创造的兴趣，满足学生主动认识世界的愿望，使学生形成独立思维的习惯，终身学习的能力。因为我们所处的时代是一个知识激增的时代，知识浩瀚无边，教师所能教给学生的只是知识总量中的极少一部分。学生只有通过自己主动的探究学习，才能形成对自然界客观的、逐步深入的认识，形成一定的概念和概念体系。变"组织教学"为"动机激发"，变"讲授知识"为"主动求知"，变"巩固知识"为"自我表现"，变"运用知识"为"实践创新"变"检查知识"为"互相交流"。

五、移动课堂的定位

翻转课堂是对传统课堂的变革，是在优秀教师指导下，先学后教的课堂教学模式。它以发挥学生参与性与主动性为目标；充分尊重学生各方面的差异，注重学生个性发展；在知识高效传送的基础上，推动中小学课堂教学从"知识导向"向"综合素质导向"转变。

浙江省温州市第二中学杨晓燕校长说"翻转课堂不是推翻课堂而是转变课堂",这就给予了翻转课堂一个准确的定位。翻转课堂,是利用当前信息技术的条件和大数据分析的优势,为改变学生学习方式和教师教学方式所做的一种教学改革尝试,把由教师重复讲授的内容,如概念讲解和事实展示等放在课堂教学之前,通过视频或其他形式来供学生学习;让学生学习更加主动,让学生逐步学会对自己的学习负责。同时,在当前信息化社会背景下,它充分利用数字化技术,实现教与学的及时互动与信息反馈,把握学生的个体差异,强化教育教学的针对性,使学生的个性发展尽可能地得到满足,尝试为班级授课制背景下学生的个性化学习提供可能和载体。它使学生在课后高效学习的基础上,充分利用课堂上的宝贵时间,用于完成作业、合作学习、动手操作、探究创造等,实现从"知识导向"向"知识与能力融合""认知导向"向"认知与情感统一"的转变。

1. 翻转课堂的指向——让学生自己对其学习负责

从事翻转课堂的研究者和实践者一再强调,让每名学生而不是教师和家长,对自己的学习承担责任。个体终究要独立地面对社会,处理各种复杂的社会问题。培养个体的自主自立意识和能力,既是一个社会问题,更是一个教育问题。在基础教育阶段,如何培养学生的自主学习能力,让学生自己,而不是教师和家长对其学习负责,是学生学习成功的关键所在。当然,学生的自主学习意识的培养,自主学习能力的养成,很难自然形成,需要老师和家长共同培养和教育。

在我国,学生的自主学习能力同样受到教育者的关注。杭州学军中学陈立群校长曾提出过学生学习的"三个当家"的理论,即自己当家、他人当家、无人当家。在其他条件相似的情况下,如果孩子能对自己的学习负责,自己当家,其学习以及今后的发展一般都比较好,在今后的社会生活中抗挫折的能力也较强;如果是教师和家长等他人为孩子的学习当家,其学习有的也不差,但是在未来的生活中,他们依赖性较强,独立性较弱;如果没有人为孩子的学习当家,在大多数情况下,这些孩子学习不会好,在未来生活中也会产生各种问题。这一事实表明,自己当家即孩子自主学习意识和能力的重要性。学校要努力促进学生自己当家。

然而,在当今社会,家长对孩子生活的过度关照,教育的激烈竞争导致的学校对孩子学习的过度安排,使不少的孩子很少有机会发展其自主的意识和能力,这对其在校学习、在社会中生存等都不利。如何培养孩子的自主学习意识和能力,成为全球教育者共同关心的重要课题。

翻转课堂作为一种"先学后教"的模式,在促进学生自主当家方面有着天然的优势,这一优势是:自定进度与步骤的自主学习方式有效地减轻了学生的心理负担,增强了学生主动参与讨论的积极性。

在班级授课制的情况下,教师在课堂上无法面对个别学生进行讲授,在部分学生并没充分掌握相关学习内容的情况下,教师已完成了他的授课任务。一句"大家都懂了吗",似乎在提示不懂的学生可以提问。事实上,只要有学生提出问题,教师也是愿意为其做出进一步指导的。然而,在课堂上很少有学生会经常地提出问题,因为,他们害怕被别的同学认为自己比别人笨。

然而,在微视频学习的基础上,学生初步掌握了基本的知识,他们在课堂上感到自己有话好说,有话能说,由此,在课堂讨论中的参与性就得到了极大的增强。山东省济南市文化东路小学一位患有"自闭症"的小孩,原来从不在课堂上发言。经过微视频学习以后,他不仅在课堂上积极提问,还能主动发言解决其他同学在学习中的疑惑。

心理学的研究表明,人的任何行为都是由动机所推动的。这种动机有时是内部的,譬如对阅读本身的喜欢,对探究知识的兴趣,对实验过程的好奇等。但是对于学生尤其是低年级的学生而言,学习的动机更多是外部的,学得好就有更多机会在同学面前展示,就有机会教自己的同伴,每个人都有展示的欲望;学得好就能够得到老师的表扬、家长的鼓励、同学的赞扬等。翻转课堂给了学生展示自己的舞台,这无疑对学习自主性的增强有极大的意义。这是他们迈向自己对学习负责,自己对未来生活负责的第一步,其意义绝不能低估。

很多人都担心:中小学生中不乏一批自律性还不是很高的孩子,课后学生不学微视频怎么办?回到家中,手中拿着平板电脑,学生只玩游戏,不学课程怎么办?其实,这一问题就像我们现在问学生回家不做作业怎么办一样。微视频的学习要比做作业更"好玩",更适合学生的"玩"的天性,因此,它要比作业更能吸引孩子,在这一判断的基础上,可以合理地假定,课后不学微视频孩子的比例不会超过不做作业的孩子。其实,这一假设已经被国内外正在进行翻转课堂实验的学校所证实。美国学者汤姆(Tom Driscoll)于2012年对实践翻转学习的26位教师和203位学生进行了调查,26位教师和绝大多数学生都认为,翻转模式下,学生的学习更加积极。

当然,可以肯定地说,在任何时候都会有一些孩子抵挡不住外界的诱惑,出于贪玩的本性,课后不学微视频,或借学习的名义在网上玩游戏等等。现代数字技术已经发展到了可以实时了解学生在线学习情况的地步,由此,它就为家长与教师实时地干预学生的学习,帮助学生树立良好的学习习惯提供了技术的支撑。

这一过程也就是逐步培养学生对自己学习负责的过程。事实表明:孩子贪玩并不可怕，因为贪玩是孩子的天性。对教育而言，可怕的是：让学习成为可怕的事。不幸的是，学生害怕学习，在我国不少中小学已经成为现实。翻转课堂旨在转变这种状态，让学生喜欢学习，让学生发自内心地感到学习是自己的事，而不是为了应付家长与学校的事，最终让学生能对自己的学习负责。

2. 翻转课堂的目标——让每名学生成为最好的自己

客观地说，现行的课堂是在历史发展过程中形成的，与特定的历史阶段相匹配，它有着极大的合理性。然而，随着社会的发展，人们对教育的要求越来越高，它的一些弱点也逐步地显现了出来。这些弱点主要是：

（1）整齐划一的教学步骤

在班级授课的制度下，面对着数以十计的学生，教师很难照顾到学生的个体差异。教师只能以大体相同的教学进度来面对各不相同的孩子。然而每个孩子都是独特的主体，智能发展、人格倾向、个人喜好都有所不同，教师的教学活动一般都很难照顾到个体之间的差别。一种教学方式适应一部分学生，另一部分学生可能感到无所适从。课堂中以教师的教为主，学生学习被动。学生学习什么，如何学习，什么时候学习，学到什么程度等，都是被规定好的。学生被动按照教师设计的轨道前进。

然而，每名学生都是独特的个体，有着不同的学习速度和学习风格。一个班级内，对于同一内容，有的学生很快学会了，有的学生可能需要花费2倍的时间才能学会；有的学生喜欢听讲的方式，有的学生可能喜欢看演示的方式，还有的学生可能需要亲自动手操作才能学会。一名学生学习数学很轻松，但是写作文就很吃力，另一名学生正好与此相反。有的学生喜欢分析各种物理现象，还有的学生擅长手工实践等等。

无论是东方还是西方，在传统的班级授课制教学方式下，老师按照相同的课程标准、同一本教材、同样的学习时间、同样的教学方式，来面对这些学习个性差异的学生。显然，有的学生很快学会了，觉得老师讲解得很啰唆；有的学生刚好学会；还有的学生跟不上老师的节奏，没有完全弄明白老师说的内容。下课时间到了，老师离开教室。课程进展到同一程度，留下了同样的作业，学会的学生作业很快完成了，学得不好的学生会一直困惑。第二天，延续同样的模式，困惑的学生会越来越困惑。教学的实践表明：只有学生每一步的发展得到保障，学生最终的成才才能得到保障。对于绝大多数"差生"来说，他们在学业上的落后并非是天生的，而是在学习过程中慢慢积累的。今天的学习比别人差一步，明天的学习再差一步，长此以往，所谓的"差生"就形成了。其实，按照布卢姆的观点，"差生"和其他学生的差别，就在于他们学习同一内容所需的时间更长，如果时间允许，再加上有适合他们的学习材料，95%的学生都可以达到掌握的程度。

（2）相对滞后的教学反馈

教师夹着厚厚一摞作业本走进教室，课后又带着一摞学生新交的作业本走出教室，这是目前我们在学校最常见的情景。如前所述，作业是学生巩固所学知识的重要手段，也是教师了解学生日常学习情况的主要途径。教师在课堂上布置作业，学生在课后完成作业，教师从学生完成的作业中了解他们学习的情况，这是当前教学的常态。师生们已经习惯了这样的教学反馈模式。

然而，事实上当教师在隔了一堂课后即使准确地了解了学生学习的情况，也已经很难在课堂上及时并有针对性地采取补救教学措施。

与此同时，教师批改作业也已成了很大的负担，以至出现了一些教师采取抽查作业甚至让学生互批作业的情况。客观上这已使作业失去了教学反馈的功能，使学生学业上的问题积累到了一定程度后，教师才能发现他们存在的问题。教学反馈的相对滞后在相当程度上影响了教学质量的提高。

（3）多数沉默的互动现实

为改变课堂教学中学生被动接受的现状，近年来，不少学者和教师做出了诸多探索和不懈努力，如减少班级规模，尝试班级内的同伴互助、小组合作等策略都是这方面的探索。实践中，这些措施都取得了一定的积极成效，但是在教学流程不变的情况下，其效果注定都是有限的。

在大班额的情况下，人们看到：在班级互动环节中，比较活跃的总是那么几个所谓"尖子"的学生，他们思维敏捷，性格开朗，在师生互动中积极带头；而另一批学生往往成了"沉默的多数"，他们或者很少发言，或者只是在被教师点名以后才发言，或者跟在"尖子"学生后面发言。他们担心，自己对教学内容理解不深，掌握不透，因而发言水平不高，有可能被老师和同学小看，长此以往，这就造成了班级内的成绩分化。

（4）让每名学生成为最好的自己

如何让教学顺应学生的差异，为每名学生的充分发展提供指导和帮助，一直困扰着全球的教育工作者。翻转课堂让每名学生成为最好的自己成为可能。

首先，"先学后教"的模式为在教学过程中给每名学生提供公平的机会创造了条件。学生差异是客观存在的，然而，作为一种"先学后教"的模式，学生在课下就已经掌握了基本的知识，尽管他们掌握这些知识所花费的时间，以及所采用的方式可能各不一样，但是，由此他们就有了在课堂讨论中的发言权，他们就不再甘心于充当"沉默的多数"这样的角色,他们也要在班级各种活动中积极参与,找回自信。

此外,及时而非滞后的反馈使得教师极大地提高了教学的针对性,而无须等到问题成堆以后再去解决。对于少数学生的个别问题,现代数字技术能够方便地找出其存在的原因,从而使得这些个别问题也能得以解决。

多种途径的学习为不同思维类型的学生找到适合自己学习的方式提供了更多选择的机会。凯特林·塔克(Catlin Tucker)在《翻转课堂:超越视频学习》为题的论文中指出:慕课学习和翻转课堂的魅力在于,它让人们意识到了学习可以有多种媒介和途径,而不仅仅是在课堂内。事实上,一段在线教学内容,人们可以找到多种方式表述的视频,张老师的没看懂,可以再换李老师的,学生总能找到一段适合自己的。不让一名学生掉队,让每名学生成为最好的自己,这就是翻转课堂的目标。

3. 翻转课堂的追求——让教育从知识本位走向综合素质本位

所谓"综合素质"当然包含学生的认知、情感与身体各方面的素质。所谓"教育从知识本位走向综合素质本位",也就是说教育要从以往只注重知识的掌握,走向也要注重学生能力,其中主要是学生高级思维能力的发展,同时更要注重学生态度情感价值观的养成,注重学生身体与心理的健康。

从知识本位走向综合素质本位,这是社会发展对教育的要求。重视学生综合素质的培养,尤其是价值观的养成,是基础教育阶段自始至终的重要任务,当前越来越受到世界各国的重视。2012年9月,联合国总部启动了《教育第一》的全球倡议行动,倡议指出:教育应充分发挥其培育为人之道的核心作用,培养全球公民意识,帮助人们构建更公平、和谐和包容的社会。在教育内容上更加强调价值观的培养。

对未来社会发展的研究表明,未来人才培养目标至少应该包括以下几个方面:

一是国际视野与本土情怀的融合。《国家中长期教育改革与发展规划纲要(2010~2020)》特别强调了教育的国际化,这是有非常重要意义的。现代人需要有国际视野,要懂得国际社会,要理解各国文化,通晓国际规则,适应国际竞争,能在国际舞台上贡献自己的一分力量。

与此同时,我们不能忘记,在让学生有国际视野时,还要让他们爱家乡,爱土地,爱祖国。国际化并不是把更多的孩子送出国或者使更多的孩子在学期间有更多的国际交流的机会,然后眼看着他们失去了自己的"根"。"爱国"是社会主义也是中华民族的核心价值观之一。国际视野与本土情怀的融合就是要让孩子热爱中国,热爱家庭,热爱父母,这两者缺一不可。一个人如果对家庭都不热爱,对家乡都不热爱,那么很难有什么东西再值得他热爱了。

二是精英素质与平民意识的结合。一些优质学校提出要培养各行各业的领导人人才。当然，这些领袖人才不一定是政界的领袖，可能是IT界的领袖，引领IT技术的发展；可能是物流界的领袖，引领物流业的发展；可能是商贸界的领袖，带动商贸界品质的提升。中国的发展呼唤在每个行业的国际竞争中都能涌现出领袖级的人。社会需要这批精英，他们能为社会带来财富，创造财富。但是千万不要忘记这些精英一定要有平民的意识，要培养他们理解创造财富是为了解决民生，是为了服务大众，是为了每个百姓，使他们能够关注社会弱势群体。那些高高在上，整天在炫富的"精英"，这不是我们教育的追求。为此，我们特别要强调把精英素质和平民意识结合起来，否则这样的"精英"可能是飞扬跋扈的，他们最终也会被社会所抛弃。

三是科技能力与人文素养的统一。没有科技的进步，就没有经济和社会的发展，就不可能有产业的提升和转型。但我们培养的人才还需要有人文素养，有人文关怀，能够始终从人性出发，从而以高质量的人文素养把握科技发展的方向。唯有如此，我们的社会才有可能持续地发展，我们的地球才有可能持续地成为人类栖息的家园。

现在社会发展在很大程度上是依赖于高科技的。为此，学校要让学生懂得科学，懂得技术，这样他们才能为社会创造财富。但是客观地说，相比较而言，当今社会人们对科学技术重视有余，而对人文精神敬慕不足。所以我们要珍惜生命、关爱他人，要有人文的情怀、人文的素养。现代社会拜金主义、物质崇拜泛滥，看见奢侈品眼睛就发亮了，这些都要引起我们作为教育工作者的高度关注。所谓人文情怀，就是要关注生命的意义，生命的价值，学会相互理解，懂得包容和谐。

四是身体发展与心理健康的和谐。身体健康是当前几乎全社会都给予了高度关注的问题，然而，不幸的是，中小学是个例外。《国家中长期教育改革和发展规划纲要（2010—2020）》（以下简称《纲要》）提出中小学生每天要锻炼一小时，《纲要》是一个很宏观的文件，却把这么细小的一个点写进去，可见这个问题的严重性，值得教育工作者反思。

人们发现，那些最关心、最疼爱学生的父母和教师都在想方设法把各种学习负担加给学生。因为他们相信，只有多学点知识，他们的孩子才会有美好的前途。让孩子多学点知识，这是对孩子前途负责的唯一选择。

应当承认，家长在这一问题上的抉择有非常理性的一面。从家长方面来说，他们看到了未来社会竞争将日趋激烈，同时，他们对孩子的期望也在不断提高。家长对未来社会竞争将日趋激烈的预期，应当说是基本正确的，对孩子的期望不断提高也是无可指责的。因为，教育客观上存在着选拔的功能。应当说，通过教育来选拔人才是最公正的选拔。通过教育来选拔本质上是根据人的能力来选拔，比起根据门第，或者说，比起根据家长的社会地位和经济地位来选拔要公正得多。它推动了社会的进步和文明的发展。

成年人喜欢把今天学生在课堂的学习看作为了社会生活的准备。"吃得苦中苦，方为人上人"。痛苦的童年是未来幸福人生的必要牺牲。事实上，学生的学习生活是其人生的重要组成部分。学生接受现代教育，如果到高中毕业就需要在学校中度过12年的时间，再到本科毕业需要16年时间，如果博士毕业则需要长达22-23年的时间。这部分的时间是人生重要的组成部分。这种学习的痛苦有可能对学生未来的人生产生一辈子的影响，甚至有可能造成他们眼前反常行为和反社会的倾向。过重的学习负担使学生失去了童年的乐趣，影响了他们身体的发展，造成了他们心理压抑和思维与创新精神下降，以及在社会中行为的失常。在国内外这种例子都是屡见不鲜的。

当然，学习总体而言总是艰苦的，为此，我们要鼓励学生为了社会的发展，为了他们自身人生价值的实现，在今天努力地学习，要鼓励他们有克服各种学习困难的毅力与勇气。但是，当学习成为一种折磨，而这种折磨超出了学生心理的承受能力的时候，作为社会、家长和教育工作者，难道我们不需要认真考虑：我们让学生付出的代价是否太大，是否值得呢？尤其是，当学习这种折磨超出了学生心理的承受能力，而表现出一些反常的，甚至反社会的行为的时候，比如，由于学生对学习的痛恨而杀害自己父母的时候，我们有没有思考过社会为此付出的代价是否太大，是否值得，是否有可能减少不必要的代价。

从这一事实出发，我们对家长和老师的建议是：千万别逼你的孩子或你的学生去学超出他能力的，或他不愿去学的东西。每个孩子都是不一样的。人家孩子能做到的，你的孩子未必能做到；人家孩子能学好的，你的孩子未必能学好。当然，你的孩子能做到的，人家孩子未必能做到；你的孩子能学好的，人家孩子未必能学好。最好的学习，也就是代价最小的学习，是和小孩子或学生兴趣相配的学习。学习不能只考虑学生的兴趣，也不能不考虑学生的兴趣。看到人家孩子在那一方面成功了，就希望自己的孩子在这方面也能成功，不从孩子的实际出发，往往是家庭和学校教育失败的开始。

相关的调查显示，在我国中小学有相当比例的师生有不同程度的身心健康问题，这对学生会产生难以估量的影响。我们都知道，扭曲的教育会导致学生形成扭曲的人格，因此关注身心健康应该是学校关注的一个重要方面。学校教育应当给学生以健康的身体与健全的心理。

五是鲜明个性和团队意识的协调。没有个性就没有创造。每个人应该有自己的个性。你是你，我是我，人家一看就知道。然而，不管人有什么个性，在现代社会中，都要讲团队讲协作。所以，人们希望今天的教育所培养的孩子个性是鲜明的，同时又是具有团队协作意识的，能在未来社会当中，成为一个能够交流的、健康生活的人。

重视知识的传递，一直是教师职业的重要表现。新课程改革虽明确提出对学生培养的三维目标：知识与技能；过程与方法；情感态度价值观。但由于受到当前考试评价体制的制约，过程与方法，情感态度价值观的内容很难在纸笔测试中体现。导致当前的教学过程中，被师生所重视的，依然主要是知识的记忆、理解和应用。而过程与方法，情感态度价值观的教育和培养处于被弱化、偶尔拿出来作作秀的现状。

有不少人一直在质疑：慕课是否适合于中小学教育。在他们看来，中小学是孩子们人生观、世界观与价值观形成的主要阶段，虚拟的网络世界阻断了师生之间，甚至阻断了生生之间的面对面的交往。这种交往的缺失，必然地导致学生在情感态度价值观方面教育的缺失。事实上，在中小学慕课一开始就是以"微视频+翻转课堂"为基本的模式，这一模式为师生与生生之间的更深入交流提供了充分的时间，为他们相互之间更深刻影响提供了难得的机会。

微视频学习，是翻转课堂实施的前提；翻转课堂，是为了解决微视频学习不能解决的问题，如师生和生生地讨论交流，在此过程中的思维碰撞与深化，情感与心灵的交融，理想信念价值观的确立等等。而这些都是需要在课堂上完成的，微视频学习和翻转课堂实施是密不可分的。这一事实就决定了翻转课堂不会削弱中小学情感态度价值观的教育。

第三节　构建移动自主课堂教学的重要性

一、"翻转教学模式"能帮助学生获取知识渠道的多元化

随着科学技术的发展，尤其是信息技术的到来，已大大变革了学生的学习方式。电子白板、移动学习终端等学习工具、教学工具的推广和普及，改变了由教师作为单一的知识来源的局面，"翻转教学"让学生获取的信息量更多，探索的空间更为宽广，可利用的学习形式更为丰富有趣。使学生的学习从单一向多元化转变，从被动学习变为主动学习，从而真正成为学习的主人。

二、"翻转教学模式"能激发学生学习的热情，增加师生的互动

传统的教学如果教师不能用知识的疑点去吸引学生，用优美的语言去感染学生，课堂教学就会呈现教师单脚跳独舞的现象。随着时间的推移，学生听得枯燥乏味，

教师讲久了自己也觉得没劲。"翻转教学"最大的好处就是全面提升了课堂教学的互动性，教师的角色已经从内容的呈现者转变为学习的教练，教师有时间与学生交谈，回答学生的问题，参与到学习小组，观察到学生之间的互动，对每名学生的学习进行个别指导。在这样的环境中，学生体会到教师是在引导他们的学习，而不是发布指令，也不会因怕答错问题而拘谨，而是轻松、自信、想学、有意义。

三、"翻转教学模式"能让学生自己掌控学习的主动性

每名学生的学习能力和兴趣是不同的。在传统课堂教学方式中，往往最受教师关注的是最好和最聪明的学生。他们在课堂上积极举手、响应或提出很棒的问题。而与此同时，其他学生则是被动地在听，甚至跟不上教师讲解的进度，也无法真正实现分层教学。"翻转教学"，则利用教学视频，学生能根据自身情况来安排和控制自己的学习，真正实现分层教学，每名学生可以按自己的速度来学习。学生在课外或回家看教师的视频讲解，完全可以在轻松的氛围中进行；而不必像在课堂上教师集体教学那样紧绷神经，担心遗漏什么，或因为分心而跟不上教学节奏。学生观看视频的节奏快慢全在自己掌握，懂了的快进跳过，没懂的倒退反复观看，也可停下来仔细思考或笔记，甚至还可以通过聊天软件向老师和同伴寻求帮助。

四、"翻转教学模式"能改变课堂管理

在传统教学课堂上，教师必须全神贯注注意课堂上每名学生的动向，关注自己所讲的每一个知识是否讲清讲透。大家都清楚，讲课不可能每一节都有趣，一旦知识较难或教师准备不充分，或因一些学生稍有分心就会出现跟不上的情况，此时学生就表现出无聊或搞小动作而影响其他人的学习。实施"翻转教学模式"，每名学生都在忙于活动或小组协作。缺乏学习兴趣想搞乱课堂的学生也有事可做，表演失去了观众，课堂管理问题也就消失了。

五、"翻转教学模式"能让教师与家长深入交流

"翻转教学模式"改变了教师与家长交流的内容。大家都记得，每次开家长会，父母问得最多的是自己孩子在课堂上的表现和成绩，比如，是否专心听讲，行为是否恭敬，是否举手回答问题，是否完成作业等等。这些看起来很普通的问题，其实在那种情景时刻回答起来却很纠结。而实施"翻转教学"后，在课堂上这些问题也不再是重要的问题。取而代之的是学生回到家：孩子们是否在学习？如果他们不学习，家长能做些什么来帮助孩子学习呢？这个更深刻的问题会带领教师与家长商量：

如何把学生带到一个学习的环境，引导学生主动地去学习，帮助学生成为更好的学习者。总之，经过"翻转教学"后，教师有精力、有时间去获取新知识和新理念，以便不断丰富自己。这样在45分钟课堂上不再是满堂灌，而是用高度概括的语言把知识精要讲给学生，重视知识的生成过程，教会学生归纳概括的能力。做到有的放矢，真正做到讲课的高效、学习的高效、时间的高效、效果的高效。

六、翻转课堂翻转了传统的教学模式

在传统的教学过程中，以教师讲解和学生听讲为主，这种传统的教学模式下，出现了教师很努力，但是学生的学习兴趣不高的现象，这样的课堂无法形成真正的师生互动，更无法形成真正的生生互动。并且这种教学模式下，学生的学习兴趣很低，学生的学习效率也很低，尤其是以科学和严谨著称的信息技术课程，很多学生的学习积极性应该很高，但是在传统的教学模式下，必然有很大部分的学生不喜欢信息技术。但是翻转课堂教学模式将这种传统的课堂进行了一次翻转，学生成了课堂的主体，他们在教师的引导下合作探究、互相讨论，彼此之间协作竞争、互相提高，并且教师在教学的过程中，教学水平和业务能力也有了很大提高。

七、翻转课堂营造了个性化的学习环境

传统的教学模式中，教师准备一堂课，但是这堂课却要顾及班级里各种各样的学生，而这堂课的内容却仅仅适合其中一小部分的学生，对于很大部分的学生是不适合的，这样的情况下，新课改所倡导的分层次教学就无法得以实施。翻转课堂的出现就打破了这一僵局，让学生在课前充分地预习课本内容，预习课的学习时间就变长了，从而提高了教学效率，并且教师在上课的过程中，利用多种教学情境，引导学生相互协作、积极探究，触发学生学习能动性的同时内化了所学知识。这样的课堂适合每一名学生，适合每一个层次的学生，他们能根据教师发放的学习任务书来达成自己的学习目标。

在利用翻转课堂的时候，电脑的基础知识很重要，但是单纯的信息技术知识很枯燥，学生不喜欢学习这些电脑知识，所以教师就可以通过翻转课堂设置一些个性化的学习环境让学生去学习，去应用。比如现在的中学生对于电脑游戏比较感兴趣，所以为了让学生更好地学习电脑的基础知识，教师可以设置一些连连看之类的小游戏，让学生进行通关式游戏，在通关的过程中，让学生学习电脑相关的硬件知识，这样学生不仅学得比较牢固，并且学生通过互相的帮助，也能够一起通过探索合作完成整个游戏，这个合作的过程中，学生的合作能力也有了显著的提高。

八、翻转课堂构建了互动、协作、探究的学习模式

学习的过程不是一名学生独立完成的事情，它需要教师与学生交流、互动来共同完成，在这个过程中学生完成了知识的内化，但是传统的课堂上，这种知识的内化实现起来非常难，因为教师面对的是整体的学生，而翻转课堂却将这一内化的过程拉长，学生不仅仅在课堂上通过学习得到知识，在课堂外也照样能够习得知识。并且翻转课堂还可以利用多媒体及网络来实现教师授课的随时暂停、反复播放等有利于学生参与其中并且反复观看、揣摩、思考等行为的实施。翻转课堂也实现教师与学生、学生与学生之间的互动，以合作探究小组的形式一起探究，最终达到学会的效果，并且能够灵活地进行知识的应用。

因此在平时教学过程中，教师应该专门建立一个学习、交流的平台，然后将自己制作的课件或者是攻克难点和重点的过程放在这个平台上，供学生下载学习，比如信息库的设计方式，如何发布信息和处理信息等方式，有了这个平台，学生就可以随时、随地地学习、复习这些知识，即使有些学生在上课的过程中没有听懂这些内容，在课下自己学习和再复习的时候，也能慢慢地理解这些内容，这其实就是翻转课堂的一种方式。

九、翻转课堂促进了教学评价的改变

在传统的教学过程中，教学评价的方式简单而又直接，利用考试成绩来评价学生的学习努力程度和学习态度，这种方式既不合理，也不科学，更不人性化。而翻转课堂实施以来，教学评价方式也发生相应的转变，不仅仅评价学生的学习结果，还利用学生档案的形式评价了学生的学习过程，不仅仅做到了定性评价和定量评价相结合，更做到了形成性评价对总结性评价的总结和补充。另外，翻转课堂还注重了学生的自评和互评相结合的方式对学生进行评价，不仅仅让学生知道了自己有哪些方面做得不足，还让其他的学生对自己进行监督和评价，这样，学生能够随时看到自己的不足，能够随时地根据评价内容来调整自己努力的方向。

第四章 微课模式的应用及发展

第一节 微课概念及产生背景

一、微课的基本定义

在国内，随着微课实践的不断丰富和相关研究的逐步深化，人们对微课的认识也越来越深刻、全面，众多教育技术学界的专家学者、教育企业及教育行政部门的微课活动都对"微课"一词给出了定义。

1. 胡铁生的定义

微课创始人胡铁生老师在2011年、2012年、2013年先后对微课的定义进行了完善。"微课"是指为使学习者自主学习获得最佳效果，经过精心的信息化教学设计，以流媒体形式展示的围绕某个知识点或教学环节开展的简短、完整的教学活动。后又经过完善将定义改为，"微课"是以微型教学视频为载体，针对某个学科知识点（如重点、难点、疑点、考点等）或教学环节（如学习活动、主题、实验、任务等）而设计开发的一种情景化、支持多种学习方式的新型在线网络视频课程。

胡铁生老师对"微课"的定义重点阐明了如下内容：

（1）形式：自主学习。

（2）目的：最佳效果。

（3）设计：精心的信息化教学设计。

（4）形式：流媒体，可以视频，可以动画等。

（5）内容：某个知识点或教学环节。

（6）时间：简短。
　　（7）本质：完整的教学活动。
　2. 教育部教育管理信息中心的定义
　　"微课"的全称为"微型视频课程"，它是以教学视频为主要呈现方式，围绕学科知识点、例题习题、疑难问题、实验操作等进行的教学过程及相关资源的有机结合体。
　3. 教育部全国高校教师网络培训中心的定义
　　微课是以视频为主要载体，记录教师围绕某个知识点或教学环节开展的简短、完整的教学活动。
　4. "凤凰微课"的定义
　　微课是个微小的课程教学应用，是一种以5~10分钟甚至更短时长为单位的微型课程。它以视频为主要载体，特别适宜与智能手机、平板电脑等移动设备相结合，为大众提供碎片移动化的网络学习新体验。
　5. 焦建利的定义
　　微课是以阐述某一知识点为目标，以短小精悍的在线视频为表现形式，以学习或教学应用为目的的在线教学视频。
　6. 黎加厚的定义
　　微课是指时间在10分钟以内，有明确的教学目标，内容短小，集中说明一个问题的小课程。
　7. 张一春的定义
　　微课是指为使学习者自主学习获得最佳效果，经过精心的信息化教学设计，以流媒体形式展示的围绕某个知识点或教学环节开展的简短、完整的教学活动。
　　张一春教授认为：微课的形式是自主学习，目的是最佳效果，设计是精心的信息化教学设计，形式是流媒体，内容是某个知识点或教学环节，时间是简短的，本质是完整的教学活动。
　　因此，对于老师而言，最关键的是要从学生的角度去制作微课，而不是站在教师的角度去制作，要体现以学生为本的教学思想。
　8. 郑小军的定义
　　微课是为支持翻转学习、混合学习、移动学习、碎片化学习等多种学习方式，以短小精悍的微型教学视频为主要载体，针对某个学科知识点或教学环节而精心设计开发的一种情景化、趣味性、可视化的数字化学习资源包。
　9. 吴秉健的定义
　　为满足个性化学习差异的需要，以分享知识和技能为目的，师生都可以通过录制增强学习实境、实现语义互连的简短视频或动画（可附相关的学习任务清单和小测验等）制作，它们又能成为被学习者定制和嵌入的维基（wiki）资源分享内容。

通过比较，这些定义从本质上并无太大差异，只是在不同的语境下有不同的内涵。广义的"微课"一词可以囊括"微讲座""微课程""微课教学"三种含义。

尽管"微课"的理念、形式和实践早已有之，但借助当代信息技术与通信技术，微课演变成为一种可普遍推广的教学行为，一种由普通教师而并非需要专业人士就可以设计开发和记录优质教学资源的手段，并因此而促发催生多种基于微课的创新教学模式。

二、微课相关概念

提及"微课"，无论是国内还是国外，大多指音视频资源。中文"微课"一词最早由广东省佛山市胡铁生老师提出，国内的微课特指以微视频为主的教学资源。最近两年的国内学术期刊中有多篇对微课内涵进行探讨的文章，主要有以下3种典型观点：

第一，微课是一种教学视频资源（类似英文的 Microlecture）。

第二，微课是以微视频为中心的资源包，构成微课程（Microlesson 或 Minicourse）。

第三，微课是一种微型的教学活动（相当于 Microteaching）。

从形式上看，分别可以称为微讲座、微课程和微课教学来指代这三种类型。这三种形式在教育领域中均由来已久，并逐渐成为一种普及型、常态化的教学行为，也是近年来兴起的事情。

1. 微讲座

自20世纪70年代起，国外不少学者使用 Microlecture 这个词来描述简短的、围绕某个特定主题的、条理清晰的录像讲座材料，其时间长度一般为5~10分钟。在国外高等教育教学实践中，这种材料多用于外裔学生或第二语言学习者的语言学习训练方面。美国高等教育信息化专业协会 EDUCAUSE 认为："Microlecture 就是节短小的、用来呈现某个单一话题的录音或录像。"

在美国，宾夕法尼亚大学的60秒系列讲座、韦恩州立大学的"一分钟学者"活动都是微讲座。墨西哥州圣胡安学院（综合性学科大专社区学院）的高级教学设计师、学院在线服务经理戴维·彭罗斯（David Penrose）首次提出了时长一分钟的"微讲座"的理念。他的主要思想是在课程中把教学内容与教学目标紧密地联系起来，以产生一种"更加聚焦的学习体验"。戴维·彭罗斯被人们戏称为"一分钟教授"，他把微讲座称为"知识脉冲"，同时他认为知识脉冲要辅助相应的作业与讨论，就能够达到与长时间授课取得同样的效果。这意味着微讲座不仅可以用于科普教育，也可以用作课堂教学。这是微视频教学应用的转折点。

南京大学桑新民教授把微讲座分为大众科普型与教学资源型两类，并做了对比分析，详见表4-1。

表4-1　　　　　大众科普型与教学资源型微讲座对比

类　别	大众科普型	教学资源型
用途与作用	引起公众对文化的关注，社会潮流的健康导向	教师课程中讲到重难点时可以播放，注重重复利用性
面向用户	公众	学生群体
授课者	名人	不一定是名人或资深教师，但一定是一位好老师
微课内容	科学普及类知识	教学中的重难点
注意	科学文化的前沿	由于是某个知识点，需要微课的知识体系上的解说，主题词介绍，可以节省听众的时间。一般不超过5分钟，不能代替课程

大众科普型微讲座重在借用名人，以视频形式引起公众对前沿文化的关注，引导积极健康的社会潮流。享誉全球的TED（Technology Entertainment Design，技术、娱乐、设计）系列讲座，就是大众科普型微讲座的典范。TED融技术、艺术及娱乐趣味性为一炉，邀请世界各地知名人士讲授其浓缩的人生精华，堪称思想的盛宴。

教学资源型微讲座重在知识体系中重难点的讲析。真正展示微视频教学魅力从而引发世界瞩目的是可汗学院。它包含了关于数学、历史、物理、化学、生物等科目的内容，机构的使命是加快各年龄学生的学习速度。相比其早期微课视频，现在的视频仍然延续着短小精悍的特点，大部分理科视频在5分钟左右，而文史类则稍微长些，但基本在12分钟以内。工科类课程视频则加入摄像机录制的真人实验室实物操作环节，视频内容和形式都更加丰富。

由此可见，可汗学院对微课的认识也是在不断发展的，特别是根据所传达的学科知识点特性的不同而有了更为灵活的设计和录制安排。需要注意的是：与单纯地将传统的课堂教学实录切片加工成短小视频不同，"微讲座"要求在受限的时长内，重新组织教学信息，进行精心的教学设计。

2. 微课程

微课程（Minicourse）的概念是1960年由美国阿依华大学附属学校首先提出的，它是指针对某个主题设计与实施的短期课程或课程单元。与当时美国出现的主题内涵丰富的大规模长期性的"Maxi"（大型）学科课程相比，微课程的不同主要在于课程用时简短，一个微课程一般只有一两个课时，而不会像一门培训课程或者一门学科课程那样持续数周或一个学期。微课程的内容相对比较独立、单一，大多数内容是根据学生和教师们的共同兴趣而开发的，更侧重于知识的深度而非广度。

微课程与微讲座的区别在于，前者的内容和形式更为丰富和完整，后者可以是课程的一个组成。所以也有研究者提出：微课是在1~5分钟内呈现课程的组块，其中的知识信息是整体结构的概念图里面的一部分。

"微讲座"概念的提出者戴维·彭罗斯认为，单纯使用短小的教学视频，无法支撑整个学习过程，必须要有作业和讨论配合。这样，授课视频加作业或讨论，便构成了一个教学包，所以，戴维·彭罗斯的"微讲座"实际就是"微课程"。

与微课程概念类似的是1994年Wavne Hodgins所提出的"学习构件"（learning objects）概念。在究竟什么是"学习构件"这个问题上，美国的Wiley认为"任何可重用的支持学习的数字化资源"都可以叫作学习构件。若将"学习构件"比喻为"积木"，将学习构件看作是小的内容组块，则其互相之间可以用一种直接的方式进行结合。上海师范大学黎加厚教授曾提出的"积件"概念，也就是"学习构件"，区别在于微课程会强调以讲座视频为核心，而学习构件则不一定有视频。

3. 微课教学

Microteaching早期对应的中文翻译是微格教学。微格教学是新教师培训的常用方法之一，"是在一个可控制的教学环境，帮助准备成为或已经是教师的人集中掌握某一特定的教学技能和教学内容"。微格教学实际上是提供一个练习环境，使日常复杂的课堂教学活动得以精简，并能使练习者获得有针对性的反馈意见。通常，微格教学的过程会被拍摄下来，作为研讨资源反复播放。

1998年，新加坡教育部实施的微型课程项目（Microlesson）就是典型的微格训练。其涉及多门课程领域，主要目的是培训教师构建时长为30~60分钟的微型课程。该项目要求教师在教学设计时，教学目标要单纯集中，重视学习情境、资源、活动的创设，为学生提供有效的学习支撑，同时也为教师提供一系列工具，帮助其进行具体的教学设计，其目的是提高教师的教学能力。

2013年的第一届全国高校微课教学比赛，对微课的定义是："微课是以视频为主要载体，记录教师围绕某个知识点或教学环节而开展的简短、完整的教学活动。"其评分标准比较靠近微格教学的评判标准，也就是评判选手的教学能力，而不是微课资源的制作质量。高校微课比赛方案中之所以做出这些规定，主要是因为难以对不同学科门类、不同内容的微课资源进行评比，但对于教师教学能力的评价，在某种程度上可以作为一个衡量标杆。

当把微格教学法从培训教师某些教学技能的培训实验场拿到寻常教学环境而成为常态教学活动时，便构成了"微课教学"。它有两种形态，一种是用微课形式教学；另一种是用微课资源教学。以微课形式开展教学的并不多见，英国纳皮尔大学肯教授提出的一分钟演讲（The One Minute Lecture）可被视为其中的一个案例。肯教授让学生进行一分钟演讲，并要求演讲做到精炼，具备良好的逻辑结构且包含一定的例子。他认为，一分钟演讲能在促进学生学习专业知识的同时，帮助学生掌握学习资料之间的关系，以免所学知识孤立、片面。这是将一分钟演讲作为一个训练学生的教学活动来开展。

"用微课资源教学"也可以理解为"基于微课资源的教学"，通常教师可以在自己的课堂教学环节，通过播放和演示相关的教学视频或其他微型课件来辅助讲解与阐释教学中的知识点、重点和难点。

4."微课程"与微型课程

微型课程，又称"组件课程""短期课程"，这一概念最早出现在 20 世纪 60 年代，是相对于长期课程的一种课程形式。微型课程的范畴比较宽泛，它既可以是经过系统的编制后形成的一系列相对独立的学科知识单元，也可以是基于多媒体形式的短小的自我指导课程。此外，普通课程经过浓缩和微型化后，亦属于微型课程的范畴。微型课程是校本课程的一种重要形式，具有如下特点：一是相对于长期课程，微型课程的课程周期较短，往往只有一两个月或几周的时间；二是微型课程规模小、容量少，教学主题明确，目标清晰，针对性、适应性强；三是微型课程是对原有学科知识内容的精选和浓缩，提高了学习的效率；四是微型课程受时间、地点、教材等外部因素的影响较小，考试方式灵活多样。

（1）"微课程"与微型课程的区别

从内容来看，两者的形成方式不一样。微型课程是对原有学科知识精选和浓缩的课程，在内容上更加偏向"压缩"。"微课程"是对于某一学科知识点（重点、难点、疑点、考点等）或教学环节（学习活动、主题、实验、任务等）而开发的学习资源，在内容上更偏向对某一知识点或教学环节的重新"建构"。从资源载体来看，微型课程没有局限于任一形式，而"微课程"更加偏重于信息化手段的支持，表现为基于网络视频为主要载体。

（2）"微课程"与微型课程的联系

从微型课程的内涵来看，它与"微课程"似乎如出一辙。在现代化快速发展的进程中，教育被贴上了"高效"的标签，微型课程是早期出现的高效课程形式，而随着信息化的迅猛发展，"微课程"迎合了人们快节奏的生活、学习和社交，因而在近期迅速火热。"微课程"脱胎于微型课程，是对微型课程的借鉴和进一步发展，两者都是现代社会追求高效学习的产物，并且都顺应现代化教育手段，是促进教学手段创新、教学方法变革的新型课程。

5."微课程"与微格教学

微格教学，又称微观教学、小型教学、微型教学。它是一种把复杂的教学过程分解为许多容易掌握的单一技能训练过程，并对每一项技能提出训练目标，同时用比较短的时间对师范生或在职教师的教学技能进行反复训练的一种方法。微格教学一般分为三个步骤：设计—教学—观摩（评议），也就是受训练者首先选取一小段教学内容，再根据要训练的教学技能设计一堂微型课，在录播教室中进行教学操作，最后通过反复观摩录像视频来反思某一技能的训练。在实际操作中，它创造了一个具有摄像功能的训练环境，并将复杂的、综合的课堂教学过程分解为一个个小的教学片段，使综合的、复杂的、受多种因素制约的教学技能培养，变成目标清晰、可描述、可观察、可操作的单一教学技能的训练。

（1）"微课程"与微格教学的区别

首先，受众对象不一样。"微课程"作为一种教学资源，其开发的受众群体主要是学生，而微格教学则是为师范生训练或教师进修时所用的。

其次，课程目的不一样。"微课程"的开发初衷是在当前信息化大浪潮之下，为了提高教育资源的利用率、提高学生的学习效率而开发的，而微格教学是为了训练师范生或新教师的教学技能所进行的。

（2）"微课程"与微格教学的联系

微格教学是摄录环境下，将一堂微型课记录下来，供受训者观摩反思，这与"微课程"以视频为载体的运作方式相似，同时两者都是将教学内容化解为一个个独立又相互联系的小模块进行开发，两者在形式上有着密切的联系。

三、微课的特点

微课具有以下八个主要特点。

1.教学时间较短

教学视频是微课的核心组成内容。根据中小学生的认知特点和学习规律，"微课"的时长一般为 5 ~ 8 分钟，最长不宜超过 10 分钟；本科与高职的微课一般在 15 分钟左右，最长不宜超过 20 分钟。因此，相对于传统的 40 分钟或 45 分钟的一节课的教学课例来说，"微课"可以称之为"课例片段"或"微课例"。

2. 教学内容较少

相对于较宽泛的传统课堂，"微课"的问题聚集，主题突出，更适合教师的需要。"微课"主要是为了突出课堂教学中某个学科知识点（如教学中重点、难点、疑点、考点内容）的教学，或是反映课堂中某个教学环节、教学主题的教与学活动，相对于传统一节课要完成复杂众多的教学内容，"微课"的内容更加精简，因此又可以称其为"微课堂"。

3. 资源容量较小

从大小上来说，"微课"视频及配套辅助资源的总容量一般在几十兆字节左右，视频格式须是支持网络在线播放的流媒体格式（如 .rm、.wmv、.flv 等），师生可流畅地在线观摩课例，查看教案、课件等辅助资源；也可灵活方便地将其下载保存到终端设备（如便携式计算机、手机、MP4、iPad 等）上实现移动学习、泛在学习，非常适合于教师的观摩、评课、反思和研究。

4. 资源构成"情景化"，资源使用方便

"微课"选取的教学内容一般要求主题突出、指向明确、相对完整。它以教学视频片段为主线"统整"教学设计（包括教案或学案）、课堂教学时使用到的多媒体素材和课件、教师课后的教学反思、学生的反馈意义及学科专家的文字点评等相关教学资源，构成了一个主题鲜明、类型多样、结构紧凑的"主题单元资源包"，营造了一个真实的"微教学资源环境"。这使得"微课"资源具有视频教学案例的特征。广大教师和学生在这种真实的、具体的、典型案例化的教与学情景中可易于实现"隐性知识""默会知识"等高阶思维能力的学习并实现教学观念、技能、风格的模仿、迁移和提升，从而迅速提升教师的课堂教学水平，促进教师的专业成长，提高学生的学业水平。就学校教育而言，微课不仅成为教师和学生的重要教育资源，而且也构成了学校教育教学模式改革的基础。

5. 主题突出，内容具体

一节微课就一个主题，或者说一节微课就是一个事；研究的问题来源于教育教学具体实践中的具体问题，或是生活思考，或是教学反思，或是难点突破，或是重点强调，或是学习策略、教学方法、教育教学观点等具体的、真实的、自己或与同伴可以解决的问题。

6. 草根研究，趣味创作

正因为微课课程内容的微小，所以人人都可以成为课程的研发者；还因为微课课程的使用对象是教师和学生，其研发的目的是将教学内容、教学目标、教学手段紧密地联系起来，是"为了教学、在教学中、通过教学"而不是去验证理论、推演理论，因此决定了研发内容一定是教师自己熟悉的、感兴趣的、有能力解决的问题。

7. 成果简化，多样传播

微课内容具体、主题突出，因此其研究内容容易表达，研究成果容易转化；微课课程容量微小、用时简短，因此其传播形式多样（如网上视频、手机传播、微博讨论）。

8. 反馈及时，针对性强

由于在较短的时间内集中开展"无生上课"活动，参加者能及时听到他人对自己教学行为的评价，获得反馈信息。较之常态的听课、评课活动，微课可以"现炒现卖"，具有即时性。由于是课前的"预演"，人人参与，互相学习，互相帮助，共同提高，在一定程度上减轻了教师的心理压力，不会担心教学的"失败"，不会顾虑评价"得罪人"，较之常态的评课就会更加客观。

四、微课出现的渊源

1."微"时代对教育的挑战

当今社会，生活节奏越来越快，与此相应，人们更乐于接受简单、便捷、有趣、高效的生活方式和学习方式。因此，近年来各种"微"事物不断涌现，如微博、微信、微电影、微小说、微讲堂等。这些日益壮大的"微"字号队伍俨然向人们宣告着社会已经步入了"微"时代。同时，网络通信技术日新月异的发展也强有力地推动着这股"微"潮流，使得各种"微"事物可以无孔不入地钻进生活中的方方面面。"微"时代信息的传播速度更快，传播的内容更具冲击力和震撼力。人们恍然发现，原来传播交流信息乃至进行情感沟通，仅仅通过百余字就完全可以实现。对于接受者而言，消化信息的时间非常有限，而信息内容与数量却异常丰富，这就要求信息生产者提供具有高黏度、冲击力巨大、可以在极短时间内吸引受众并提高受众的阅读兴趣的内容。

在教育领域，教师的工作更是非常繁忙，使其很难抽出大量的时间去关注每一位学生的学习情况，因此帮助学生查漏补缺、攻克课程重难点成为教师教学过程中的一大难题。常规教学中，教师只能保证大部分学生的学习进度，不能因为某个学生而影响教学进度，而微课程的出现，恰恰可以满足教师的这种需要。它可以代替教师，让学生进行相关内容的学习，不仅帮助教师节省了大量的时间和精力，还可使学生的学习更高效。

微课发端于微博。自 2009 年起，微博以其互动性和参与性强、信息传播速度快、目标明确的特点，在我国迅速地掀起了一场轰轰烈烈的"微"热潮，拉开了"微"时代的序幕。于是，微课也应运而生。

面对新课程标准和教学实践的要求，教师的工作已经不是简单地把书本上的知识内容教给学生，而是要在教的过程中让学生体会到学习的乐趣，激发学生学习的积极性，而中间所采用的教学方式、方法及手段都是为了达到最后的目的——教会学生学习。面对这种情况，如何才能吸引学生注意力，如何才能将高深的理论变简单，将简单的问题变有趣？能不能利用零碎的时间短期内完成一次学习？能不能让枯燥的知识变得好玩和有趣？在这种背景下，微课诞生了。

微课创始人胡铁生提出，如果换一种思维方式，只将教学重点、难点、考点、疑点等精彩片段录制下来提供给教师，借鉴意义和交流价值更大，也方便学生随时随地点播，能重复使用，利用率高。微课的出现，打破了传统的教学方式，满足学生对不同学科知识点的个性化学习、按需选择学习，既可查缺补漏又能强化巩固知识，是常规课堂学习的一种重要补充和拓展资源。这一形式在学校一经宣传，迅速成为校园的时尚，受到老师们的热烈欢迎。

2."微学习"的迅速发展

微学习是今后不可缺少的一种学习模式，它由"微"与"学习"两部分构成。"微"即微小、碎片化，它符合学生的习惯，一次只学一点，学太多会疲倦。微学习有效发展，必须依托微课程这一载体。微课程是运用建构主义方法，以在线移动学习为目的开展实际教学。时代呼唤微学习，片段化、专题化的微课程为学生提供了更好的学习机会，有效促进了学生的微学习。

微学习的发展，对传统的课程形式提出了挑战，要求课程形式多样化，具备灵活性，可以满足学习者随时随地的学习需求，或者说，学习者可以在地铁上、在公交车上、在咖啡厅，在工作的间隙进行学习，这种需求令研究者自然地关注到了微课程。

所以，微课的学习时间是零散的、片段性的，学习内容是一个个独立的知识点、技能点；学习媒介是多样的；学习的方式是个性化的。

3.可汗学院和 TED 风靡全球

可汗学院（Khan Academy）是由孟加拉裔美国人萨尔曼·可汗（Salman Khan）创立的一家非营利性的教育组织，主旨在于利用网络影片向世界各地的人们提供免费的高品质教育。可汗学院正在为加快各年龄学生的学习速度而努力着。萨尔曼·可汗拥有麻省理工学院的硕士学位和哈佛大学的 MBA 学位。刚开始时,他为了帮助住在远处的亲人进行日常学习,首先尝试着把自己的教学影片放上网络,主要是在 YouTube 网站。由于广受好评,这些课程慢慢地被越来越多的人所熟知,并迅速地向周围蔓延,让学生们在家里就可以学到学校里面所讲授的知识,甚至正在"翻转课堂",成为"颠倒的课堂"。有些教育学家认为这种教育模式正在打开"未来教育"的曙光。

可汗学院取得的成功,对当前的教育体制带来了很大的挑战。现在虽然也存在着许多大学的网络课程,但它们仅仅是把教授上课的过程拍摄下来,强调的是老师的"教",而忽视了学生的学。可汗课程,则突出了学生的"学习"过程,课程设计是围绕"以学习者为中心",充分体现出学生的主体地位,教师从单一的知识传授者角色向学生学习的帮助者和学习资源的提供者转变,符合现代学生的学习特点。

TED 是一个致力于传播创意的非营利组织,TED 指 technology, entertainment, design 在英语中的缩写,即技术、娱乐、设计,每年 3 月,TED 大会在北美召集众多科学、设计、文学、音乐等领域的杰出人物,分享他们关于技术、社会、人文、艺术的思考和探索。TED 诞生于 1984 年,其发起人是理查德·索·乌曼。TEDTalks 云集了曾踏上过 TED 讲坛,举世闻名的思想家、艺术家和科技专家等的演讲视频。演讲令 TED 从以往 1000 人的俱乐部变成了一个每天 10 万人流量的社区。为了继续扩大网站的影响力,TED 还加入了社交网络的功能,以连接一切"有志改变世界的人"。

4. 微课对传统教育的挑战

信息化环境下,基于教育与应用的资源及分享平台的日益丰富,教学资源的充分合理利用及信息技术与学科的深度融合是整个教育信息化建设的根本出发点。微课正以短小精悍的特征,迎合着时代的要求与大众的心理。

在常规课堂教学中,为了不影响既定的教学进度,只要班里的所有学生达到一定的标准,教师就继续推进教学进度;而大部分学生在学习的过程中若有什么不懂的地方会及时向老师请教,或课后由相应的人员进行辅导。对基础教育而言,这就是非常流行的课外辅导(家教或一对一的辅导);对高等教育而言,学生之间可以互相讨论。然而,那些上课不问,下课又没有人辅导的学生,遇到不懂的问题就会积累下来,时间越久,对后面的学习所造成的影响就越大,尤其是逻辑思维能力要求很强的基础教育中的数学学科、高等教育中的理工科课程,不懂的知识点会以点、线、面的形式积累,影响后续的学习,从而造成学习成绩两极分化的现象,而微课以短小精悍与碎片化的特点弥补了传统教育的不足。

微课对教师也产生了影响，一方面，一个优秀教师的微课可能被大量下载，不受欢迎的教师将面临转行；另一方面，教师的功能发生了变化，微课时代教师的身份将主要变成教学的组织者，和学生一起讨论，给学生解惑，组织测验、考试、实验等。因此，老师的信息素养也要不断地发展。

微课时代针对学生的课后教育要更具有针对性，就是要为如何让学生更好地学习寻找一条出路。微课程顺应时代的需求，必将会让越来越多的学习者受益。

五、微课在教育中的应用前景

在网络信息时代，随着信息与通信技术的快速发展，与当前的博客、微博等一样，微课也将具有十分广阔的教育应用前景。

（一）对学生的学习来说

1. 学生自主学习的环境可以选择，不必拘泥于传统的学校教育；
2. 能够更好地满足学生对不同学科知识点的个性化学习；
3. 教师不再是讲台上的圣人，而是身边的导师，并且可以做到一对一的指导；
4. 按需选择学习，既可查缺补漏，又能强化巩固知识；
5. 学生在业余时间内进行延伸的个性化阅读和学习的最好载体；
6. 学生常规课堂学习的一种重要补充和拓展；
7. 通过微课授课的内容被永久保存，可供查阅和修正。

（二）对教师的专业水平发展来说

1. 课题的选取。教学目标清楚，教学内容明晰，或针对字词教学，或针对难点突破，或针对课前导入，或针对拓展延伸，择其一点设计教学。加深了教师对教材知识内容的进一步理解。

2. 内容的设计。备课时更充分地研究学情，做到课堂无学生，心中有学生。要准确地把握教学节奏，快慢适当，吃透教材。要熟练地掌握现代信息技术，因为微课的核心组成内容是教学视频，通过视频组成一个融教学设计、多媒体素材、课件为一体的主题资源包。

3. 知识的讲解与总结。教学语言要简明扼要，逻辑性强，易于理解。讲解过程要流畅紧凑。教师在备课的过程中就要考虑到实际进行的状况，这样才能有一节既吸引人又精彩的课。

4. 知识的拓展。想要拓展知识点，就必须查阅资料去充实内容，才不会显得空泛和空洞。那么，在拓展学生视野的同时，也丰富了教师的教学资源。教师和学生在这种真实的、具体的、典型案例化的教与学情景中可以实现"隐性知识",并实现教学观念、技能的迁移和提升,从而迅速提升教师的课堂教学水平,促进教师的专业成长。

5. 教学反思。教师在整个教学过程中,经历着"研究—实践—反思—再研究—再实践—再反思"的循序渐进、螺旋式上升的过程。教师们的教学、研究的水平和能力也在不断提升。微课,最终让教师从习惯的细节中追问、思考、发现、变革,由学习者变为开发者和创造者,在简单、有趣、好玩中享受成长。

(三)对教育自身的发展来说

现在的微课热,是对过去"课堂实录"式的视频教学资源建设的反思和修正。过去录制了大量"课堂实录"式的视频资源,但是这些资源过于完整,冗长,难以直接加以使用。

微课平台是区域性微课资源建设、共享和应用的基础。平台功能要在满足微课资源、日常"建设和管理"的基础上增加便于用户"应用和研究"的功能模块,形成微课建设、管理、应用和研究的"一站式"服务环境,供学校和教师有针对性选择开发。

交流与应用是微课平台建设的最终目的。通过集中展播、专家点评和共享交流等方式,向广大师生推荐、展示优秀获奖微课作品;定期组织"微课库"的观摩、学习、评课、反思、研讨等活动,推进基于微课的校本研修和区域网上教研新模式形成,达到资源共享。

无论是对于学生还是对教师而言,微课无疑都是一次思想改革。它促成一种自主学习模式,同时,还提供教师自我提升的机会,最终达到高效课堂和教学相长的目标。

六、微课资源的现状

微课发展到现在,以其简单化、实用化、多样化和智能化备受师生欢迎。可是,微课确实存在着一些问题。

我们的教师,有些是年轻富有激情的,可是却缺乏一定的教学经验,这可能就会影响到他对知识内容理解和讲解上的把握,内容华而不实。有些是经验丰富的,他可能对知识的把握很到位,可是对于新生事物,总是接受得慢一些,运用起来并不是那么理想。还有些既有经验又有技术的,由于微课是新生事物,缺乏一定的理论指导,还处于自我摸索阶段,这就给教学带来了一定矛盾。

而就整个的微课教学资源来说,非常的零散,虽说有了一定的规模,但还未真正成型，没有形成一定的教学资源或平台，供教师们借鉴参考。

随着教育工作者对更加主动的学习环境的追求，越来越多的在线课程和面对面教学都在尝试着各种不同形式的变革。从这个意义上讲，微课程，作为一种大胆而积极的尝试，的确具有较大的发展潜力，尤其是在在线教学以及面对面课堂教学中作为课程教学的组件和资源来使用。因为这样的微课程让学生有了更大的自主权和拥有感，微课程的开放性及后续补充与开发的潜力也为教学应用带来了巨大的灵活性。

微课所带来的对传统教学模式的冲击究竟是好还是坏，也有待进一步的实践检验。因此，在国内基础教育领域的应用与探索，也许能更好地回答这个问题。

（一）国外对微课的研究现状

在国外，与微课相关的研究早已有之。请以 Micro-course、Micro-lecture、Micro-lesson 等作为关键词进行搜索查找，在经过文献调研分析之后，能够发现即使是同一种表述方式，比如同样是使用 Micro-lecture，在不同的时代其代表的含义也不尽相同，并且不同的国家对微课的研究取向也不完全相同。

1960 年，美国艾奥瓦大学附属学校首先提出了微型课程（Minicourse），有译者把它译成短期课程或课程单元。1998 年，新加坡教育部实施的 Micro-lessons 研究项目，主要目的就是培训教师如何构建微型课程，涉及的课程时长一般为半小时至一小时，教学目标比较集中，侧重资源、活动、学习情境的创设。项目主持人菲利普教授认为，微型课程是运用计算机通信技术（ICT）来达到特定目标的小教学材料。微型课程一般是一系列半独立性的专题或单元，持续时间比较短，一般只有 1~2 个学时，教学的组织规模也比较小。由此可见，微型课程（Micro-lesson）针对的是以信息技术为支撑的完整的教学活动，促进信息技术更好地整合于教与学，时间与规模都是微型的。而国内所说的微课程则以微视频为核心教学资源开展教学，可以整合常规课程教学，也可以供学生自主学习与教师发展所用；微型课程基于现实的学校课堂教学，属于正式学习范畴，而微课程则适用于正式学习、非正式学习或兼而有之。

当然也有人认为微课程（Micro-lecture）的雏形最早见于美国北艾奥瓦大学（University of Northern Iowa）LeRoy A. 麦格鲁教授所提出的 60 秒课程（60-Second Course）以及英国纳皮尔大学（Napier University）肯提出的一分钟演讲（The One Minute Lecture，OML）。麦格鲁教授希望在非化学专业的学生以及民众中普及有机化学常识，然而现有的有机化学概论教材篇幅很长且需要花很多精力去学习。因此，麦格鲁教授提出 60 秒课程，以期在一些非正式场合，如舞会、搭乘电梯时，为大众普及化学常识。他将 60 秒课程设计成三部分：概念引入（General Introduction）、解释（Explanation and Interpretation）、结合生活列举例子（Specific Example–The Chemistry of Life），并认为其他领域的专家也可用类似的方式普及自己的专业。学者肯认为学生应当掌握核心概念（Key Points）以应对快速增长的学科知识与交叉学科的融合，因而提出让学生进行一分钟演讲，并要求演讲须做到精练，具备良好的逻辑结构且包含一定最好的例子。他还认为一分钟演讲在促进学生学习专业知识的同时能掌握学习材料之间的关系，以免所学知识孤立、片面。

最早开展翻转课堂研究工作的，是哈佛大学的物理教授埃里克·马祖尔，他在 20 世纪 90 年代创立了同伴教学（Peer Instruction）方式，追求同类人即学生之间的学习互助，让学生参与到教学中，成为积极的思考者。2000 年，莫林拉赫、格伦·普拉特和迈克尔·特雷格拉发表论文《颠倒课堂：建立一个包容性学习环境的途径》，着重提出如何使用翻转教学激活差异化教学，以适应不同学生的学习风格。韦斯利·贝克在第 11 届大学教学国际会议上发表论文《课堂翻转：使用网络课程管理工具（让教师）成为身边的指导》，提出让教师"成为身边的指导"替代以前"讲台上的圣人"，成为大学课堂翻转运动的口号。2007 年，杰·里米·斯特雷耶在博士论文《翻转课堂在学习环境中的效果：传统课堂和翻转课堂使用智能辅导系统开展学习活动的比较研究》中把自己设计的案例制作成视频分发给学生观看，课堂上再利用在线课程系统 Blackboard 的交互技术，组织学生参与到项目工作中（学生会控制正在观看的视频，以保持机敏接受新信息）。这些专家、教授们对于翻转课堂教学模式进行的理论研究和创新，为多所学校改革传统教学模式提供了宝贵理论依据，也为微课的产生做了深厚的理论铺垫和准备。

2004 年 7 月，英国启动教师电视频道（www.teacher.tv），每个节目视频时长 15 分钟，频道开播后得到教师的普遍认可，资源的积累最多达到 35 万分钟的微课视频节目。2006 年，美国学者萨尔曼·可汗（Salman Khan）推出可汗学院（Khan Academy），其录制的微型课程视频在美国基础教育领域风靡一时。2007 年，美国化学教师乔纳森·伯格曼和萨姆斯在萨尔曼·可汗的基础上，提出"翻转课堂"教学模式。随着以可汗学院与 TED 为代表的国外在线微视频（时长 5~15 分钟）学习资源的出现与流行，慕课以及在翻转课堂等教学模式中使用微视频作为教学资源供学生自主学习，触发了教育工作者将微视频运用于课堂教学的可行性探索。微课最早的雏形出现在国外学者麦格鲁教授首次提出的 60 秒课程，其表现形式是向简短的课程中注入"鲜活"的元素，从而使简短的课程发挥传统课程的主要功能，同时又能展现与传统课程不同的"个性"。

2008年秋，美国新墨西哥州圣胡安学院的高级教学设计师"一分钟教授"戴维·彭罗斯（David Penrose），首创了影响广泛的"一分钟的微视频"的"微课程"（Micro-lecture），其核心理念是要求教师把教学内容与教学目标紧密地联系起来，以产生一种"更加聚焦的学习体验"。由此可见，尽管国外与微课有关的名词有Mini-course、Micro-lecture、Micro-lesson等，但其对微课的研究取向并不完全相同。微课呈现的是以在线学习或移动学习为目的的教学内容，时长一般为1~3分钟，突出关键的概念主题和活动，引导学生利用网络，根据所提供的资源和活动，建构自己的知识。

据《高等教育纪事报》介绍，微课程这个术语并不是指为微型教学而开发的微内容，而是运用建构主义方法形式化成的、以在线学习或移动学习为目的的实际教学内容。这些大约只有60秒长度的展示带有具体的结构，它们并不仅仅是简单的（一分钟长度）演示。戴维·彭罗斯建议采用以下五步来完成1分钟微课程的开发：第一，罗列在60分钟的课堂教学中你试图传递的核心概念，这一系列的核心概念将构成微课程的核心。第二，写出一个15~30分钟的介绍和总结，它们将为你的那些核心概念提供一个上下文背景。第三，用一个麦克风和网络摄像头录制这三个元素，如果你不能完成这个任务，你所在单位的信息技术部门可以为你提供建议和设备，如果你想制作成纯语音的课程，那么就不需要摄像头了。制作完成的节目长度必须是60秒到3分钟之间的。第四，在这个课程之后，设计一个任务，使这个任务能指导学生去阅读，或者开展探索这些核心概念的活动。如能与写作任务结合起来，那么，它可以帮助学生去学习课程材料的内容。第五，将视频和任务上传到你的课程管理系统中，以供课堂教学使用。

同时，戴维·彭罗斯还认为这将成为一种知识挖掘（Knowledge Excavation）的框架，微课程将提供一个知识挖掘的平台，并告诉学生如何根据学习所需搜索相应的资源；允许学生对自己的学习有更多的主动权，自主地挖掘所需的知识点，有针对性地开展学习；并且这种主题集中的微课程能够有效地节约学习时间。但是，这种教学模式并非适用于所有课程，如在理解复杂概念方面的课程并不能取得较好效果。尽管如此，这种在短时间内提炼出核心概念的微课程形式，促使教师、学习者、研究者与利益相关者重新用一种新的思考方式开展教学。学者莫里斯认为，戴维·彭罗斯所提出的微课程概念以网络课程的形式存在，有可能为现实课堂的教学模式提供一种新思路。Open Education也认为微课程将成为网络课程的重要组成部分。

英国教师电视网站（Teachers TV，TTV）是由英国教育部于2004年建设的，因为访问量过高，视频服务器无法承受，最终在2011年4月被迫关闭。其拥有3500

个精品微课视频,目的是帮助学龄儿童和中小学学生提高学习能力,在教师开发这些视频资源的同时促进他们的专业发展。这些微课内容涵盖了英国中小学和幼儿园的所有课程,每段视频长度一般在20分钟左右,而且视频的中间或开头结尾部分通常会穿插教育研究者或管理者与教师的随机访谈视频,课堂实境教学内容10分钟左右。英国各地课堂教学改革或学校教育管理改革的时讯专题节目(长度10~15分钟)也会定期通过该网站播放。

(二)国内的研究现状与发展

进入21世纪的第二个十年,随着传媒技术的迅速发展,以"微"为标志的文化家族悄然诞生,迅速繁衍形成了许许多多的微群落——微信、微电影、微课等。近两年来微课作为刚刚兴起的在线教育形式,正在迅猛发展。微课内容碎片化和时间短的特点恰好满足了大众利用各种零碎时间进行学习的需求,实现了"人人皆学、处处皆学、时时皆学"的终身学习愿景。学生、家长和教师都能方便地通过终端设备(如手机、Ipad、笔记本、MP4播放器等)在家里、校园里、公共汽车上、地铁上甚至动车和高铁上进行学习。尽管目前学校中微课应用不多,但它已经成为教育界最热门的话题之一。

在信息化教学环境下,逐渐出现了移动学习、混合学习、非正式学习、翻转课堂等众多新的学习模式和教学模式,然而在这些模式中都有一个共同点,即优质数字教育资源是必不可少的一部分。目前优质数字教育资源的开放性、共享性和多元性日益加强,资源形态有碎片化、微型化、主题化发展的趋势,特别是国内外"微时代"的到来,微课程、微视频相继产生,众多一线教师、专家等加入到优质数字教育资源的建设队伍之中。在国内,微课建设起步晚,一线教师对微课概念的界定、内涵和特征认知比较模糊,严重影响了高质量的微课作品建设。

在2012年的年度汉字评选中,"微"字脱颖而出。"微生活"360°无死角地充斥在我们周围:"微博"改变了阅读方式,"微信"提供了便捷的社交渠道,"微小说""微电影"丰富了原有的娱乐形式……信息化的加速发展推动了"微时代"的来临,这些对教育领域产生着深刻的影响。其中"微课"以其独特的魅力吸引了教育界关注的目光。微课在国内有"微型课程""微讲座""微课程""微学习""微课"等多种不同的说法,即使是名称相同,其界定的范围、资源组织模式也不尽相同。在这样一个"百家争鸣"的阶段,对微课的认识也渐渐从最初的"一种新的资源构成方式"(微型资源构成)拓展到"一个简短的教与学活动过程"(微型教学活动),最后提升到"一种以微视频为主要表现方式的在线网络学习课程"(微型网络课程)。但无论如何,微课的精髓就在这个"微"上,"微言大义"——形式上,它以10分钟左右的微视频为教学载体；内容上，它主要是针对某一知识点，包括教师在教学过程中所用到的各种教学资源（微教案、微课件、微练习等）。简而言之，本书认为，微课就是利用微短的教学视频来讲授单一知识点的一种特殊的授课形式，它正以其"短、小、精、活"的特点席卷全国，为广大教育研究人员所关注，而且广大的一线教师们还制作了许多精彩的微课视频。

20世纪80年代初，我国就有电教工作者总结出学校课堂教学应发展为内容集中单一、时间短，由教师随堂灵活运用的"插片"。1989年，万明高、朝桂荣在《电视教材利用率的追踪分析》一文中提出了对一般教学片段应当发展小片段（3~5分钟）在课堂教学中穿插播放的想法。90年代后，我国电教界已明确将"片段性内容"电视教材作为电教教材的一种类型。1991年，李运林在《电视教材编导与制作》一书中指出："片段性内容电视教材，可以没有尾，也可以没有解说，只是就某一课程内容的问题提供形象化的片段材料，教师使用这类教材时，需要边展示边讲解。这类片段教材，尽管只有一两分钟长，但往往是教学上非常珍贵的形象材料，对帮助教师提高教学质量很有好处，是一种值得提倡的电视教材。"2012年9月，在"全国首届中小学信息技术教育应用展演会"上，教育部副部长刘利民看到胡铁生老师的现场演示，当即指示，中小学要搞微课，高校也要搞微课。

在国内最先提出微课的是佛山教育局教育信息中心的胡铁生老师，他在长期从事基础教育资源研究的基础上，由身边的"微"元素触动了灵感，从而紧接着开展了关于微课的一系列系统研究，并将微课研究活动逐步走向研究化、专业化。胡老师于2010年首次提出微课（Micro-lecture）的概念，经历了资源建设、教学活动设计与微课程三大层次的跨越，并在佛山市中小学中组织了微课大赛。

2012年9月教育部教育管理信息中心主办的第四届全国中小学"教学中的互联网应用"优秀教学案例评选活动暨第一届中国微课大赛，标志着国内研究者和一线教师对微课进行了探索、研究和实践。2013年，由华南师范大学和凤凰卫视合作的"凤凰微课"正式上线。首届全国高校微课大赛顺利举行，参与比赛的高校超过1600所，参赛选手12000多人。这些事件标志着一种新型学习资源——微课，正受到国内教育界的广泛关注。因此，有专家预测微课将成为近几年最有前景的教育技术之一。

在"微课"一词诞生之前，国内常见的类似惯用表达有"教学视频案例""视频课例""课例片段""微型视频"等。通过以上关键词进行搜索查找，得到的结果如下：

1. 对教学视频案例进行研究的主要集中在对理论的探讨与实践的研究，研究内容则是对其定义的思考。如《对教学视频案例定义的思考》。此外，还有实践研究，主要有以下三个方面。

（1）视频素材的设计与制作，如广东省电化教育馆的王彤论述了课堂教学视频案例的设计与制作，系统探讨了教学视频案例的研制；更有甚者，具体对教学视频案例中的视音频制作进行了探讨。

（2）教学视频案例系统的设计与应用研究，如李文昊等人（2009年）在分析现有课堂视频案例以及应用方式的基础上，设计出一种教学活动本体模型并基于该模型设计了一种智能教学视频案例系统；上海华东师范大学的李英（2007年）在其硕士论文中提出并设计出一种面向师范生的视频案例教学系统。另外，华东师大的周伟（2009年）发表的优秀硕士毕业论文则是设计基于切片技术的视频课例分析系统。

（3）运用课堂教学视频案例开展教师校本研修，北京师范大学的黄晓兰等人（2010年）认为，课堂教学视频案例，作为整合文本案例研究与现场观摩的教育新工具，为教师提供了提升教学技能的机会，并探究了如何建构基于课堂教学视频案例的对外汉语教师培训模式。

2. 对视频课例的研究集中在期刊论文，其中比较有代表性的是上海市洋泾高级中学以叶丽芳为负责人的化学教研组教师发表的对视频课例的专题研究，连续发表9篇文章，分别是《依托视频课例诊断课堂教学》《以数字化视频课例分析推进校本研修》《应用视频课例把握课堂教学》《应用视频课例分析学习过程》《应用视频课例改进课堂教学》《应用视频课例观察课堂教学》《应用视频课例研究课堂教学》《运用视频案例提升课堂教学》以及《应用数字化视频课例进行化学课堂教学改进研究》，这些文章主要探讨应用视频课例改进课堂教学方法建立的操作性、时效性俱佳的范式。

3. 对课例片段的研究相对较少，主要是中小学一线教师探讨如何运用课例片段评课、营造课堂氛围以及进行探究式教学，如刘茜（2009年）小学英语白板英语课例片段展示。

4. 对微型视频的研究，陈三明等人（2010年）论述了如何构建基于Web2.0微型视频课程教学模式，研究中明确提出微型视频课例各教学要素时间分配为240秒，据此构建了相应的教学模式。

5. 基于对以上文献的分析，可知目前对教学视频案例、视频课例的研究主要集中于中小学的教学应用。如2006年上海市浦东新区教育发展研究院整合了教师专业培训部、课程教学研究部以及信息技术推广部的研究人员，成立了视频案例项目开发研究小组。通过教学专家与信息技术人员的通力合作，开发了观课与评课的视频切片分析系统的平台。方红（2006年）探讨了教学视频案例的常见应用，指出5个方面的应用：（1）教师个人基于网络平台的继续教育；（2）基于校本研修的教研组究；（3）面向新教师的上岗培训材料；（4）师范学生毕业前见习、实习观摩课的补充资源；（5）以光盘形式发送到农村地区学校作为教师研修的资源。2010年3月，大连市开始发布中小学教学视频切片采集与应用实施方案，采集教学视频切片，同时将教学视频切片发布到相应网络平台上。而陶三明等人（2010年）探讨了基于Web2.0微型视频课程教学模式的构建，为微型视频课例切片各教学要素时间分配提供了很好的借鉴意义。

6. 此外，国内对视频课例的研究已有的专著有：（1）《课堂教学视频案例的研究与制作》（鲍建生等人，2005，上海教育出版社），该书从理论层面上阐述了课堂教学视频案例与教师职业相关研究，从操作层面上描述了教学视频案例的特征、优点、研究方法，最后选取课堂教学视频案例脚本，进行了全面的、全方位的分析与解读；（2）《课堂观察——走向专业的听评课》（崔允漷，2008，华东师大出版社），该书分别介绍了为何需要建立一种课堂观察的合作体、何为课堂观察的程序、教师如何利用课堂观察框架、进入现场观察要注意哪些问题等内容，为中小学一线教师如何更好地运用教学课例进行观察提供了很好的参考借鉴价值；（3）《教师专业发展可视化之路——中小学视频课例分析实践与思考》（陆蓉，2009，浙江大学出版社），该书全面而又系统地阐述了如何对视频案例进行分析，全书分为基础篇、提高篇、应用篇，深入浅出，既有理论介绍又有实践总结，成为教师培训、教育研究的重要参考资料。

7. 在上述视频课例的基础上，在教育培训领域还诞生了微课网（http://www.vko.cn/），该平台是由北京微课创景教育科技有限公司于2011年1月创建，该公司以全景高清视频教学为手段，独创20分钟以内的浓缩版精品课程，采用国际领先的视频流媒体技术实现学生高清视频视听体验，倡导"高效学习、快乐分享"的学习理念，追求中国学生学习过程的个性化，致力于打造中国最大的中学生自主学习平台。

综上所述，微课的研究是国内较为新颖的一个研究课题，它的设计、开发与应用仍然需要在教学实践中不断地尝试与应用。

微课在短期内得到中小学教师的认同，并广泛应用于日常教学实践，有其特定的技术背景和时代背景。近年来，随着移动技术、视频压缩与传输技术、移动终端、网络带宽、网络速度、视频分享网站等技术的进步和应用的快速普及，以视频为信息传输媒体的微课常态化应用在技术上成为可能。同时，在提倡以"学生为中心"教育理念的时代背景下，与移动学习、泛在学习、碎片化学习、翻转课堂等融合互联网精神的学习理念思潮相结合，为微课的广泛传播提供了教育应用的土壤。可以说微课是信息技术发展与教育变革时代相结合的产物，也是技术与教学应用融合的高级阶段。尽管目前有比较多的学校开始批量建设微课，并应用到日常教学实践中，但对微课的概念界定、构成要素和应用模式都存在不同的认识，在一定程度上影响其作用的发挥。本书试图在文献研究的基础上，结合对微课教学实践应用的观察，剖析微课的概念、内涵及构成要素，并研究其在教学实践中的应用模式。

在我国的微课表现手法上，具体来讲是一种思维方式的大的转变，即突破了传统的"满堂灌"的特点，而只是就重难点、疑点、考点等穿插在微课里，并且由讲授教师精彩地演示、表达出来，同时借助摄像机现场录制下来。微课之前的发展主要是用于教师之间的研讨，为教师的专业发展提供基础依据，但其更大的推广作用不止于此，除了有交流研讨借鉴之外，更能促进学生的发展。

在经典教学论的学术专著中，对"课"的定义是："课是有时间限制的、有组织的教学过程的单位，其作用在于达到一个完整的然而又是局部性的教学目的。"微课的出现，在一定程度上来讲算是打破了传统的教学方式，实现了学生对不同学科知识点的个性化学习、按需选择学习，既可查缺补漏又能强化巩固知识，是传统课堂学习的一种重要补充和拓展，微课在被提出到逐步推广的过程当中，已经快速成为校园的时尚，受到师生的欢迎。

微课在我国目前的发展趋势总体是沿着重组并创新的路线来走的，并没有彻底摒弃传统的录制视频影像资料，而是借鉴并选取其中优质资源进行重新组合，将以前的杰作升级为精简版的微课作品，同时并不仅仅只是重组，还有创新。具体来说就是发挥学校教师的智慧才能，以及利用掌握的信息技术进行原创微课作品，并且精益求精，在经过专家老师的评审之后将作品上传到互联网，提供在线观看、下载的微课作品。

分析国内外微课发展研究现状得知，早在20世纪六七十年代，国内外许多教育工作者就开始把微视频作为辅助教师讲课的材料，可以说这是教育界微课应用和发展的雏形。当下，"微课程""微视频"虽然是一个研究的热点，但令人遗憾的是，国内外微课的研究方向和脉络基本一致，仍然停留在简单的局部应用层面，并没有把它上升到一定的理论高度，还不完全具备推广的条件和价值。具体地讲，主要表现在以下几个方面：首先，微课核心组成资源不统一，有的是教案式，有的是视频式；其次，微课课程结构较为松散；再次，微课应用领域有待扩充，主要用于学习及培训方面；最后，微课课程资源的自我生长、扩充性尚欠缺。因此，国内外对微课的研究尚未自成体系，缺乏一定的系统性研究。

目前国内微课的主要形式有录频形式，PPT制作转化为视频格式，以及其他的一些实时录制的教学活动片断，资源的设计与开发处于探索阶段。黎加厚老师就各个学校所上交的微课程作品，提出了微课制作方面的 15 条建议：（1）注意教育的对象；（2）一个微课程只讲一个知识点；（3）时间控制在 10 分钟以内；（4）教学步骤完整性；（5）展示性信息；（6）微课设计的整体性；（7）恰当的提问；（8）结束总结；（9）用字幕做补充；（10）学习单指导微课的学习；（11）学习单将微课与学习内容联系起来；（12）清楚地告知学习方式、评价方式；（13）让学生了解主讲老师的信息，激起对老师的好感；（14）借鉴可汗学院的教学方法、理念、策略；（15）学习其他领域的设计经验。在微课的应用方面他提出微课应用的"四步五环"：（1）课前四步：导学案的设计、教学视频的录制、学生的自主学习、个别辅导计划的制订；（2）课中五环：探究合作、释疑拓展、巩固练习、自主纠错、总结反思。

张一春老师对于微课的设计提出了 5 条策略：（1）精心的教学设计。要有较为完善的课程组织结构，并非从一段较长的视频课中截取一截。（2）特色的教学内容。内容最好精彩地呈现，突出该学科的特点。（3）丰富的多媒体技术。尽量借助多媒体技术，展示课程内容。（4）精致的拍摄制作技术。尽可能不要有口误、表达不清、拖泥带水的现象。（5）把握开场 2 分钟的重要性，视频开头要能吸引听众。国内面向技能型微课的比较典型的网站有几分钟网、优酷等，几分钟网是面向大众的微课资源，涉及生活（如何扎头发、如何做菜等）、摄影（摄影基本技能）、美术（简笔画、山水画等）等方便而且实用的技能，在很短的时间内呈现讲解清楚。此外，还有类似于优酷等视频资源网站它们有书法写作、照相摄影、山水画、乐器使用、健身体操等短小的用于技能呈现的微视频资源。当然，也有与信息技术技能课相关的微型资源，例如，一些面向大众的基础技能操作视频，这些视频大都是重在对于某一些软件的操作，短小，一般都在 10 分钟以内，但是缺点是这些技能型微型资源面向的是大众或成人，缺少对具体学习者定位分析。这些资源的使用也主要是学习者在线学习。技能型微课一般操作性要强，关注短时间内快速地帮助学习者掌握实际的操作技能，从而达到解决问题的目的。

由于微课是由国外引入的，国外的建设相对较早，现已建设并应用了一批优质的微课视频资源库，如英国教师电视网站视频库（Teachers TV，TTV）、基于维基功能的视频资源库"观看知道学习"（Watch Know Learn）以及"英语中心"英语学习视频内容库（Watch Learn Speak）等。而我国，目前还处在起步阶段，各地相继举办微课制作以及相关的培训讲座，部分省市还举办了各种形式的微课大赛，以期通过这种形式，让教师了解微课、制作微课、使用微课，进而在教师群中推广微课。下面从微课建设现状及相关的微课比赛两方面来具体阐述微课在中小学中的应用现状。

8. 微课建设

在信息技术高度发展以及学习型社会快速构建的过程中，不管是教师、学校，还是各级政府、社会大众，对微课的关注度都在日益提升，从一开始的一知半解到逐渐大力推广，微课的建设及其应用正以中小学校为中心逐步向社会各界辐射。

（1）典型省市建设概况

广东省佛山市率先启动微课建设，截至 2012 年 9 月就已征集超过 3000 节优质微课，参与教师超过 2000 人，涵盖"小、初、高"各学科的重点和难点，点播数超过 100 万人次，深受师生欢迎。此外，还构建了佛山市中小学名师精品课例（优秀微课）平台，为广大教师提供微课拍摄及制作的相关服务和指导。胡铁生老师主持的研究课题"中小学'微课'学习资源的设计、开发与应用研究"被立项为全国教育信息技术研究"十二五"规划重点课题。

在由河北省继续教育中心组织，全国中小学教师继续教育网承办的"V 大赛"活动中，平乡县实验中学辛贺华、庞西宏等 12 名教师申请的"微课在教学答疑中的应用与研究"被立项为河北省教育科学研究"十二五"规划 2013 年度课题（"V 大赛"倡导用短小的案例或片段展示教育教学研究成果）。

深圳市自 2010 年开始，在全市范围内开展优质课例视频资源的征集及在线展播活动，逐步搭建起了覆盖全市中小学各学段学科、与教材同步、成系列化的优质课例视频资源库，要求征集课例的 30% ~ 50% 为"微课"课例视频。深圳市龙岗区教师进修学校以"做中国最好的微课程在线平台"为目标，建设了微学习课程网以及微视频学习平台，为学员提供了丰富的微学习资源。

湖北省武汉市滑坡路小学 2013 年初率先在全市中小学中推出 100 余部"微课"，涉及语数等 10 余门学科，在学生中掀起"淘课热"，短短半年时间，访问量就超过上万人次。这些课由 60 余名教师精心制作，时长 10 分钟左右，不管是校内还是校外的学生皆可通过手机、平板电脑等免费观看。

上海市嘉定区实验小学的"小畅学礼仪"微课程于 2013 年 9 月中旬"上线"。实验小学以礼仪教育入手，发动学生、家长探索生活化、情景化的礼仪教育内容、形式，共同开发适合学生学习特点的"短、平、快"礼仪教育视频课程。所有的教育内容贴近学生的生活实际，所有课程的策划制作全由学生、家长共同完成。目前学校已开通微信公众平台，推送课程视频。

山东省高青县充分利用暑假教师总结、反思、充电、提升的有利时机，按照"汇集精彩瞬间，博采智慧火花，聚涓涓细流，铸教育辉煌"的思路，启动"微课型"超市构建实施工程。并通过高青教育网开通登录查阅检索系统，为教师和教育工作者提供最直接、最现实、最可资借鉴的帮助，打造具有县域特色品牌标识的"微课型"超市。

2010年，天津市普通高中选修课程"空中课堂"项目实现了向小学拓展。其中《习字与书法》网络微课程时长在15分钟左右，符合学生学习心理，既适用于学生的个性化学习，又有利于基于班级授课模式下的集体学习和巩固练习。2010年秋季至2012年春季，天津市小学阶段《习字与书法》网络微课程成功录制、上线发布、推广应用，有效弥补了小学书法师资数量不足、质量不高的问题，取得了良好的社会效益。张宝君老师主持的《天津市小学"习字与书法"网络微课程资源的建设与应用研究》被立项为全国教育信息技术研究"十二五"规划2012年度专项课题。

由内蒙古李玉平老师带领的微课程团队，经过对一线教学的深入思考和研究，发现教学问题、教研问题和管理问题，并提出研究策略和解决方法，他们将其过程用PPT软件制作成一系列微课程，对于信息时代背景下教师专业发展起到引导作用。

由上可见，目前微课发展还是处于边建设边研究的摸索阶段。虽然微课发端于广东省佛山市，但微课的建设并没有止步于佛山，而有遍地开花的趋势，各地都在积极地投入微课的建设中，并且取得了一定的成效。学生、教师、学校、家长，共同为微课的建设及推广贡献自己的一分力量。遗憾的是，这些已建成或在建的微课仅停留在小范围的试用，缺乏大面积的推广，其普及度还远远不够。

（2）网站及移动客户端建设情况

目前的微课网站大致包括三类：一是教育行政部门及学校搭建的资源聚合平台（与微课功能类似，但不是纯粹的微课网站）；二是微课比赛的作品提交展示平台；三是教育培训的机构或公司自主开发的网站平台。

国家基础教育资源网（http://www.cbern.gov.cn）是教育部主办的国家级基础教育资源中心，也是农村中小学现代远程教育工程资源服务平台，是专为我国广大中小学教师和学生提供丰富的教育教学资源信息和网络化学习的平台类门户网站，其中许多优秀的教学资源就是以微课这样短小视频的形式呈现。它早在"九五"期间就开始建设，是国家教育资源公共服务平台（http://www.eduyun.cn/）的一个子平台，网站的建设汇聚了国内许多专家、学者的智慧和经验，经过不断发展，内容覆盖基础教育领域的各个学科，使用对象遍布全国。

中国微课网（http://www.cnweike.cn/）是中国微课大赛参赛作品的提交平台，它不只是展播平台，更是借鉴、学习、交流、创造的平台，平台资源库中包含了两万多例微课教学视频。该平台不仅展示了全国中小学教师的优秀微课案例，还包括有关微课的学术研究、教育资讯以及微课制作的交流等，网罗了有关微课的方方面面，可以说是微课入门的首选网站。

微课网（http://www.vko.cn/）是2012年上线的一个新在线教育平台，主要面向中小学学生群体。它由北京某公司开发运营（营利性质），是中国首家"ESNS"网站（教育社交网络），将互联网的分享、互动融入中学教育中。在微课网，有众多北京名师参与的微缩精品课程，瞄准中考和高考，以期构建一个新的在线初中及高中学习体系。

相较于网站来说，在移动客户端方面，微课的应用相对较少，多是基于某个微课网站平台来开发移动客户端，如上面的中国微课网和微课网，各自推出了"全国微课程大赛移动客户端"及"微课拍拍"。客户端功能与网站平台功能大同小异，在原来的基础上方便了移动学习者的学习与交流，如"凤凰微课"。

2012年12月28日，华南师范大学与凤凰卫视联合发布"凤凰微课"移动学习客户端，将6000多个网络视频课程向海内外观众免费开放。客户端中包括的微课内容，从课堂扩展到社会工作、生活，涵盖基础教育、文化教育、家庭教育、医疗保健、商科法律、科普知识、生活艺术、中华文化、宗教信仰、自然科学、工程技术、哲学人文、农业科技、林业科技等领域，能够满足大众学习的各种需求，从而将微课普及到社会大众的各个阶层。

由网站及移动客户端建设状况来看，教育行政部门、学校等建设微课涵盖的面较广，中小学教育中任何一个知识点都可能被制作成微课来帮助学生学习，由于精力及经费等限制，微课的建设质量普遍不高，有些网站甚至无法正常观看微课视频。但是那些以营利为目的的企业或公司建设微课瞄准的多是小升初、中考或高考，目的性特别强，微课建设质量相对较高，然而学习的费用随之成为家长头疼的一个问题。

9. 微课比赛及其标准

2010年11月，佛山市率先在全国开展了地市级中小学优秀微课资源征集评审大赛，首次提出了微课和微课程的概念，受到了众多媒体和专家学者的关注，形成了"佛山微课"现象。而佛山的微课热也引起了相关教育部门的重视，从2012年秋季开始，教育部面向全国中小学举行微课作品征集评选大赛，先后有15个省市的各级教师积极参与到比赛中。以下是全国中小学微课大赛（表4-2）的评价标准（截取部分）。评价标准可以在一定程度上体现出微课的质量及应用的效果，制定的标准越高，参赛制作的微课也就越好，应用到课程中也越有效。

表 4-2　　　　　　　　全国中小学微课大赛标准

一级指标	二级指标	指标说明
教学效果 （40分）	形式新颖 （10分）	构思新颖，教学方法富有创意，不拘泥于传统的课堂教学模式，类型包括但不限于教授类、解题类、答疑类、实验类、其他类；录制方法与工具可以自由组合，如用手写板、电子白板、黑板、白纸、PPT、Pad、录屏软件、手机、DV摄影机、数码相机等制作
	趣味性强 （10分）	教学过程深入浅出，形象生动，精彩有趣，启发引导性强，有利于提升学生学习的积极主动性
	目标达成 （20分）	完成设定的教学目标，有效解决实际教学问题，促进学生思维的提升、能力的提高
网络评价 （15分）	网上评审 （15分）	参赛作品发布后受到欢迎，点击率高、人气旺，用户评价好，作者能积极与用户互动；根据线上的点击量、投票数量、收藏数量、分享数量、讨论热度等综合评价

目前主流微课概念是教师围绕某个知识点或教学环节开展的教学活动视频记录，而不是课堂实录视频切片。刘赣洪、何秋兰在《微课在中小学的适用性研究》一文中，通过对首届中国微课大赛获奖作品进行内容分析，对微课在中小学教学中的适用性得出以下结论：

（1）在学段方面，微课较适用于初中学段的教学，而小学、高中学段次之。

（2）在学科方面，微课较适用于数学课程的教学，而语文、英语、信息技术、物理、生物等课程次之。

（3）在课的类型方面，微课较适用于讲授新知识类型的课。

（4）在知识的最佳传递方式方面，"讲授型"微课较适用于中小学教学。

（5）在知识类型方面，微课更适用于中小学课程中事实知识及技能知识的讲解。

教育信息资源的根本目的和本质属性是为教育教学服务。然而，这些花费巨大、耗时费力建成的数量庞大、种类繁多的教学资源（库）在实际教学中的应用情况却并不乐观。校本研修、教师专业化成长等新课程所倡导的行动并没有因为资源库的建成而大有改观，许多学校还停留在观念认识层面而在实践操作中举步维艰。学生基于资源的自主协作探究性学习方式还远未普遍形成，相当多的学生甚至还不知道，也没有时间，更不愿意使用区域教育信息资源库。一线教师普遍感到真正适用、实用、好用的优质教学资源依然匮乏，以至于发出"我们每天都生活在信息的海洋中，却无时无刻不在忍受着知识缺乏的饥渴"的感叹。

第二节 微课教学设计模式

一、微课教学与微课教学设计

教学设计强调的是在进行教学活动之前，根据教学目的要求，运用系统方法，对参与教学活动的诸多要素所进行的一种分析和策划的过程。简言之，教学设计是对"教什么"和"如何教"的一种操作方案。

微课教学设计是根据微课的教学目标与功能，应用系统方法综合考虑教学中各要素之间及与整体的本质联系，并在设计微课时综合协调它们的关系，以形成时间短、内容精、视频为主要载体的微课的策划过程。

特别需要注意的是，常规的教学设计是基于教师和学生双边教学活动的设计，整个教学过程包含师生的互动，而微课的教学设计主要是基于教师单边的教学设计，微课中没有师生互动，主要包含微课学习中或者学习后的主观与客观测试、讨论与练习。

微课的质量高低，首要因素就是微课的教学设计。合理的教学设计是保持学习者有意注意的最佳方式，其次才是微课的表达形式。

微课教学设计是教学设计理论在微课开发过程中的应用，微课教学设计应更强调学生的自主学习，要考虑学习时间的零散性与片段性，学习内容是独立的知识点或技能点，学习媒介的多样化，学习方式的个性化与网络化，教学活动是单方面的，只是学生依托视频的单方面的学习。

在重难点的微课设计中，微课教学设计应考虑微课讲授知识时要高内聚、低耦合的特点。内聚就是指微课内部各个知识模块之间关系的紧密程度，耦合就是各个微课之间的知识关联的紧密程度。所以，高内聚实现了单个微课描述的知识要紧凑、要独立，低耦合则强调了微课与微课间的联系要少，这样学习者更容易明白。在综合知识的微课设计时，则要主动加强知识之间的联系，使学习者能够综合运用所学知识。

二、微课教学设计的原则

微课的教学设计主要遵循微型化、以学习者为中心、实效性、易懂的原则。

1. 微型化

在知识爆炸的时代，信息资源的无限量与注意力的有限性两者存在矛盾，因此微博、微信、微课等微型化的资源受到热捧。微课就是微型课，课程时间短，通常仅为 5～8 分钟，最多不超过 15 分钟。微课要有效利用学习者的碎片化时间，精心设计内容明确、短小精悍的教学视频，以减少学习者的认知负荷，维持学习者的注意力，提高学习者的学习效率。当然，在坚持微型化原则的同时，要注意微课的系统化设计，以保障微视频结构的相对完整性。

2. 以学习者为中心

微课是为学习者服务的，往往以学习者的最终学习体验为衡量课程效果的评定标准。在课程设计过程中，课程内容的选择、学习活动和各项资源的组织都要围绕学习者这个中心进行。在课程内容选择方面，应先了解学习者的学习需求，明确他们要的是什么。在学习活动和学习资源的组织上，要充分体现学习者的主体地位，调动学习者的学习主动性，激发学习者的学习兴趣。

3. 实效性原则

微课是为广大的学习者提供帮助的。在教学设计之前，一定要充分了解学习者真正需要的是什么，在他们学习过本微课之后，是否能够帮助他们顺利解决在日常生活中碰到的现实问题。微课内容的选择要来自于真实的生活情景或存在的现实问题，让学习者意识到这节微课是与大家的生活息息相关的，以真实情境引发要讨论的问题，不仅能够激发学习者的学习兴趣，还能保持学习者的学习动机。

4. 易懂性原则

易懂性原则是指在微课教学设计时要把抽象的问题形象化，复杂的问题简单化。具体来讲就是教学媒体的选择要恰当，要选择最适合的表现形式。从戴尔的"经验之塔"可以看出，各种教学媒体所体现的学习经验层次是不同的，有的属于具体的经验，有的属于替代的经验、间接的经验，有的则属于抽象的经验。因而，不同的教学内容应选择不同的教学媒体来体现。或者说，不同的教学媒体适合表现不同的教学内容。

三、微课教学设计流程

1. 教学设计的系统模型在微课中的应用，结合职业教育的特点以及人们对教学设计过程模式的理解与认识，形成微课的教学设计模型。

2. 微课教学设计的模型构成

（1）学习需要分析

教学系统同其他系统一样，都有一定的目标，教学目标确定的依据之一就是针对教学系统环境的分析。这是系统理论中的一条重要原则——教学系统的目标应根据更大的教育系统的环境要求来确定，这是进行教学设计的逻辑起点。针对职业教育，教学目标就是通过受训者所准备从事的职业、岗位的具体要求来确定。

由此可以看出,在制定教学目标之前,必须分析教学系统的环境,分析教学系统环境的过程,就是对学习需要的分析。只有在客观地分析了学习需要的基础上,才能提出并确定教学设计课题的目标。同时,还有许多其他问题需要考虑。例如,开展教学设计需要哪些条件?有哪些不利因素?哪些因素必须考虑进去?哪些因素可以从轻考虑?等等。总之,在学习需要分析中,必须解决教师"为何教",学习者"为何学"的问题。

(2)学习内容分析

根据教育目标的指引,各级不同的学校有不同的培养目标,不同课程要确定不同的教学目标。根据课程目标,确定课程标准,选择教材。在此基础上,依据课程的整体目标,确定单元目标,在确定的过程中,就要着重分析学习者需要学习哪些知识和技能(知识点与技能点),达到什么程度和水平以及培养何种能力和态度,使得身心获得怎样的发展。学习内容的分析与学习者的分析密切相关,不仅要考虑教师如何教授这些内容,更要考虑学习者怎样学习这些内容。总之,在学习内容的分析中,必须解决教师"教什么",学习者"学什么"的问题。

(3)学习者的分析

奥苏伯尔和加涅等心理学家的研究表明,学习者对某项学习目标的学习已具备的知识和技能、了解和掌握的程度是教学工作成败的关键。这就告诉大家,完成教学设计的蓝图,必须分析学习者在进入学习过程前所具有的一般特征,必须确定学习者的初始状态,必须注意学习者认知结构的特点,必须了解学习者的学习准备状况。因此,要分析学习者的生理、心理特点,从事某项学习的知识和技能的储备状态,并据此进行教学设计。

在目前的高职教育中,生源处于多样化的状态,多样化指多种生源,具体指对口单招、普招、"3+2"专本连读、单独招生、"3+3"招生、注册入学等几种类别。针对多种生源的学习基础参差不齐、学习能力相差悬殊、个性鲜明等情况,无论从系统设计上,还是在具体课程的教学设计上都要敢于实践与创新。单纯根据教学内容进行微课教学设计而不考虑学习者的水平与能力,不可能获得良好的教学效果。总之,教学设计要以学习者为中心,时刻考虑"谁学"的问题。

(4)教学目标的设计

在对学习需要、学习内容和学习者分析结果的基础上,就需要对教学目标进行设计和编写。教学系统方法和现代教学理论强调:教学目标应该预先确定,教学目标应该说明学习结果,并以具体的、明确的术语加以表述,在教学活动前,必须把教学目标明确地告知学习者，使师生双方都明确教学目标，做到心中有数，以使教授、学习活动有的放矢。例如有学者提出，应以学习者通过学习后所期望达到的行为改变的具体指标来确定教学目标，而学者泰勒早在20世纪30年代就有类似的思想，不管从什么角度确定教学目标，它都应是明确、具体的。明确具体的教学目标有利于教学策略的制定和教学媒体的选择，同时也为教学评价提供了依据。

（5）教学策略的设计

教学目标确定后，就要进行教学策略的设计。教学策略是实施教学过程的教学思想、方法模式、技术手段这三方面动因的简单集成，是教学思维对其三方面动因进行思维策略加工而形成的方法模式。教学策略是为实现某一教学目标而制定的、付诸教学过程实施的整体方案。它包括合理地组织教学过程，选取具体的教学方法和材料，制定教师与学生所遵守的教学行为程序。教学策略是实现教学目标的重要手段，是教学设计研究的重点。教学策略主要研究课的类型与结构、教学的顺序与节奏、教学的活动、教学的方法、教学的形式、教学的时空安排，教学活动失效对策等问题。简言之，教学策略主要解决教师"如何教"和学习者"如何学"的问题。

教学策略的设计需要考虑诸多因素，必须创造性地开展教学设计工作，灵活地安排教学活动，巧妙地设计各个环节，合理地安排各种因素，使之形成一个优化的结构，以发挥整体功能，求得最大的效益，因此人们应遵循的原则是"低耗高效"。

（6）教学媒体的设计

过去，教学媒体主要是黑板与粉笔，而现代科技的突飞猛进为教育提供了越来越多的教学媒体。所以，现在可以选择的教学媒体多种多样，选择的余地也很大。

1）选择教学媒体的依据

依据教学目标。每个知识点都有具体的教学目标，为达到不同的教学目标常需要使用不同的媒体去传递教学信息。

依据教学内容。各门课程的性质不同，适用的教学媒体会有所区别，同一学科内各环节的内容不同，对教学媒体的使用也有不同需求。

依据教学对象。不同接受能力的学生对事物的接受能力不一样，选用教学媒体时必须顾及他们的年龄特征。

依据教学条件。教学中能否选用某种媒体，还要看当时当地的具体条件，其中包括资源状况、经济能力、师生技能、使用环境、管理水平等因素。

2）选择教学媒体的原则

最优决策原则。教学媒体有许多种类，各种教学媒体有其优势与不足，没有一种能对教学情境都适用的教学媒体，所以要考虑在媒体的功效与所付出的代价之间取得最优决策。

有效信息原则。从戴尔的"经验之路"可以看出,各种教学媒体所体现的学习经验层次是不同的:有的属于具体的经验,有的属于替代的经验、间接的经验,有的则属于抽象的经验。因而,不同的教学内容应选择不同的教学媒体来体现。或者说,不同的教学媒体适合表现不同的教学内容。

优化组合原则。各种教学媒体都有各自的优点,也有各自的局限性。没有一种可以适合所有教学情况的"超级媒体"。各种教学媒体的有机组合将会扬长避短、优势互补,取得整体优化的教学效果。但是,媒体的组合要以取得极佳的教学效果为出发点,而不只是形式上的相加。

总之,不仅要选择教学媒体,还要具体设计教学媒体。教学媒体的设计是根据教学的实际需要和具体要求,将教学内容与方法转换为印刷的或视听的等具体详细、具有可操作性的实施方案,以把学习内容充分展示给学习者,使学习者花费最少的时间,投入最少的精力,用最简捷的方式,获得最大的学习效果。

(7)微课教学过程的设计

经过以上三个分析环节与三个设计阶段,教学设计者即可着手设计教学过程,即用流程图的形式,简洁地描述教学过程,简明扼要地表达各个要素之间的相互关系,直观地表示教学过程,给教师提供一个可供参考的教学流程。教学设计专家完成更多的是教学设计过程模式的理论模型,实际具体完成教学设计任务的主体是教师。所以,一般情况下,作为微课的教学设计可以采用思维导图的方式来实现。

思维导图又叫心智图,是表达发射性思维的有效的图形思维工具,它简单却又极其有效,是一种革命性的思维工具。思维导图运用图文并重的技巧,把各级主题的关系用相互隶属与相关的层级图表现出来,把主题关键词与图像、颜色等建立记忆链接。思维导图充分运用左右脑的机能,利用记忆、阅读、思维的规律,协助人们在科学与艺术、逻辑与想象之间平衡发展,从而开启人类大脑的无限潜能,思维导图因此具有人类思维的强大功能。

(8)教学设计的评价

经过以上各环节,就可得到教学设计的初步产品。即教学设计的实施方案。设计的方案能否带来理想的教学效果?学习需要、学习内容和学习者的分析是否准确、到位?教学目标的确定是否明确、具体?教学策略设计得是否合理、科学?教学媒体的选择与设计是否经济、有效?要回答这些问题,必须对教学设计进行评价。

对教学设计进行评价主要采用形成性评价,也就是在教学设计成果推广使用之前,先在一定范围内试用,以了解教学设计的可行性、有效性、实用性等效果。其中，教学目标的达成度是教学设计实施方案评价的主要方面。如果没有达到预期的教学目标，则要修改教学设计实施方案，然后再试用，再修改，直到满意为止。也可以采用总结性评价。

四、微课的教学顺序

微课的教学顺序在整个教学设计中是非常重要的。由于微课具有短小精悍的特点，所以在有效的时间讲什么内容是非常重要的。因此应充分考虑如何引入讲授内容，如何吸引学习者的注意力，知识如何展开，如何深入与拓展，如何指导，如何结尾等。通常来讲，微课的通用教学顺序为引起注意，明确目标，知识讲授，教学指导，教学小结。微课通用的教学顺序如图4-1所示。

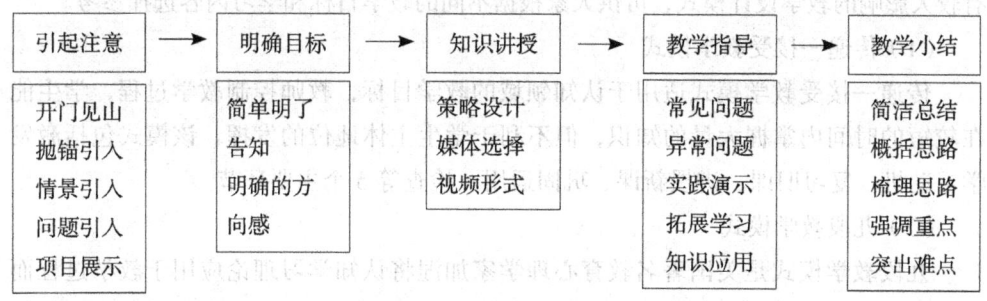

图4-1 微课的教学顺序

五、微课教学设计中可参考的教学模式与教学策略

分析学习者特征明确了学习的起点，分析教学目标明确了教学的终点，那么如何教与学就是选择恰当的教学模式与教学策略的问题，这也是核心问题。

1. 教学模式与教学策略

教学模式是在一定的教育思想、教学理论和学习理论指导下，为完成特定的教学目标和内容而围绕某一主题形成的比较稳定且简明的教学进程结构及其具体可操作的教学活动方式。教学模式是教学理论与教学实践的桥梁，既是教学理论的应用，对教学实践起直接指导作用，又是教学实践的理论化、简约化概括，可以丰富和发展教学理论。

一般将教学策略理解为在不同的教学条件下，为达到不同的教学结果所采用的方式、方法、媒体的总和，它具体体现在教与学相互作用的活动中。教学策略分普遍性教学策略和具体性教学策略。普遍性教学策略是指不与具体的学科知识和技能教学紧密相连的策略，如学习动力激发策略、课堂组织策略、自主学习策略、协作学习策略等。具体性教学策略是指针对某一具体知识和技能教学的策略，如语文学科的识字教学策略、作文教学策略，英语学科的听说教学策略、词汇教学策略等。

虽然在实践层面，教学模式和教学策略，包括教学方法之间常常不是那么界限分明，但学界认为，相对而言，教学模式属于较高层次，规定着教学策略、教学方法，教学策略比教学模式更详细、具体，受到教学模式的制约。在某个教学模式中，可以采用多种教学策略；同时，一个教学策略可用于多种教学模式中。

2.常用的教学设计模式

在教学理论研究与实践中，形成了适用于不同学习结果的教学模式，这些教学模式有些体现了以教为主的教学思想，有些侧重于以学为主。下面列举一些具有代表性、有较大影响的教学设计模式，可供大家根据不同的教学目标和学习内容选择参考。

（1）传递—接受教学模式

传递—接受教学模式适用于认知领域的教学目标，教师控制教学过程，学生能在较短的时间内掌握大量的知识，但不利于学生主体地位的发挥。该模式包括激发学习动机、复习旧课、讲授新课、巩固运用、检查等5个主要环节。

（2）九段教学模式

九段教学模式是美国著名教育心理学家加涅将认知学习理论应用于教学过程而提出的一种教学模式。加涅认为，教学活动是一种旨在影响学习者内部心理过程的外部刺激，因此教学程序应当与学习活动中学习者的内部心理过程相吻合。根据这种观点，他把学习活动中学习者内部的心理活动分解为9个阶段，相应地教学程序也应包含9个步骤：引起注意—阐述教学目标—刺激回忆—呈现刺激材料—提供学习指导—诱发学习行为（反应）—提供反馈—评价表现—促进记忆与迁移。

"九段教学策略"由于有认知学习理论作基础，所以不仅能发挥教师的主导作用，也能激发学生的学习兴趣，在一定程度上调动学生的学习主动性、积极性，建立起学与教之间的联系，再加上其实施步骤具体明确，可操作性强，因此影响和应用都比较广泛。

（3）引导发现教学模式

该模式适用于认知领域的教学目标，以问题解决为中心，注重学生独立活动，有利于学生的探究能力和创造性思维能力的培养，需要学习者具有一定先行经验的储备，比较适用于数理学科。该模式包括提出问题、产生假设、验证假设、总结结论四个环节。

（4）掌握学习教学模式

掌握学习（Mastery Learning）是美国心理学家和教育学家布卢姆（B.S.Bloom）提出的，旨在把教学过程与学生的个别需要和学习特征结合起来，让大多数学生都能够掌握所教内容并达到预期教学目标。该模式包括学生定向、常规授课、揭示差错、矫正差错、再次测评五个环节。

（5）抛锚式教学模式

抛锚式教学模式是由温特比尔特认知与技术小组开发的。这种教学模式要求在多样化的现实生活情境中（或在利用技术虚拟的情境中）运用情境化教学技术以促进学生反思，提高远迁移能力和解决复杂问题能力。抛锚式教学模式的核心要素是"锚"，学习与教学活动都要围绕着"锚"来进行设计。教学中使用的"锚"一般是有情节的故事，而且这些故事要设计得有助于教师和学生进行探索。在进行教学时，这些故事可作为"宏观背景"提供给师生。该模式在全球范围内产生了较大的影响，并得到了广泛认可和应用。

（6）随机进入教学模式

由于事物的复杂性和问题的多面性，要做到对事物内在性质和事物之间相互联系的全面了解与掌握，真正达到对所学知识的全面而深刻的意义建构是很困难的。因为从单一视角提出的每一个单独的观点虽不是虚假的或错误的，但却不是充分的，往往从不同的角度考虑可以得出不同的理解。为克服这方面的弊病，在教学中就要注意对同一教学内容，要在不同的时间和情境下、为不同的教学目的、用不同的方式加以呈现，应避免内容的过于简单化。在条件许可时，尽可能保持知识的真实性与复杂性，保证知识的高度概括性与具体性的结合，使知识富有弹性，以灵活适应变化的情境，增强知识的迁移性和覆盖面。作为教学内容的知识源泉应该是高度联系的知识整体，而不是各自为政的、分割的。换句话说，学习者可以随意通过不同途径、不同方式进入同样教学内容的学习，从而获得对同一事物或同一问题的多方面的认识与理解，这就是所谓的"随机进入教学"。随机进入教学模式主要包括以下几个步骤：呈现基本情境——随机进入学习——思维发展训练（由于随机进入学习的内容通常比较复杂，所研究的问题往往涉及许多方面，因此在这类学习中，教师还应特别注意发展学生的思维能力）——小组协作学习——学习效果评价。

（7）支架式教学模式

支架式教学模式来源于苏联著名心理学家维果斯基的"最邻近发展区"理论。最邻近发展区是指，学生独立解决问题时的实际发展水平（第1个发展水平）和教师指导下解决问题时的潜在发展水平（第2个发展水平）之间的距离。可见，学生的第1个发展水平与第2个发展水平之间的状态是由教学决定的，即教学可以创造最邻近发展区。因此教学绝不应消极地适应学生智力发展的已有水平，而应当走在发展的前面，不停顿地把学生的智力从一个水平引导到另一个新的更高的水平。建构主义者正是从维果斯基的思想出发，借用建筑行业中使用的"脚手架"（Scaffolding）作为上述概念框架的形象化比喻。所谓脚手架是指教师所能提供给学生，帮助学生从现有能力提高一步的支持的形式。支架的例子包括教师揭示或给予线索，或帮助学生在停滞时找到出路，通过提问帮助他们去诊断错误的原因并且发展修正的策略，激发学生达到任务目标的兴趣及指引学生的活动朝向预定目标。通过这种脚手架的支撑作用，不断地把学生的智力从一个水平提升到另一个新的更高水平，真正做到使教学走在发展的前面。支架式教学策略由搭脚手架、进入情境（将学生引入一定的问题情境）、独立探索、协作学习、效果评价等环节组成。

在以上几种模式中，传递—接受教学模式和九段教学模式主要体现了以教为主的教学思想，引导—发现教学模式、支架式教学模式、抛锚式教学模式及随机进入教学模式特别强调情景创设、学生主体地位的发挥，倡导自主、合作、探究的学习方式和策略，因而，具有更鲜明的信息化环境下的教学特征。除了上述几种模式外，近些年在信息化教学实践中，已逐渐探索和形成了很多信息化教学模式。自主、合作、探究的学习方式既是信息化教学的主要特征，也是新课程改革所倡导的。以下将重点对自主学习策略和协作学习策略做进一步的介绍。

3. 自主学习策略

自主学习策略的核心是要发挥学生学习的主动性、积极性，充分体现学生的认知主体作用，其着眼点是如何帮助学生"学"。因此这类教学策略的具体形式虽然也是多种多样，但始终有一条主线贯穿始终，这就是"自主探索、自主发现"。所以，通常也把这类教学策略称之为自主学习策略或发现式教学策略。然而，由于一些教师对自主学习缺乏深入的了解和深刻认识，导致在实践中出现诸多问题。

缺乏明确的学习任务。学习过程松散而效率低下，一切从学习的"需要"和"兴趣"出发，课堂处于放任自流状态。

缺乏必要的指导。教师在课堂上为了多给学生留出"自由"的空间，而不敢多讲一句话，不敢多提学习要求，不敢多对学生的学习做出适当的评价。

自主学习活动花样繁多。为了自主而"自主"，缺乏对教材内容、学生的特征等作深入的分析，在形式上追求丰富性，忽略了促进学生的意义建构这一根本目的。因此，在自主学习设计中，应该注意以下几方面。

重视人的设计。要在学习过程中充分发挥学习的主动性，体现学生的首创精神，环境是促进学习者主动建构知识意义的"外因",理想的学习环境是必要的,但学习者是学习的"内因",缺乏人的自主学习,意义建构无从谈起。设计的重点放在能够促进学习发展上,而不是活动的形式上。

目标明确。在自主学习中,学生对知识的意义建构是整个学习过程的最终目的。在学习过程中强调对知识的意义建构,无疑是正确的。但如果不分析学习目标,对当前所学内容不加区分一概完成"意义建构"(即确定深刻的理解与掌握)是不恰当的。正确做法应该是在进行教学目标分析的基础上选出当前所学知识中的基本概念、基本原理、基本方法和基本过程作为当前所学知识的"主题"(或者说"基本内容"),然后再围绕这个主题进行意义建构。另外,要让学生有多种机会在不同情景下去应用他们所学的知识,即将知识外化。

让学习者能根据自身行动的反馈信息来形成对客观事物的认识和解决实际问题的方案,即能实现自我反馈。

重视教师的指导。教师是学习过程的组织者、指导者,教师要对学生的意义建构起促进和帮助作用。在充分体现学生主体地位的同时,不能忽视教师的指导作用。

4. 协作学习策略

协作学习是以一种小组或团队的形式,组织学生协作完成某种既定的学习任务的教学策略或形式。在协作学习过程中,学习者之间以融洽的关系、相互合作的态度,对同一问题运用多种不同观点进行观察、比较、分析和综合。学习者共享学习资源,共同担负学习责任,共同享受成功的喜悦。常见的协作学习策略有讨论策略、角色扮演策略、竞争策略、协同策略和伙伴策略。

(1) 讨论策略

讨论策略的运用要求是整个协作学习过程均由教师组织引导,讨论的问题皆由教师提出。"课堂讨论"教学策略的设计通常有两种不同情况:一种是学习的主题事先已知;另一种是学习的主题事先未知。多数的协作学习属于第一种情况,但是第二种情况在教学实践中也会经常遇到。

(2) 角色扮演策略

角色扮演包括师生角色扮演和情境角色扮演两类。师生角色扮演就是让不同的学生分别扮演学习者和指导者的角色,学习者需要解答问题,指导者则检查学习者在解题过程中是否有错误。当学习者在解题过程中遇到困难时,指导者帮助学习者解决困难。在学习过程中,他们所扮演的角色可以互换。情境角色扮演就是要求若干学生,按照与当前学习主题密切相关的情境分别扮演其中的不同角色,以便营造一种身临其境的气氛,使学生能设身处地去体验、去理解学习的内容和学习主题的要求。

（3）竞争策略

竞争指两个或多个学习者针对同一学习内容或学习情境，通过计算机网络进行竞争性学习，看谁能够首先达到教学标的要求。由于学习者的竞争关系，学习者在学习过程中，会很自然地产生人类与生俱来的求胜本能，所以学习者在学习过程中会全神贯注，易于取得良好的学习效果。在运用这种协作学习策略时，教师须注意恰当选择竞争对象，巧妙设计竞争主题，一方面要避免学生产生受挫感，另一方面又要巧妙利用学生不愿服输的心理刺激进一步的学习。

（4）协同策略

协同是指多个学习者共同完成某个学习任务，在共同完成任务的过程中，学习者发挥各自的认知特点，相互争论、相互帮助、相互提示或者是进行分工合作。学习者对学习内容的理解和领悟就在这种和同伴紧密沟通与协作的过程中逐渐形成。

（5）伙伴策略

在现实生活中，学生们常常与自己熟识的同学一起做作业。没有问题时，大家各做各的；当遇到问题时，便相互讨论，从别人的思考中得到启发和帮助。伙伴学习策略与此类似，它可以使学生在学习过程中感觉到他并不是孤独的，而是有一位伙伴可以互相支持、互相帮助，当碰到问题时，他可以随时与伙伴讨论。由于个人的思考范围有限，若在学习过程中，能和伙伴相互交流、相互鼓励方可达到事半功倍的效果。

在设计协作学习策略以及协作学习过程时，要注意以下几方面。

1）建立合适的协作小组

协作学习是学习者组成一个群体，互相帮助，共同学习，通过协商和辩论，加深对问题的认识。因此形成一个适当规模和构成层次相当的协作小组对于协作学习的成功与否非常重要。如果规模不合适或协作者之间基础相差悬殊，则可能不能形成协作或协作不充分，协作学习自然失败。

2）学习主题具有挑战性，问题具有争论性

协作学习的主题可以由教师指定，也可以由学生自行确定。学习者协作解决的问题可以是围绕主题的并且能够引起争议的初始问题，可以是深化主题的问题，也可以是稍稍超前于学生的智力发展水平的问题，这些问题是否具有可争论性关系到是否有必要组织协作学习。

3）重视教师的主导

协作学习的设计和学习过程都需要教师的组织及引导，教师要设计有争议的问题以及评价方式。在协作过程中，教师还要关注每位学生的表现，对学生表现出的积极因素给予及时的反馈和鼓励；如果学生的讨论出现离题或开始纠缠于枝节问题时，要及时加以正确引导，将其引回主题；对于学生讨论过程中暴露出来的关于某个概念或认识的模糊或不正确的问题，要用适当的方式进行引导；对于整个协作学习的过程，教师要做出恰当的评价。

现代信息技术在学生的自主学习和协作学习方面，能够提供有效的支持。信息技术可以为学生提供探索的问题情境，提供可以利用的各种信息资源和工具，支持学生之间的合作和沟通，并更好地超越课本与教材的限制，拓展学生学习的空间。近年来，计算机支持的协作学习（Computer Supported Collaborative Learning，CSCL）使协作学习超越了时空的限制，拓展了学习的空间。

六、其他微课教学设计模式应用

（一）开门见山式微课教学模式应用

1. 开门见山式微课简介

开门见山式表示直接点明主题，不拐弯抹角。开门见山式微课表示教师在微课开始直接介绍本节微课的主要内容与学习目标。这种开讲方法能够引起学生的足够注意，便于其抓住本节课的知识脉络。通过对本节重点概念或关键问题的简介，引入知识内容，既突出了授课的重难点，又是一种微课知识引入的良好方式。

开门见山式微课即在视频刚开始就直接阐述微课题目，像"今天我们一起来学习'二进制与八进制、十六进制的数值转换'"。简洁明了不啰唆，这一点微课与传统授课的过程还是有区别的，即略去课堂语言。开门见山式微课主要针对学习兴趣比较浓厚、积极性较强的学习对象。

2. 开门见山式微课教学模式设计

开门见山式微课通常教学内容简洁明了，直接切入主题。开门见山式微课教学设计中，知识点的引入要能直接引起学习者的关注；知识的讲解要紧凑；教学媒体的选择要适合表现形式，注重直观形象，通俗易懂；教学总结要突出重点，还可以设置一些问题，以检验学生的学习效果。

3. 开门见山式微课的适用场合

开门见山式微课直接点明主题，明示讲解的主要内容与学习目标。这种方法能够引起学生的足够注意，便于其抓住本节课的知识脉络。这种方式适用于主动学习的学生，或者是目标明确、积极向上的学习对象。

开门见山式微课适用于课程的概念阐述、重难点解析和疑点解析。此类微课适合在教材配套的数字资源中使用。

（二）情境式微课教学模式应用

1. 情境式微课简介

情境即情景、境地，也就是在一定时间内各种情况的相对的或结合的境况。从社会学角度讲，情境指与个体直接联系着的社会环境，与个体心理相关的全部社会事实的一种组织状态；从心理学角度讲，情境指对象和时间等多种刺激模式，对人有直接刺激作用，有一定的社会学意义和生物学意义的具体环境。综上所述，情境是指能使人引起情感变化的具体自然环境或社会环境。建构主义强调用真实背景中的问题启发学生的思维，其所指的真实背景就是情境。从学生角度看，情境可以理解为促使学生产生学习行为或从事学习活动的环境和背景，它是提供给学生思考空间的智力背景，能产生某种情感体验并诱发学生提出问题和解决问题的一种刺激事件或信息材料。

情境可分为三类：一类是真实的情境，指人们身边真实而具体存在的群体和环境；第二类是想象的情境，指在人的意识中有的群体和环境，人与意识通过各种媒介互相影响和作用；第三类是暗含的情境，指某人或群体某种行为中包含的某种象征意义。构成情境的要素有目标、角色、时空、设施、阻碍因素等。

教学情境通常指具有一定情感氛围的教学活动。孔子说："不愤不启，不悱不发，举一隅不以三隅反，则不复也。"孔子的这段话，在肯定启发作用的情况下，尤其强调了启发前学生进入学习情境的重要性。所以，良好的教学情境能充分调动学生的学习主动性和积极性，激发学生思维，开发学生智力，是提高教学效果的重要途径。教学情境是指教师在教学过程中运用各种手段与方式创设的一种适教和适学的情感氛围，从而完成教学目标和任务。良好的情境可以使教学内容触及学生的情绪和意志领域，使学生的学习活动变为自己的精神需要，从而使课堂教学充满生命力。教学情境是课堂教学的基本要素，是教师教学意图的体现，而创设有价值的教学情境则是教学改革的重要追求。情境可以贯穿于整个微课，也可以是在课的开始，课的中间或课的结束。一个好的教学情境应具备如下条件：

（1）生活性，要注重联系学生的现实生活，要充分挖掘和利用学生的经验。

（2）问题性，提出的问题要具有一定的挑战性，以利于学生创造能力的培养。

（3）形象性，适合不同认知水平的学生学习，以引起学生的学习动机和兴趣。

（4）情感性，具有激发学生情感的功效。

（5）学科性，符合教学目标、教学内容、教学要求。

情境教学是指在教学过程中，依据教育学和心理学的基本原理，根据学生年龄和认知特点的不同，通过建立师生间、认知客体与认知主体之间的情感氛围，创设适合的学习环境，使教学在积极的情感和优化的环境中开展，让学习者的情感活动参与认知活动，以期激活学习者的情境思维，从而在情境思维中获得知识、培养能力、发展智力的一种教学活动。它是利用具体的场景或所提供的学习资源以激起学习者主动学习的兴趣、提高学习效率的一种教学方法。

传统教学与情境教学的区别在于：传统教学是把存在于自然状态中，时间、空间上零散存在的知识本身抽取出来，直接呈现和传授给学生去理解记忆；情境教学是教师把自然状态的，在时间和空间上分散存在的情境，有目的地进行加工并组成有机的学习情境来组织课堂教学，学生在情境中发现问题和获取知识。不同的教学方式会引起完全不同的教学效果，传统教学中学生完全脱离知识和应用的背景，无法发现知识形成的途径，获得的知识难以应用于实践解决实际问题，情境教学中的学生得到学习策略和方法的锻炼，获得的知识与实践紧密结合。

课堂引入重视创设情境、设置任务，以激发兴趣，关注学生的内心体验与主动参与，把学生带入与教学内容有关的情境，让他们在情境中捕捉各种信息、产生疑问、分析信息并引出各种设想，引导他们在亲身体验中探求新知，开发潜能。为此，可从以下几方面进行实践。

（1）生活实例式

从学生熟悉的生产与生活的实际问题引入新课，能使学生感知书本知识和生活实际的紧密联系，从而激发学生的求知欲望。例如，在学习数据库时，可以让学生思考如何整理归纳班级学籍信息，如姓名、年龄、性别、籍贯和科目成绩等，从而引出建立学籍管理数据库。

（2）创设悬念式

针对微课内容精心创设任务情境，让学生的思维在情景中尽情展开，并适时设疑，利用学生的好奇心、好胜心引入新课。例如，在一场暴雨之后，汽车被大雨浸泡，车主启动发动机，发现汽车损坏，那么保险公司赔不赔车主的损失呢？带着这种悬念，学生开始学习"汽车保险与理赔"课程的"近因原则"。

（3）实验演示式

英国教育心理学家托尼·斯托克维尔说："要想快速而有效地学习任何东西，你必须去看它、听它、感觉它。"通过实验演示或实物展示，把抽象、枯燥的内容具体化、形象化，可以使学生获得直观的感性认识，加深对学习对象的理解。例如，课前准备了废旧的硬盘、光盘、U盘和移动硬盘等，让学生从存储介质、组成材料、容量、存取速度等各方面分辨这几种外存的区别，从而引入"外存储器"的学习。再例如，请学生动手交换A、B杯中的可乐和橙汁，出现第3个空杯子的必然性，为本堂课讲解数据交换中的"中间变量"的作用打下坚实的基础。

2. 情境式微课教学模式设计

在情境式微课中,情境的创设要贴近生活,以吸引学习者,与学习者产生共鸣,增加关注度。

知识的讲解要注意层次性,注重引导学习者思考。教学媒体的选择要适合表现形式,注重直观形象、通俗易懂。问题的讲解要注重情境的延续性,最终要解决情境中的问题,总结考核最好设置一些问题,以检验学生的学习效果,如果存在没有掌握的知识,可重新学习。

3. 情境式微课的适用场合

生活展现情境能使学习者直接、鲜明地感知目标,易于在观察中启发想象,比较适合认知类、思政类和素养类课程。实物演示情境具体直观,易于展示现场观摩、操作,适用于汽车、机床等实践操作类的实践操作演示。图画视频再现情境易于针对问题,分析问题,贯穿解决问题,适用于案例分析类课程,如会计、心理健康、法律基础等。虚拟仿真情境可以描述成本较高、难以演示、有安全隐患的场景,如医学类、SMT、网络基础、通信类、电子与电气类、数控加工模拟等课程。音乐渲染情境适用于大学语文、大学美育、体育类课程。表演体会情境可分为进入角色和扮演角色,适用于情景剧式微课的制作。语言描绘情境中,语言要具有主导性、形象性、启发性和可知性,比较适用于素养类、讨论式的课程。情境的创设要选择适合的老师,恰当的数字媒体资源,表现力较强的老师可以使用语言描绘情境,音乐可以衬托渲染情境,图画、视频、动画可以描述再现情境,还可以描述生活展现情境等。

(三)探究式微课教学模式应用

1. 探究式微课简介

《辞海》将探究解释为"深入探讨,反复研究"。探究有广义与狭义之分。广义的探究是一种积极主动的思维方式,泛指一切独立解决问题的活动;狭义的探究是专指科学探究或科学研究。简单地讲,"探究"就是努力寻找答案,解决问题。

美国学者彼得森认为,"科学探究是一种系统的调查研究活动,其目的在于发现并描述物体和事物之间的关系。其特点是:采用有秩序的和可重复的过程;简化调查研究对象的规模和形式;运用逻辑框架作解释和预测。探究的操作活动包括观察、提问、实验、比较、推理、概括、表达、运用及其他活动。"

探究式教学,就是以探究为主的教学。具体地说,它是指教学过程中,在教师的启发诱导下,以学生独立自主学习和合作讨论为前提,以某个知识点或者技能点为基本探究内容，以学生周围的世界和生活实际为参照对象，为学生提供充分自由的表达、质疑、探究、讨论问题的机会，让学生通过个人、小组、集体等多种解难释疑尝试活动，将自己所学的知识应用于解决实际问题的一种教学形式。探究式教学就是将科学作为探究过程来讲授，让学生像科学家进行科学探究一样在探究过程中发现科学概念、科学规律，培养学生的探究能力和科学精神，找到解决问题的方法。具体包含两层意思，一是从教师角度——教学方面的研究，即探究式教学；二是从学生角度——学习层面的研究，即探究性学习。在教学过程中，教师和学生的作用是相互的，不能分开的。

探究教学模式，就是在探究教学理论的指导下，在探究教学实践经验的基础上，为发展学生的探究能力，培养其科学态度及精神和按模式分析等方法建构起来的一种教学活动结构与策略体系。一般来说，探究教学模式包含理论基础、教学目标、操作程序与实施条件。探究教学模式表现为教学活动结构和教学策略体系四大要素。之所以这样理解，是由于探究教学模式从发展之初就是作为教学策略出现的，更注重微观层面，因而具有可操作性；同时，探究教学模式具有特定的顺序性和阶段性，因此形成了一定的教学活动结构。教学模式的本质是程序，是对教学设计、实施、评价与反思等程序的说明。

由于探究教学是师生共同开展的教学与探究活动，因此强调教师要创设一个以"学"为中心的智力和社会交往情境，让学生通过探索发现来解决问题。探索的目的不是把少数学生培养成科学精英，而是要使学生成为有科学素养的公民，它既重视结果又强调知识获得的过程，突出以学生为中心和全体参与，因而它特别有利于素质教育、创新教育的有效实施。探究式教学符合自然科学的认知规律。其具有以下特征。

（1）教学过程的主体性。探究式教学是学生在教师指导下的自主探究，在教学过程中突出了学生的主体性，教师的主导完全是为了更好地发挥学生的主体作用，并通过学生主体的充分参与、主动探究和主体的发展反映出来。

（2）探究学习的自主性。在探究式教学中，学生是在教师的指导下自主参与教学的全过程，要获取知识，靠的是自己的主动探究，而不是填鸭式的接受灌输。

（3）情境创设的问题性。问题是科学探究的动力、起点，教学中若不能提出富有吸引力和挑战性的问题，学生就不会形成强烈的问题意识，也就不会有认知的冲动性和思维的积极性，因此问题是探究教学的关键和核心。创设的具体问题既要充分关注学生的兴趣所在，又要处理好学生倾向与教学目标之间的关系，使二者有机结合。

（4）信息交流的互动性。探究式教学强调在自主探究的基础上进行小组或班级的合作学习探究，与传统模式由教师单向的信息传递所不同的是在课堂上师生之间、学生之间进行动态的信息交流，实现师生间的相互沟通、相互影响、相互补充，师生在互教互学中，形成学习的共同体。每名学生都能发挥各自的优势，获得表现的机会，从而激起探究性学习的热情。

（5）师生关系的和谐性。探究式教学尊重学生的主体地位，通过师生互动，创建活泼、积极主动的课堂教学气氛。教师的教完全是为了学生的学，师生之间民主平等，易于形成具有感染力和催人向上的教学情境，学生受到熏陶，由此激发出学习的无限热情和积极性。而缺乏交流的师生之间甚至严重对立的课堂教学气氛则会抑制学生的学习热情，更甚者则使学生产生厌学情绪。

（6）教学要求的针对性。由于环境、教育、经历、主观努力和先天遗传等的不同，学生之间具有较大的个体差异，传统的教学模式无视其差异，一部分学生感到要求过低，一部分学生又感到要求过高，造成两极分化。而探究式教学对不同层次的学生提出不同的教学要求和不同的学习任务，符合因材施教，教学要求有针对性，更为实现有效的课堂教学创造了条件。

（7）教学评价的激励性。探究式教学变教师独自评价为师生共同评价，自评、互评、组评、师评、综合评价相结合，既重结果又重过程。又由于探究式教学分层次要求，学生在原有基础上获得不同程度的进步，既积累了知识，又开发了潜能，因而都有机会受到表扬激励，获得成功的体验，从而满足自我实现的需要。

总之，探究式微课教学设计就是指结合知识点与技能点适当的学习内容，创设生活中与专业相关的教学情境，以问题为中心，采取合作交流的方式，在教师的引导下，通过学生的实验、观察、操作、调查、信息搜索等方式，学生自主地解决问题的教学设计。

2. 探究式微课教学设计模式

探究式教学是一种以学生为中心的教学模式，主要强调学生主体地位的发挥，倡导学生自主、合作、科学思维的学习方式与策略。然而，在微课的教学设计中，主要以教师为主要讲解者，所以强调老师的角色扮演问题，既可以让学生提出问题，也可以让教师扮演学生角色提出问题、探究问题、解决问题。探究式微课的教学设计包括提出问题、产生假设、验证假设、总结结论四个环节。

3. 探究式微课的适用场合

探究式微课适用于理论性与实践性并重的工科类课程，如数据结构、数控机床的维修、机电设备故障诊断与维修、计算机的维修、网络故障的诊断与维修等。例如，在《数据结构》或者《C语言程序设计》课中，为了更好地发挥实践教学对算法学习的促进作用，在探究式学习理论的指导下，研究并实践以学生为本，以团队协作为载体，融合任务驱动式、启发式等教学方法的教学模式，提高学生调试代码的能力。又如，在《机电设备故障诊断与维修》微课中，呈现某种故障现象可能是由哪些因素导致的，就是一个"假设排除—缩小范围—找到故障"的过程。

（四）抛锚式微课教学模式应用

1.抛锚式微课简介

建构主义"以学为主"的教学策略有支架式教学、抛锚式教学和随机进入教学三种。这三种教学策略都体现了以学生为中心的教学设计，能有效地促进学生的自主学习和对知识意义的主动建构。

抛锚式教学是指在多样化的现实生活背景中或在利用技术虚拟的情境中运用情境化教学技术以促进学生反思提高迁移能力和解决复杂问题能力的一种教学方法。抛锚式教学是一种学习框架，它主张学习者在基于技术整合的学习环境中学会解决复杂问题。在这种学习环境中，学生的学习内容和学习过程是真实的，所学结果具有较高的迁移性，从而使学生的学习变得有意义。

抛锚式教学要求建立在有感染力的真实事件或真实问题的基础上。确定这类真实事件或问题被形象地比喻为"抛锚"，因为一旦这类事件或问题被确定了，整个教学内容和教学进程也就被确定了（就像轮船被锚固定一样）。建构主义认为，学习者要想完成对所学知识的意义建构，即达到对该知识所反映事物的性质、规律以及该事物与其他事物之间联系的深刻理解，最好的办法是让学习者到现实世界的真实环境中去感受、去体验（即通过获取直接经验来学习），而不是仅仅聆听别人（如教师）关于这种经验的介绍和讲解。

由于抛锚式教学要以真实事例或问题为基础（作为"锚"），所以有时也被称为"实例式教学"或"基于问题的教学"。

抛锚式教学中的核心要素是"锚"，学习与教学活动都要围绕着"锚"来进行设计。教学中使用的"锚"一般是有情节的故事，而且这些故事要设计得有助于教师和学生进行探索。在进行教学时，这些故事可作为"宏观背景"提供给师生。由于该模式在全球范围内产生较大的影响，已得到广泛认可和应用。

抛锚式教学的基本环节包括创设情境、确定问题、自主学习、协作学习、效果评价。然而，由于微课本身是一种单向的教学，所以它在基于抛锚式微课开发时，更多的是基于真实事例或问题为基础的实例式教学，或者是基于问题的教学。

2. 抛锚式微课教学设计模式

抛锚式教学的主要目的是使学生在一个完整、真实的问题、事件或环境（具体来讲就是一个事件、一个真实的场景，或者是一个真实的项目）中产生学习的需要，并通过学习者共同体中成员间的互动、交流，即合作学习，凭借自己的主动学习、生成学习，亲身体验从识别目标到提出和达到目标的全过程。总之，抛锚式教学是使学生适应日常生活，学会独立识别问题、提出问题、解决真实问题的一个十分重要的途径。

3. 抛锚式微课的适用场合

抛锚式微课适用于思想政治类、财经类等文科或者素养类讲事实、说道理的系列专题微课开发，因为这种类型的课程通常能以视频、动画、图片的方式把学生引入相关的事件当中，表达方式相对单一。如果针对工科类课程，则涉及相关的实践项目，具体包括项目的展示、问题的分析、教师的相关操作与演示等。

（五）理实一体式微课教学模式应用

1. 理实一体式微课简介

理实一体式微课即理论实践一体式的微课教学设计模式。其突破以往理论与实践相脱节的现象，教学环节相对集中。它强调充分发挥教师的主导作用，通过设定教学任务和教学目标，让师生双方边教、边学、边做，全程构建素质和技能培养框架，丰富理论教学与实践教学环节，提高教学质量。在整个教学环节中，理论和实践交替进行，直观和抽象交错出现，没有固定的先实后理或先理后实，而理论中有实践演示，实践中有理论的应用，突出学生动手能力和专业技能的培养，可充分调动和激发学生的学习兴趣。

理实一体式教学中主要运用讲授法、演示法、练习法。

（1）讲授法

讲授法重点在课堂上，将项目展开并通过演示操作及相关内容的讲解后进行总结，从而引出一些概念、原理并进行解释、分析和论证，根据教学内容，既突出重点，又系统地传授知识，使学生在较短的时间内获得构建的系统知识，讲授要求有系统性，重点突出，条理清楚。讲课的过程是说理的过程，即"提出问题—分析问题—解决问题"，做到由浅入深，由易到难，既符合知识本身的系统，又符合学生的认识规律，使学生逐步掌握专业知识。

（2）演示法

演示法是教师在理实一体教学中通过教师进行示范性实验及示范性操作等手段使学生通过观察获得感性知识的一种好方法。它可以使学生获得具体、清晰、生动、形象的感性知识，加深对所学知识点与技能点的理解，把抽象理论和实际事物及现象联系起来，帮助学生形成正确的概念，掌握正确的操作技能。教师要根据课题选择好设备，如软件、工具、量具等。

（3）练习法

练习法是指学生学习完理论课之后，在教师的指导下进行操作练习，从而掌握一定的技能和技巧，对理论知识通过操作练习进行验证，系统地了解所学的知识，练习时一定要掌握正确的练习方法，强调操作安全，提高练习的效果。教师要认真巡回指导，加强监督，发现错误动作立即纠正，保证练习的准确性。对每名学生的操作次数及质量做好记录，以提高学生练习的自觉性，促进练习效果的提高。对不操作的学生要求在旁边认真观摩，指出操作中的错误，教师及时提问，并作为平时的考核分。

理实一体式教学模式旨在使理论教学与实践教学交互进行，融为一体。采用该教学模式，一方面，可提高理论教师的实践能力和实训教师的理论水平；另一方面，教师将理论知识融于实践教学中，让学生在学中做、做中学，在学做中理解理论知识、掌握技能，打破教师和学生的界限（教师就在学生中间，就在学生身边），能大大激发学生的学习热忱，增强学生的学习兴趣，学生边学边练边积极总结，能达到事半功倍的教学效果。

基于理实一体式的微课教学设计注重讲授与演示，练习环节要结合学生所学专业的情况而定。

2. 理实一体式微课教学设计模式

理实一体式微课突破理论与实践相脱节的现象，教学环节相对集中。如果实训项目过大时，建议开发系列微课或者专题微课，实训类微课可以加强知识的联系与应用，也可以结合抛锚式或者探究式使用。

3. 理实一体化微课的适用场合

职业教育的特点是以学生的生活、生存技能的培养为根本目的，更多强调实践技能的训练。理实一体式微课适合职业教育电子类、电气类、机械类、汽车维修类、计算机类、机电一体化、经管类实训、物流类等众多实践性较强的专业使用，也非常适合开发系列化的专题微课。它不仅能将现场操作演示、虚拟展示、桌面操作过程等记录下来，同时也便于模仿与推广。

第三节 "可汗学院"模式微课的开发与应用

一、可汗学院简介

可汗学院（Khan Academy）是由孟加拉裔美国人萨尔曼·可汗（Salman Khan）创立的一家教育性非营利组织，旨在向世界各地的网络学习者提供免费的高品质学习服务。可汗学院最大的特色和成功之处在于应用微视频和相应的一整套新型组织管理模式，由易到难的进阶方式将相应的"微视频课程"衔接起来，并设计和配置了相应的练习。

可汗学院的教学微课视频教量已超过 3 500 部，主要包括数学、科学与经济学、计算机科学、人文学、医学、实验等，理科课程较为完整和系统，采用电子黑板和教师旁白讲授的方式，以例题讲解为主。

可汗学院不仅记录每名学生的学习历程，还对学习及测试情况进行数据统计，让学生知道自己存在的不足，及时调整学习计划。这也让教师清晰地看到学生存在的困难，便于教师帮助学生解决学习问题，并适当调整自己的教学内容。在学习测试结束时，网站还为学生制定了一套"成就"制度，它根据学生的学习情况，为其颁发"勋章"以鼓励学生努力学习，并激发学生的学习兴趣。

二、可汗学院的"教"与"学"

1.可汗学院的"教"

可汗学院的"教"主要包括教育者、教学内容设计和教学指导三部分。

可汗学院的教育者可概括为两类人：一类是可汗学院的教学视频制作者，即以萨尔曼·可汗为首的可汗学院教师，他们的工作内容是依据团队智慧和现行知识体系，确定视频教学内容、教学方式和录制教学视频，并在交流板块回答学习者提出的问题；另一类是与可汗学院合作的各学校的教师，他们的任务是作为学习者的监督者、促进者和指导者，与学生进行交流沟通。

可汗学院的教学内容设计主要包括教学视频制作和设计练习两部分。教学指导是通过社区指导（Coach）和志愿服务（Volunteer）实现的。

2.可汗学院的"学"

可汗学院的"学"主要包括"学习过程"和"教学指导"两个部分。在可汗学院的首页，学习者主要运用社区的两个功能：观看视频（Watch）和做练习（Practice）。观看视频和做练习是可汗学院提供给学习者的核心功能，它们是学生群体参与学习的核心手段。视频主要是在一块电子黑板上对教学内容进行讲解，讲解时用彩色画笔在黑板上"板书"。教学指导部分可保存学习者自行设定的学习目标，并为学习者提供统计数据，例如学习者各板块学习时长、练习测试正确率、参与学习活动活跃度以及总的学习进度。

三、可汗学院教学模式

可汗学院教学模式主要由教学设计者模块、教师模块和学生模块 3 部分组成。在这 3 个模块中，信息技术和学习活动（包括课堂学习、实践活动和户外学习等）是可汗学院学习环境创设的两个有力杠杆。信息技术的支持和学习活动的顺利开展保证了个性化协作式学习环境的构建与生成。

可汗学院的教学设计者模块、教师模块和学生模块 3 部分相辅相成。教学设计者保证了教学内容的科学合理以及学习者学习过程的流畅；教师起到学习监督者和指导者的重要作用；学生是整个学习过程的主体，教学设计者和教师的最终目标就是促进学习者知识的获得与能力的提升。同时，强大的信息技术与合理的学习活动保证了可汗学院内部与内部之间和内部与外部之间信息反馈的畅通。

四、可汗学院模式的制作

可汗学院模式就是使用"屏幕录像软件＋手写板＋画图工具"等工具进行微课制作。具体来说，可汗学院微课制作有如下步骤。

1. 工具与软件：屏幕录像软件，如 camtasia studio、snagit 或 cyberlink youcam 等，手写板、麦克风、画图工具，如 windows 自带绘图工具。

2. 方法：通过手写板和画图工具对教学过程进行讲解演示，并使用屏幕录像软件录制。

3. 制作过程：

第一步，针对微课主题，进行详细的教学设计，形成教案；

第二步，安装手写板、麦克风等工具，使用手写板和绘图工具，对教学过程进行演示；

第三步，通过屏幕录像软件录制教学过程并配音；

第四步，可以进行必要的编辑和美化。

五、可汗学院评价

虽然可汗学院已经获得巨大成功，但可汗学院也具有其自身无法克服的局限性，其最大的局限性在于只能给学生提供"智育"，而在"德育""体育"等重要方面几乎没有教育作用。所以，我们既要学习可汗学院的优点，也要看到可汗学院的不足，在实际教学改革中不应该完全照搬可汗学院的教学模式，而应将其作为改善传统课堂教学模式的方法与途径加以学习。学者认为，我国传统课堂教学需从教师的"教"、学生的"学"和教学信息反馈三方面摄取可汗学院的优点。

1. 对教师"教"的启示

可汗学院的视频教学让教师从一个站在讲台上讲完课就走人的角色转变为真正的辅导、聊天、互动的良师益友。另外，由于可汗学院采取循序渐进的教学方法，每一门课程都只有10分钟，所设置的内容都是单一的概念，所以教师便可以更加精确地掌握学生到底在哪一个问题上出现了困难，就可以有针对性地对学生进行一对一的辅导，这样一来，教师与学生之间的距离自然会缩短，可以与学生有更多的互动和理解。我国各级各类教师，特别是中小学教师，应该重新定位教师的角色，努力从现在的知识传授者变为学习引导者和辅助者，加强与学生的沟通与交流，充分了解学生的学习情况并给予及时的帮助。此外，教育研究者可重新考虑最适课堂时间，采用既有利于学生吸取知识最大化也有利于学生集中注意力的课堂时间。最后，教师应顺应时代的进步，利用科学技术的发展成果，将现有的各种教学资源运用到课堂之中。例如，目前美国的洛斯拉图斯学院已主动与可汗学院进行合作，将视频教学插入到五年级和七年级学生的课程设置中。在这里，教师能获得每一名学生对课程内容掌握程度、学习时间等数据。

2. 对学生"学"的启示

传统教学中，学生是被动的受教育者。而随着技术的发展，教育进入到一个新的时代：一名学生可以进行自我知识延伸的时代。在新的环境下，学生应充满活力、高度积极参与到课堂教学。在技术支持下的协作学习环境中，学生需要根据学习内容反复地与同学、教师进行交互，以扩展和创造深度的知识；在一个构建深度知识的课堂中，学生应成为课堂的主角。

3. 对教学信息反馈的启示

所谓信息反馈，就是指教师输出知识信息后，把学生的接收情况和反映回送给教师这一过程。及时、准确的教学信息反馈对教师调整教学和学生优化学习有重要作用。在传统教学模式下，教师通常只是通过课堂观察、课堂提问、检查作业、课下座谈、课外家访等五种途径了解学生的学习情况，而想获得及时且准确的教学反馈信息，单靠以上五种方法远远不够，教师可通过课前制定合理的反馈计划来调控课堂教学反馈信息。在看到可汗学院的优势和潜力同时，也要清楚认识到其不足，意识到可汗学院和传统课堂教学是互补的，它并不能取代课堂教学，只是课堂教学很好的补充。我国教育应从可汗学院的教学模式中学习有利于改善传统教学模式的方法与途径，从而改善我国教学质量现状，高效培养优秀学生。

第四节　微课未来的发展方向

一、微课的价值

（一）挑战了常规课堂的条条框框

45分钟的常规课教师站在讲台上声嘶力竭地讲，学生坐在位置上规规矩矩地听、认认真真地背，偶尔也会有教师提问，学生回答。从注意力保持专注的调查得出：一般学生学习兴趣只能维持20分钟左右，这段时间过后就会出现疲劳、走神等现象。心理学研究也证明：学生课堂学习时间的质量，取决于专注在功课上的时间，即投入学习时间与学生的学习成绩成正比。学习时间过长，并不意味着学习效率高，只有学生投入有价值的学习活动，才会提高学习质量。然而，传统"灌输式"的课堂教学模式往往忽略了这一点。

微课是相对于传统意义上的整堂课而言。从教学主体性上分析（即教师角度和学生角度），校本微课的出现对常规课堂框架提出了挑战。

1. 从学生角度来讲

首先，微课的最大价值体现在可以提高学生学习效率。一节课的精华总是围绕某个知识点或者某个教学点展开，精彩的、高潮的环节都是短暂的、瞬间的。学生视觉驻留时间普遍只有20分钟左右，若时间过长，注意力得不到缓解，很难达到较理想的学习效果。根据学校实际需求，把教学重点、难点、考点、疑点等精彩片段，录制为时间在20分钟左右、大小50M左右的简短视频，这种形式大大方便了学生随时、随地通过网络下载或点播进行学习，从而提高学生的学习效率。

其次，微课的最大价值还体现在有助于学生自主学习和有选择性学习。随着社会节奏的加快，也许很多时候，我们的教学再也不必规规矩矩地在教室中进行。学生可以根据自己的需要，有选择性地打开相关网站或视频，不需要像传统的整堂课一样。也许我们只需要解决某一个很小、很具体的问题，可以在目录中找到内容，三五分钟就解决了，而不必通览整堂课。这种学习方式的出现，更能够针对学生自己在学习中的问题，在提供的视频网站中找到自己所需要的内容，自主地、有选择性地学习，而不必硬着头皮被动地听课。即便我们由于某种原因耽误了上课，也不必担心，因为可以通过点播微课加以弥补。

2. 从教师角度讲

微课形式的出现，颠覆了以往的个别辅导方式，超越了时间和空间，无疑在一定程度上解放了教师。然而，这种形式对所有今天的教师而言，都会是一种全新的挑战，学生的学习可以不以教师为主，他们还可以在学习网站上找到自己所需要的老师。一些以讲授型为主的课程任课教师，也许更容易成为一个尴尬的角色，也许学生会觉得这种类型的授课教师更加可有可无。

（二）为促进教师专业成长提供了新途径

如果我们撇开纯功利性，微课真的可以带给我们一种新鲜的感受和更加生动活泼的教学教研形式，它无疑是现在情境下教学和教研的一种先进手段。微课既可以为教师相互学习提供借鉴，又可以为教师诊断改进提供依据。同时，微课的出现还能提升教师的信息处理能力和水平。因此，微课的出现为促进教师专业成长提供了新途径。

1. 有利于提高教师的教学素质和专业素养

微课的表现形式主要有两种。一种是具体而微的形式，表现在有教学的全过程，即有完整的教学过程和教学环节。从内容的导入到重难点剖析、方法讲解、教学总结、教学反思，再到练习设计，与常规课堂的每一个环节没有任何差别，但微课没有学生的参与，没有师生的互动，或者说学生参与度不够，师生互动较少。微课的目的是为了展现教师的教学理念、教学观念或者教学设计、教学方法和教学技巧。这种表现形式有点类似于说课，但又比说课更具体、更翔实，更能反映教师的教学思想和教学水平。

另一种是微小的片段。为了展现整个教学过程中的某一个环节，通过录制一个教学片段来表现教师对教材的处理特点、对某个教学重点的教学处理或者对某个教学难点的突破技巧等，体现了完全真实的教师教学和学生学习。比如，教师如何引导学生解决问题，教师怎样指导学生掌握操作技能等。无论哪一种形式的微课，与常规课堂的展示相比，最大的不同不仅在于时间少（多则二十分钟，少则七八分钟），而且教学目标集中，目的单纯。因此，微课非常有利于提高教师的教学素质和专业素养。

2. 有利于提升教师的信息处理能力和水平

微课的制作可以分为加工改造式和原创开发式。加工改造式即是对常规课堂的多媒体形式再呈现，换句话说，就是将学校已有的优秀教学课件或录像，经过加工编辑（如视频的转录、切片、合成、字幕处理等），并提供相应的辅助教学资源（如教案、课件、反思、习题等），进行"微课"化处理。原创开发式可以有多种技术手段，包括屏幕录像专家软件录制、ShowMe软件录制、摄像工具录制、录播教室录制、专业演播室制作等。

微课绝不仅仅是一个视频那么简单。一个优秀、完整的微课包含许多方面。从视觉、听觉上要求舒服，PPT要简洁大方，声音要清晰响亮；从网络技术上要求文件越小越好；从网络用户习惯上讲，希望能精确搜索，要求微课名称要包含知识点，体现适用对象；从学习者角度来看，希望越容易懂越好。前期的微课设计、简洁大方的PPT制作、主题明确的微课名称、信息明了的片头、逻辑性强的正文内容、引导方便的片尾等，这些都是一个优秀、完整的微课必不可少的组成部分。教师在制作微课时，普遍反映制作的难点在于软件的新颖性和技术性，如在对软件操作技术的掌控和录制过程的摄像技术等方面尚存在不足。因此，教师要制作出优秀、完整的微课，必然要提升自身的信息处理能力和水平。

（三）为传统教学资源建设提供了新方向

传统的教学资源大多是以课时（包括单元和章节）为模块开发，资源包容量过大，时间过长（如教材配套课件、素材课件等，一般都在60分钟左右），资源主题和特色不够突出，使用不太方便。传统的教学资源花费巨大、数量庞大、耗时费力、种类繁多，在实际教学中的应用情况并不乐观，一线教师普遍感到真正适用、实用、好用的优质教学资源依然很匮乏。传统教学信息资源建设普遍存在只关注资源"大环境"（如资源是否符合新课标和顺应时代潮流）建设，却忽略具体资源应用的"小环境"（如某个资源在具体课堂的教与学应用情境），资源建设与应用的分离，使得资源"看上去很美，却中看不中用"。教育信息资源的根本目的和本质属性是为教育教学服务。大量的研究表明，教学资源的开发和利用，只有深入到课堂教学层面，才能满足教师的常态教学资源需求，才能不断地动态生成新的课程资源。

微课的核心内容是课堂教学视频片段，同时还包含与该教学主题相关的教学设计、素材课件、教学反思、练习测试、学生反馈及教师点评等教学支持资源。它主要是为了解决课堂教学中某个学科知识点（如教学重点、难点、疑点内容）的教学，或者是反映课堂某个教学环节、教学主题的教与学的活动。相对于常规课堂所要完成的复杂众多的教学内容，所要达成多个教学目标而言，微课的目标相对单一，教学内容更加精简，教学主题更加突出，教学指向（包括资源设计指向、教学活动指向等）更加明确，其设计与制作都是围绕某个教学主题而展开的。校本微课共同构成了一个主题鲜明、类型多样、结构紧凑的"主题单元资源包"，营造了一个与具体教学活动紧密结合、真实情境化的"微教学资源环境"。只有这样，传统教学资源建设才能从肤浅走向深刻，传统教学资源的丰富内涵才能够真正体现出来。

（四）微课与高职课程教学

我国现代职业教育内涵发展的中心任务就是提高教学质量。在高职教育思想上，人们正在从以"教"为中心向以"学"为中心的思想转移。高等职业教育课程建设越来越突出以学生为本位的驱动发展模式，教学思想和教学手段越来越符合学生的学习行为。比如说，教学方法的逐渐实用，学生评价更加灵活，实习实训不断完善，教学资源逐渐丰富等。然而，"学科课程观"与"过程课程观"的"头脑风暴"始终没有停歇，这都发源于高职受教育者的定位上，并由此产生了更加符合高职教育的"核心课程观"。高等职业教育课程目标要有两个考虑：既要以社会需求为中心，又要满足学生全面发展的需要；既要有相对扎实的文化基础，又要有综合的职业能力。常规的课程教学模式过于单调，课程教学单元过于复杂和庞大，学习资源过于缺乏，学习方式不能满足信息时代的需要。这给只有三年学制的高等职业教育带来了不小的压力。当前信息技术与学科教学融合无疑是破解这些矛盾的主要途径。作为新教育思想的创新者和实践者，高职教育在课程教学思想的博弈和反思中总结出这样一条经验：学校的课程改革要集中在优化学生的学习环境上，要提供给学生更加灵活和自主的学习环境，这样才能用更短的时间完成更加丰富和实用的课程教学。微课就是在这样的一个大背景下被高职教育工作者所关注的。

微课能够将课程的重点或难点表现出来，用一种符合高职学生认知能力和学习行为习惯的表现形式提供给学生，供学生自主学习、在线学习、移动学习。

微课能够使教师集中研究课程的重点和难点。教师可以利用微课开展教学研究、技能比赛、微格教学，不同学校的教师或同一专业教学委员会的成员可以利用微课开展教学交流。

微课有利于运用现代教育技术优化课程结构，提高资源开发能力，丰富教学资源，提高教学团队的信息素质，加速信息技术与学科教学的融合。微课资源也是对教学资源的最好补充，可以将微课上传到学生自主学习平台上，丰富学习资源，促进学习资源共享。

微课"短小精悍"的特点使其很容易在课程体系中进行调配和补充。微课可以更好地实现文化课、专业基础课和专业技能课的跨越式调配，可以实现对不同程度的课程整合或分离。比如，在专业技能课程设计时，可以利用微课设计对某些文化课或专业基础课开展必要的复习和补充。也可以反过来，把实践内容的微课穿插在基础课或专业基础课中，用以说明某个理论的实际应用。

微课具有更加灵活的教学应用。在同一课程教学过程中，微课可以实现预习、复习、课程导入、课外学习、期末复习等多种形式的学习活动。微课以其时长短小为特点，不会对正常课程教学产生影响和干扰，反而会更好地补充或加强课程教学，微课按照内容可以分为理论类、解题类、答疑类、实验类、实习类、活动类、扩展类。按多媒体种类可分为视频类、动画类、音频类、仿真类等。

（五）微课的教育价值

当人类步入21世纪的第二个十年，"微潮流"开始兴起于网络。微博、微信、微视频大行其道。这是网络技术与现代生活方式不断调适的结果。在教育领域，基于微视频作用的深刻认知，可汗学院以精炼简洁的小视频重新表达基础教育中科学类课程的关键知识点，使视频教学的魅力再现。同样引人注目的TED讲座，则深悉短小视频与名人讲演结合的传播优势，以18分钟为上限，让技术、娱乐、艺术等热门领域的名人精彩演讲风靡世界，成为网络时代媒体创新的典范。而在2012年以来的"慕课"潮流中，名校主导的慕课一改过去网络课程提供课堂教学录像的做法，从在线学习的特点出发对视频资源进行了重构，以短视频和相应全媒体资源服务为特色，开拓和引领着网络学习评价的新潮流，使得易学性和吸引力大大提高。从简短的历史渊源看，逐渐风行于国内学校教育中的微课潮是微视频潮流的一种自然延伸，如果将可汗学院、TED及慕课短视频视为首创，则微课概念及形式的产生则属于二次创新。从国内视频资源建设的历史经验来看，过去国内高校以精品课程为依托形成了大量视频资源，但其利用率很难提升。这一状况的形成自然与其在内涵上课堂教学搬家、形式上关键创新缺乏、制作水准上非高度专业化相关，但更与未将学习者的学习需求及基于视频学习特点的严重忽视、真正受众地位的被虚化有关。如果能借鉴微课对视频资源进行二次创新开发的经验，或许会给大量沉睡的视频资源的应用带来新的思路。

二、微课未来的发展

当信息技术发展到移动互联网时代，同时，信息技术对教育具有革命性的影响，政府和个人必须予以高度重视，今天的学生被称为"数字时代的土著居民"，他们的思维方式、学习方式与生活方式发生了巨大变化，作为教育工作者能够适应这种变化吗？美国著名教育学家杜威说过，"如果还像昨天我们被教授的那样去从事教学的话，那么，我们就掠夺了我们的儿童的明天。"教育的时空在不断扩大和延伸，"先学后教""以学论教""以学定教"成为教育改革和评价的新趋势。今天，教育工作者不仅要关注自己"如何教"，更要去多关注学生"怎么学"。信息时代的每一位教育工作者必须以敏锐的信息素养、开放的教学理念和学习者的姿态，积极参与新技术、新媒体下教与学方式的变革，比如翻转书包、翻转课堂、微课、思维可视化、3D打印、图片处理技术、网上会客室、可汗学院、未来学院虚拟现实、学分银行等。这也是信息时代每一位教育工作者专业发展的有效途径和必然使命。

当今社会，我们身处的不是多媒体时代，也不能说是网络时代，更不能说处于一个信息时代，这些称谓或多或少是不准确的。今天，整个社会大环境是一个"互联网+"的时代，一个移动互联的时代，它给我们教育带来的变化是非常大的。首先，它会给我们带来资源获取方式的变革，我们以前的教育是以"教育工作者、教材、教室"为中心，这些资源都是相对封闭、极其有限的，而且是趋于僵化的、静态的——如：教育工作者们反复在课堂上强调让孩子们放学后去预习功课，这个习惯一直延续到现在，然而却是违背教育规律的，不符合人性化学习原则。再比如说：教育工作者布置的课后作业是预习第几页到第几页的教材，可这些教材是专家编写的，它们的表述严谨、结构完整甚至"面孔冰冷"，教育工作者在这些教材中还存在不懂的时候，让对课本不熟悉的学生进行预习，这些预习往往是浅层而无效的。现在，我们把这些知识点做成微课，在学生放学回家后让学生观看，通过直观的视频形式让学生预习新课，作者经过对教材的处理和设计，通过亲自制作课件，并把自己讲课的活动、语言、声音、情感变成一个微视频，然后让学生们一同预习。和从前的教材预习的模式相对比，哪种方式更适应学生的需要，更具有"温度与情感"，不言而喻。教育发生改变的动力主要是新媒体、新资源、新课程。但是，如果我们想从事教育的话，那就千万不要跟着目前的学校形态、管理体制、教学方式走，一定要朝前看。如果总是亦步亦趋，那就只能是疲于奔命。技术并非是用来跟着教育前行的，在以前，我们相信技术是用于推动教育发展的利器，今天，我们相信技术是用于引领教育的。微课建设理念从提出至今仍是一个新生事物，其理论基础、开发途径、应用模式、技术指标、评价体系等方面还有许多需要完善的地方，这就必须依靠广大教育工作者在实践中去修订、丰富和完善。

结合未来教育的发展趋势，相关学者认为微课将在以下五方面得到突破：

第一，未来微课开发方式上，将跳出"小微课"的局限，迈向"大微课"时代。当前的微课过于关注单个微课的设计与开发，视野过小，过于零散、碎片、重复、无序，学生在使用的时候往往是"用了上节没有下节"，微课学习往往是支离破碎、只见树木不见森林。未来的微课将会是在微课程专家主导下的基于"顶层设计"和"系统规划"的建设导向。微课将从无序走向有序，从零散走向体系。如基于学习主题、专题的建设，围绕教材知识体系的同步建设，建成一门课程一个学科（专业）的系列化体系化的微课程。要引领大众从当前过于关注微课"碎片化呈现""快餐式学习"的认识泥淖，走向在关注在线教育时代微课"碎片化呈现"的同时深入到学习者高效学习体验的"自我知识体系建构"和"问题解决能力形成"的深化应用阶段。

第二，微课建设类型上，支持移动、在线、泛在学习的微课数量将激增。调查统计数据表明：目前我国现有微课类型过于单一、同质且以知识讲授型微课为主（占80%以上），单个微课内容较多、容量较大、时间偏长、使用不便，应用环境和方式多是离线、下载观看、教室使用为主。未来微课的应用将更加靠近微课的"本质使命"：时间更短、内容更精、类型多样，支持用户个性化的移动学习、在线学习、泛在学习等多种学习方式，实现"人人皆学、处处可学、时时可学"。基于微信端的移动学习型微课、基于APP应用程序的学习型微课开发将成为一个新热点。

第三，微课制作技术上，交互式学习、虚拟仿真、3D视频体验式微课将成为新宠。做微课的教育工作者应该经常追问自己几个问题：一节40分钟的完整版的视频课例（哪怕是名教师）学生学不下去"情有可原"，但做成4分钟的微课学生就一定能够看完看懂吗？学生学习微课时难道仅仅是"观看"微课视频吗？学生在课堂上迫于教育工作者的"监控"和"情面"也许还会听下去，但微课更多是给学生"一个人""一对一"的学习情景——更多时候旁边并没有教育工作者和同学在场，单靠传统的讲授甚至是灌输，学生学习微课时只是按顺序播放视频还能吸引学生的注意力吗？因此，即使是最简单简短的微课，也要通过交互教学设计（如创设情景、提出问题、布置练习、设计任务、开展活动）和交互技术设计（如师生互动、虚拟仿真、3D视频、在线评测反馈等）来促使学生深度参与到微课教学活动中来，与视频里的教育工作者、问题、任务等进行"互动"，这样的学习才是有效的。

第四，微课建设主体上，将从"单打独斗"的封闭式建设走向基于"互联网+"思维的"众筹"与"联盟"。未来的微课建设开发人员将不再局限于教育工作者，而是多主体和多元化，体现出"互联网+"时代的"众筹"和"创客"的特点，教育工作者、学生、家长、教育企业及任何对教育感兴趣的人员，都可以将有教育价值的主题加上自己的创意制作（创作）为个性化的微课，信息时代的任何一个人都具有资源提供与消费的双重权利。因此，从某种意义上来说，学生创作的微课、教师指导学生或与学生共同录制的微课，既是当前热火朝天的"创客教育"的一种新范式，也是人类学习金字塔中倡导的"让学习者及时教会别人"作为一种移动互联时代最有效的学习方式的新突破。

第五，微课应用途径上，基于大数据的智能化的区域性微课（慕课）学习管理平台将会百花齐放。微课就是一粒沙、一滴水，随意放置不能产生任何价值。因此，从某种意义上来说，微课学习与管理平台比微课资源本身更为重要。微课平台设计要考虑到用户的"应用体验需求"而不是"资源数据管理"，除了符合在线教育的规律，还要与线下传统班级教学流程相融合。这方面可以借鉴美国的可汗学院平台。其不仅是自主学习的个性化平台，更是学校基于翻转课堂、混合学习的公用平台，具有实名注册、学习诊断、学习行为记录、学习路径形成、个性资源推送、志愿者答疑和参与讨论交流等功能。微课只是一个学习行为激发的"引子"，由于众多的学习者经常在学习社区互动交流讨论留言，将会形成一个群体性学习社交区域，产生更多的智慧型资源。因此，中小学微课发展将向微课程和慕课发展，达到"类慕课"的效果。如一些知名中小学率先在网上开设基于微课的慕课学科课程、专题课程、同步课程，并有微学分认证和结业证书的发放，实现区域内各学校微课慕课学分互认、跨区域名校微课慕课联盟。

微课是一种以小视频为主的教学资源，并在教学应用实践过程中不断地发展，形成了微型网络学习课程系统。当今信息社会中，随着新科技和新媒体的迅速发展以及广泛应用，广大用户对学习方式的选择也呈现出多元化，加之智能手机、平板电脑、笔记本电脑等便携式智能设备的普及，微课的出现显得尤为重要，它的出现顺应了时代发展潮流，符合教育发展规律，适合自主教学、个性化教学、合作教学、移动教学、远程教学的开展。虽然微课有了一定程度的发展，但终究还是一个新生事物，很多专家学者对微课也有着不同的观点，也从不同方面指出过不足和缺点。在信息时代的大环境下，微课的特点和本质决定了它在教育教学中具有广阔的应用前景和正确的前进方向。

三、微课的不足之处

微课的核心在于一个"微"字，这个"微"字有三个层面的含义：一是微课的内容是某一个知识点或教学环节，这是微课设计的出发点；二是微课的内容是非常重要、对学生的自主学习有帮助的知识点或教学环节，这是微课设计的理念所在；三是虽然一节微课的内容是"单一"的，但整个微课的教学环节是完整的，这是微课教学中要兼顾的一个"全"字。

从一开始的构想到现在的发展，微课逐渐走向成熟的阶段，以其便捷化、生动化、实用化和移动化深受师生的青睐。但是发展的过程中还存在以下常见问题和不足：

微课教学内容的选择上范围过大，略显臃肿。长期以来，在传统的教学模式影响下，我们的教学观念中形成了思维定式，认为一堂课给学生讲授的知识越多越好，一堂课上得越充实越好，知识容量越大越好，讲得越精细越好。上述思维定式与微课教学的理念背离。要做到教学内容选择上的"精""准""实"，还需要我们不断转变教学观念，尽快地适应新的教学模式。

微课时间的分配不科学，把控不到位，略显拖沓。这主要是因为在微课教学的顶层设计中出现了一些问题，过于追求整个教学环节的完整性，设计的教学环节较多；加之，在教学内容的选择上范围过大，过于追求知识的大容量和讲授的精细化，最终导致时间把控不理想，略显拖沓。如何处理好内容的组织和教学时间的把控二者的关系，是我们在今后需要思考的问题，也是微课教学带给我们的启示。

从教师层面来说，青年教师容易接受新生事物，走在时代前沿，所以观念很有创新性，制作的微课视听效果往往能够给人眼前一亮的感觉。但是因为缺乏一定教学经验的积累，所以在设计制作的过程中常常无法很好地处理内容与效益的问题。从教多年的教师在教学的过程中积累了相当丰富的教学经验，但是在微课的设计制作方面往往"心有余而力不足"，尽管很有想法，但是难以把想法衔接到微课的设计制作上来，所以会出现节奏缓慢的情况。

从技术层面来说，大多数教师在操作技术上存在不熟练的情况，容易产生困惑。毕竟，微课的设计制作是一个系统的过程，涉及很多细节，不是一蹴而就的，而且很多技术上的问题要有理论来作为指导，所以要经历一定时间的摸索。

四、微课的应用前景

从微课的制作方法和形式上看，随着录制微课的硬件设备的不断改进和软件技术的不断更新，微课拍摄与制作技术获得重大突破，促使微课的制作方法和形式向多元化发展。微课的形式不再是单纯的拍摄式微课、录屏式微课，还有画中画式的微课、交互式的微课等形式出现。

从微课的制作人员上看，随着教育和技术的发展，出现了专业的微课录制团队，由专业的视频设计人员和学校一线的优秀教师相互配合，共同开发设计高质量的微课。微课的音质、画质、动画效果等会得到很大的提高。微课资源建设需要一线教师和相关企业的共同参与、相互合作。一线教师拥有的是他们多年积累的教学经验和富有创造性的教学设计，而相关企业拥有专业化的技术，双方合作实现共赢，共同促进微课质量的提升和资源的建设。

从微课的数量和资源结构来看,越来越多的微课正在产生和发展,促使微课的内容成系列化,即某一学科或者某一专业领域不再是仅仅拥有一些零散的微课,学科知识内容以相关联的微课串联在一起,各学科领域拥有一系列的具有内在逻辑结构的微课展示完整的知识结构,形成学科化的微课群,微课资源渐趋丰富。

从网络平台的完善上看,在网络平台上增设了学习者能够相互交流讨论的区域,给予学习者反馈的通道。

伴随着越来越多的人参与到微课制作中来和先进技术的应用,微课的数量不断增多,微课的质量不断改进,微课涉及的领域和层面不断扩展,开始形成系列化的微课体系,也许不久的未来呈现给我们的将是高质量的微课群。

从学生的角度看,一是在学习新知识时可以进行个性化选择。在学习新知识时,学生可以自主选择适合自己的或者自己喜欢的微课进行学习,富有个性化的微课能够满足学生的个性化需求。二是巩固复习时再次使用。微课为数字化视频,可以长久保存,方便学生随时观看,学习和巩固。可以说,微课是一种可以多次利用的教学资源。

从教师的角度来说,录制的微课上传到网络平台,教师们可以从中学习其他教师关于某一知识点是如何进行精心设计的,学习他人采用的录制方法和形式等等,这样能够促使教师之间相互借鉴,提升教师录制微课的水平,促进教师的专业发展。可以说,微课是教师专业发展的有效途径。

从学校的角度看,各学科的微课,不同录制形式的微课,形成了系统化的微课资源,有利于促进国家课程的校本化研究。随着网络技术的发展,可以搭建一个较为完善的教学资源库,这个教学资源库不仅仅包含微课,还包含教学设计、教学反思、教师互评、学生评价等各个方面的资源。微课带动的教学资源库的建设利用,可以改变教师的教学评价方式和途径,实现信息的快捷交流与共享。由此可见,微课的建设促进以微课为中心的教学资源库的构建,带动课程的校本化研究的推进。

从区域来看,微课有利于实现教育资源交流与共享。倘若某一区域内举办微课大赛和相关研讨活动,校际之间进行观摩学习、听评课、交流讨论、反思论证等,可形成区域化的共识和特色。例如,2011年11月,广东省佛山市教育局举办了首届中小学新课程优秀微课评审活动,佛山市各级学校表现出极大的热情和兴趣,活动征集到了1700多节优秀微课,这一活动推动了佛山市微课的区域发展。因此,微课会推动区域的教学资源共建,助推实现微课的区域化。

从教学形式上看,微课目前主要应用于教育教学实践,尤其是翻转课堂教学模式之中；在线学习、电子书包、MOOC 等都有微课的使用。职业教育、继续教育、终身教育中，我们都可以利用微课传播和分享知识。以微课为核心的教学模式的创新和资源建设格局的形成，将会深化微课的应用和发展。

从以上方面，我们可以看到微课发展的空间广阔，微课的应用前景让人无限期待。

第五章
慕课背景下的课堂翻转

第一节 慕课的起源

一、慕课的概念

慕课即 MOOC，是 Massive Open Online Course（大规模开放在线课程）的缩写，是近些年来开放教育领域出现的众多全新课程模式的一种。其中，"大规模"的意思就是指对同时参与其中的学习者的数量不做限制，一门课程的学习者可以成百上千；"网络"指教与学的活动主要发生在网络环境下；而"开放"指的是任何感兴趣的人都能参与进来，并且还是免费的。慕课术语的出现是近年来才发生的事情，其中很多问题都在争论之中，因为慕课具有重要的应用价值，所以在这个学习平台上，学习者可以根据自己的个人想法，量身选择全世界最好的教育资源，完成在线学习、互动、交流、考核、测试、并且获得认证的全过程，实现自我的全面发展。许多国家及国际组织都成立了专门研究组织或机构对慕课进行本土化的研究和实践。由于经济、文化、教育环境的不一样，人们对慕课的认识还是存在着诸多的差异，不同的理论流派也开始对慕课的应用进行了不同的划分。以下列举的是比较有代表性的几种划分。

在最开始的时候，慕课的概念是基于关联主义学习理论的，认为学习就是通过非正式网络关系而促成的。关联主义学习理论是互联网时代具有深远影响的学习理论之一。慕课的理论基础是关联主义学习理论，同时慕课也是关联主义学习理论的教学试验场。培养信息社会和知识经济时代所需要的数字技能是慕课最为重要的出发点。除了拥有大规模、开放、在线、免费等慕课的基本特点以外，关联主义慕课还具有以下的特征：基于交流问题的互动式学习；非结构化的课程内容；注重学习通道的建立；学习者高度自主的建立；学习具有自发性。而后斯坦福大学的慕课实验为 xMOOCs 的发展奠定了基础，这是一种基于内容的慕课课程，其中最主要的就是以行为主义学习理论为基础。cMOOCs 所强调的是互联的、合作的学习，是基于一群志趣相投的个人进行课程的构建而成的。cMOOCs 为新型课堂教学提供了一个平台，来探索除了传统课堂教学之外的新型的教学方法。因此，倡导者们通常是高等教育中的激进分子。与此不一样的是，xMOOCs 是网络空间的拓展，是基于本身已经实践的教学模式，其中主要的形式是"教授和练习"的教学方法、视频讲解、小测验和测试。受斯坦福大学慕课平台的影响，其中 edX、Coursera、Udacity 这 3 个大学是其中最为出名的。英国开放性大学在慕课浪潮兴起之后，也由原先英国开放大学自身的课程资源共享平台 OpenLearning 发展到由很多所英国著名大学、大英图书馆、英国文化委员会、大英博物馆等合作伙伴共同加入的慕课平台 FutureLearn。

慕课从字面上来看是一种课程模式，具有规模大、开放性、在线等一系列特点。牛津词典释义，"MOOC"是"一种学习的课程，通过互联网来获取，不对大规模的人群收费，任何人只要决定学习慕课这一课程，就都可以登录网站并且去注册学习"。而维基百科在"MOOC"词条中把慕课当作是远程教育最新的发展成果，是远程教育的一种。它认为"MOOC 是一种对所有在线用户开放的网络课程不限制参加人数。它除了提供已经制作好的课程视频、阅读材料以及相关问题测试之外，还提供用户交流的论坛平台，其目的是支持学习者和教授、助教们的社区交流"。

慕课与传统网络课程相比除了会提供学习的视频课件资源、文本材料以及在线答疑的服务之外，还提供了学习用户用于讨论慕课的学习内容以及相应主题的交互性社区。这种目的是进行大规模的学生交流互动参与、基于网络开放式资源获取的在线课程，把有志于学习的人和想要帮助他人学习的专家带到了一起，从而造成了数以万计的人们同时选学一门课程的奇景。其中更吸引人注意的是，这种课程几乎没有门槛的限制，并且学习时间也比较自由，学习环境也没有什么限制，而且，这些都是免费、可信的。慕课的分享合作可以跨越不同的技术平台，能够在脸书、博客、推特等学习者惯用的新媒体中进行传播。

Massive 一词，翻译成为"大规模"的意思，指的是学习者课堂容量的大规模。当我们提到"大规模"，便会想到"限度"问题，就从数量上说，它没有具体的参与人数限制的问题。就目前而言，100 人的课堂相对于传统的线下课堂，尤其是高校的通识课与公选课课堂，还不算是"大规模"的，但是这个数字确实已经远远超过了普通的传统学校一堂课学生的容量了。而在慕课的课堂中，100人的课堂并不算新鲜，1 000人乃至10 000人甚至更多的参与人数也是可以实现的，并且就目前来看还没有达到上限，这个"大规模"恐怕是没有办法用具体的数字做出划分的。所以说这也就充分体现了慕课课程的规模之"大"。

Open的意思是"开放"，在这里指的是怎么样的开放呢？从已有慕课来看，学习者从注册到学习整个过程是完全免费的。并且课程结束之后，学习者可以通过已经完成的作业和在线考试就可以得到慕课平台颁发的对应课程的电子版合格证书；同时，也有些慕课平台为满足部分学习者的需要和需求，与愿意提供学分的大学达成合作，向学习者提供该大学的学分。这种能够提供学分的课程需要学习者去支付考试的费用，并且它的要求也变得更为严格。

Online的意思是"在线"，它是指慕课课程开放的载体，也就是互联网。正是由于它处于网络环境中，才能实现前面"大规模""开放"这些特点。同样的，对于这种"在线"，有的人仍有疑惑：是只要是在网络上有的课程资源就算是慕课呢？还是得在学习过程中有学习者与教师有交互交流的才算是慕课呢？这个疑惑指向的正是慕课与传统网络课程资源的最大不同——慕课有师生实时交互和学习者相互评价的过程，并且除此之外，这些线上的交流互动的过程，一些地区还在慕课的基础上建立了本地群组，使线下的交流讨论变得更加方便。

构成"MOOC"这个专有名词的最后一个单词是"course"，它作为中心词。Course要表达出来的是课程含义，它不是指网上分享的精品课件资料，也不是单一一门课的课程设计，而是包含线上线下从课程设计开始到教学过程结束的动态整体。它包含了课程和教学的设计理念、课程内容的选择与制作、教学进程的管理和互动、最终学分与评价等很多的方面。

二、慕课产生的背景

21世纪以来，信息技术的快速发展不仅给人类的生活方式带来了巨大改变，而且对全球教育也产生了较为深远的影响。而慕课这一教学形式与信息技术之间的紧密结合，已经成为全球教育发展所关注的重点，慕课的兴起是时代发展对教育提出的一个新要求，并非是偶然产生的。

1. 大数据时代的产物

信息技术的发展以及互联网的普及，为人们的工作、学习、生活逐渐的网络化，提供了技术层面的支持。在在线教学方面，信息技术的发展以及互联网的普及对大规模学习者突破地域的限制来获取更多的教育资源，以及为他们之间的讨论交流提供了大大的便利。斯坦福大学的计算机学家 Daphne Koller 认为技术进步使课程制作的成本降低，让在线授课这种教育方式变得更容易也更便宜，也使得以前不切实际的设想变成现实，由于智能设备的出现大大地改变了人们的社会活动。例如人们可以通过智能手机、平板电脑随时随地地在线学习，学习时间和进度也变得越来越灵活、越来越自由，当然也大大降低了在线教育的门槛。

2. 传统教育的弊端

传统的教育把学生"禁锢"在教室中，采取接受式的教学方法将学习内容灌输给学生，不重视培养学生独立分析和知识理解的能力，使学生的潜能不能得到及时有效的开发。教育家杜威在"儿童中心论"中曾指出，最好的教育方式就是始终将知识贯穿在教学过程中，培养学生学习的主动性和能动性，使之在经验中学习。在知识经济时代，教育不能仅仅是简单培养学生去适应现成的工作过程和技术现状，而是应该培养出具有独立性、灵活性、创新性的技能型人才，传统教育模式所培养出来的学生只是懂得掌握教育知识的成果，却不懂得如何利用已有的成果进行再创造，这显然是不能满足数据化时代的要求。而在线教育的模式下，学习者根据个人的需求在网络上自主选择课程和进度，并且对于时间和地点的选择也变得更加灵活，这种设计不仅能培养学生独立的学习能力，还能提高学生的学习效果，以学习者为中心的这个学习模式其实更能受到社会大众的欢迎。

3. 高等教育阶段就读成本高

据国外媒体报告所统计，美国大学生在 2013 年一年的平均花费是 27 435 美元；中国大学的学费一般为每年 4 000-13 000 元，学生每月的生活费用大约为 1 000 元，全国人均家庭在 2012 年纯收入的均值为 13 033 元，中位数为 8 984 元。就我国目前的情况而言，虽然在基础教育阶段有九年制义务教育政策，但高等教育阶段的学费随着大学扩招一直是处于增长趋势的，因此有很多人认为高等教育所提供的价值与学习者交纳的学费并不能成正比，对高等教育阶段的教学效果提出了质疑。高额的就读成本与家庭低收入之间的矛盾问题越来越明显，而慕课提供的低成本的高质量教育资源就可以有效缓解这个矛盾，所以可以满足广大人民群众的社会需求。

4. 优质教育资源分布不均

从全球的教育来看，优质的教育资源大多是集中在欧美等一些发达国家，美国众多的常青藤大学不仅享有世界级的声誉，而且还拥有大量的优秀研究者和精英生源。其中很重要的一个原因就是这些大学有独特的优质教育资源。从国内的情况来看，我国优质的教育资源大多是集中在 985、211 这些高等院校，而这类院校又大多分布在东部的发达地区。随着社会发展和教育观念的改变，大众对优质教育资源的需求也是越来越大,与国外相比,我国优质高等教育资源稀缺并且分布地非常不均匀,这就使得越来越多的学生去选择出国留学,这对于我国的人才队伍建设来说是一大笔损失,而慕课是基于互联网实施的教学,可以实现全球优质教育资源的共享,因此它有着庞大的市场需求。

三、慕课的产生及发展

慕课只有短暂的历史,但是却有一个不短的孕育发展历程,它的出现是互联网教育发展长期积淀的结果。准确地说,它可追溯到20世纪60年代。1962年,美国发明家和知识创新者道格拉斯·恩格尔巴特(Douglas Engelbart)提出一项研究计划,号召人们将计算机技术作为一种改革"破碎的教育系统"的手段应用于学习过程之中。之后,类似的努力一直在进行着。

2007年是慕课孕育最重要的一年。这一年秋天,美国学者戴维·维利(David Wiley)基于Wiki技术开发了一门开放课程——"开放教育导论"(Introduction to Open Education)。这门3个学分的研究生层次的开放在线课程的突出特点就在于来自世界各地的参与者(学习者)为这门课程贡献了大量的材料和内容。换句话说,也就是学习者不只是来消费这门课程,而是所有人一起在学习的过程中建设这门课程,并在建设的过程中学习这门课程。这样的设计是非常有意思的,也是很科学的。一方面,这门课程的性质决定了教师和学习者必须持开放的态度,并拿出实际的行动;另一方面,戴维·维利所选用的Wiki技术平台为这样的共建共享奠定了良好的基础。

同样是2007年,加拿大里贾纳大学(University of Regina)教育学院的亚历克·克洛斯(Alec Couros)教授开设了一门研究生层次的课程,名字叫"社会性媒介与开放教育"(Social Media&Open Education)。它始终是开放的,既面向以获得学分为目的的学习者,也面向其他任何人。这门开放在线课程的突出特征就在于来自世界各地的特邀专家都参与了课程的教学活动。

2008年,加拿大爱德华王子岛大学的网络传播与创新主任大卫·柯米尔(Dave Cormier)与国家人文教育技术应用研究院高级研究员布莱恩·亚历山大(Bryan Alexander)联合提出了慕课的概念。同年9月,加拿大学者乔治·西蒙斯(George Siemens)和斯蒂芬·唐斯(Stephen Downes)应用这个概念开设了第一门慕课——"连通主义与关联知识"(Connectivism and Connective Knowledge Online Course, CCK08)。有25名来自曼尼托巴大学的付费学生以及2300多名来自世界各地的免费学生在线参与了这门课程的学习。这门课程兼容并蓄,既借鉴了维利的开放内容和学习者参与的思想,又吸纳了克洛斯的开放教学和集体智慧的举措。不仅如此,这门课程还支持大规模学习者参与，采纳了连通主义学习理论和教学法。

在CCK08课程中，所有的课程内容都可以通过RSSFeed订阅，学习者可以用他们自己选择的工具来参与学习：用Moodle参加在线论坛讨论、发表博客文章、在第二人生（Second Life）中学习以及参加同步在线会议等等。从那时开始，一大批教育工作者，包括来自玛丽华盛顿大学的吉姆·格瑞姆（Jim Groom）教授以及纽约城市大学约克学院的迈克尔·布兰森·史密斯（Michael Branson Smith）教授，都采用了这种课程结构，并且成功地在全球各国大学主办了他们自己的慕课。这种慕课类型基于连通主义学习理论，也称为cMOOC，并在随后得到逐步推广，如eduMOOC、MobiMOOC等。

重要的突破发生于2011年秋天，美国斯坦福大学教授塞巴斯蒂安·史朗（Sebastian Thrun）与彼得·诺维格（Peter Norvig）把为研究生开设的"人工智能导论"课程放在了互联网上，吸引了来自190多个不同国家的共16万余名学生，并有2.3万人完成了课程学习，从而掀开了慕课的新篇章。

史朗是谷歌X实验室的创始人之一，他领导了包括谷歌眼镜、无人驾驶汽车等多项创新性技术的研发，又在教育上开辟了新的道路。2012年2月，他创立了Udacity慕课平台。之后，Coursera、edX等慕课平台在2012年相继创立并迅速发展。这类慕课也被称为xMOOC，其高质的课程内容、短视频设计、新型测评方式、大规模学习者群体、强辐射性等特征，引起了教育、科技、商业等多领域的关注，被认为是2012年教育领域的重要事件之一，推动了全球开放教育运动的新发展，标志着人类文明传承和知识学习方式将发生革命性的变化。2012年也因此被纽约时报称为"慕课元年"。

第二节 慕课的特征与时代意义

一、慕课的特征

随着慕课的日渐成熟与社会影响的逐步增大，它的特征也表现得日益明显。

1. 大规模

"大规模"意味着学习者数量不做限制，与传统课程只有几十个或几百个学习者不同，一门慕课课程动辄有上万人参加。肯·马斯特斯（Ken Masters）对慕课概念的解释如下：大规模主要是指大量的学习者，也可以指大规模的课程活动范围。那么，多大规模才是"大规模"呢？现实表明：慕课的学习者远超常规，可轻易达到几千人。而在未来，随着该模式的普及及其影响力扩大，参与者还会更多，因此慕课是一种巨型课程。

2. 开放性

开放性是说慕课的学习者可能来自全球各地，信息来源、评价过程、学习者使用的学习环境都是开放的。在美国，慕课是以兴趣为导向的，凡是想学习的，都可以进来学，不分国籍，只需注册一个账号，就可参与学习。为此，人们强调，只有当课程是开放的时候，它才可以称之为"慕课"，只有这些课程是大型的或者叫大规模的，它才是典型的"慕课"。因而，"慕课"学习是一种将分布于世界各地的授课者和学习者通过某一个共同的话题或主题自愿联系起来的方法。

3. 非结构性

从内容上看，慕课大多数的时候提供的只是碎片化的知识点，是一组可扩充的、形式多种多样的内容集合，这些内容由一些相关特定领域专家、教育家、学科教师提供，汇集成一个中央知识库，就像网站一样。这些内容集合的独特之处在于能够被"再度组合"——所有的学习资料未必堆砌在一起，而是通过"慕课"彼此关联。

一般而言，在西方，慕课并没有一个组织者进行课程的顶层设计。起先，它只是一些热心教育的人士，或者在一些领域顶尖的专家为传播该领域的知识而提供的"志愿者"服务。当然，以后有一些大学出于授予学位或学习证书的需要，试图对慕课设立课程标准，以便为其课程与学位提供质量保障。

在我国基础教育领域，当前已经走出了微视频仅仅在于提供课后辅导的角色，进而试图借助慕课，实现课堂的翻转。由于中小学的课程主要是以教学目标或课程标准为基础的，因而，在提供碎片化知识的同时，让教师与孩子共同理解知识点之间的内在逻辑乃至一门学科的知识，也被作为重要的问题提了出来。因而，这就决定了在中西方之间慕课建设会有相当的不同。我们把中国未来的中小学慕课学习称为"基于系统设计的碎片化学习"，它在结构形态上会与西方有一定的区别。

4. 自主性

自主性在不同的学者那里有着不同的理解。在关联主义的慕课推崇者看来，其一，"自主性"意味着慕课没有明确的学习预期，学习者可以自设学习目标；其二，虽然有特定的学习主题供参考，但在什么时间、地点学习，阅读多少资料，投入多少精力，进行何种形式和程度的交互等都由学习者自己决定；其三，没有正式的课程考核。当然，需获取学分的在校学生除外，学习者根据自己的学习预期对自己的学习收获进行评判。因此说，关联主义的慕课几乎完全依赖于学习者的自我调控。

然而，在大多数学者尤其是关注中小学慕课建设的学者看来，慕课的自主性主要意味着学生对自己的学习承担责任。根据教师提供的教学内容，学生可以自定学习的方式、步骤、时间，自主地讨论与研究，主动且积极地学习。与翻转课堂相联系则是保证学生自主且高质量学习的必要条件。本书始终把中小学慕课与翻转课堂放在一起讨论，也是基于这一现实的考虑。

二、慕课的教学方法

2014年3月，英国爱丁堡大学的贝涅（Sian Bayne）和罗斯（Jen Ross）在一份研究报告中指出："在过去几年里，在学术界和教育界，慕课备受关注，大量的报道、争论以及研究报告涌现出来。然而，有一个领域，在这些讨论和论证中并未得到应有的重视。而这个领域，就是慕课教学法。"

那么，慕课到底是怎么教的？慕课究竟是如何学习的？慕课发展到今天，其教学法到底是什么样的？焦建利教授结合在过去几年学习、体验、持续追踪国内外有关慕课及其研究报告的心得，从以下几个方面归纳总结了慕课教学法。

1. 分布式学习与开放教学

慕课的教与学是基于互联网的教与学，因此，慕课教学法自然离不开互联网思维的影响，Web2.0、分众、众筹、分布式学习、开放内容与开放教学等，都可以归结为慕课教学的策略与特色。

其实，回顾慕课的历史，慕课的分布式学习与开放教学思想可以说是贯穿始终的。2007年，科罗拉多州立大学（CSU）的戴维·维利基于Wiki技术，开设了一门在线的开放课程，来自8个不同国家的60位学习者共同参与了课程的建设。该课程的学习可以说是一种产生式的学习，而不是消费式的学习，因为学习者的学习本身就是课程建设的过程。因此，其课程最大的特色可以说是开放内容。

同样在2007年，加拿大里贾纳大学的亚历克·克洛斯教授开设了一门名为"社会性媒介与开放教育"的课程。该课程邀请了来自世界各地的专家学者担任客座教授，在线参与课程与研讨。因此，该课程最大的特色可以说是开放教学。

而到了2008年，加拿大学者斯蒂芬·唐斯与乔治·西蒙斯共同开设了一门课程，名为"连通主义理论"。这门课程之所以被公认为历史上第一门慕课，是因为它不仅吸收了戴维·维利的开放内容的思想，而且吸纳了亚历克·克洛斯的开放教学的思想。更重要的是，这门课程采用了连通主义的学习理论和架构，支持学习者的大规模参与。

回顾早期的慕课，学习当前主流慕课平台上的这些课程，不难发现慕课教学实践中的这些开放内容、开放教学、分布式学习的鲜明的 Web2.0 思想,并由此逐渐形成慕课不同于以往大学课程乃至以往在线课程与网络课程的教学法特色。

2. 带有测验题的、短小精悍的视频

视频作为教学材料,在远程教育与开放教育实践中的应用由来已久。然而,以往的视频课件由于缺乏互动,加之时间普遍过长,不符合互联网时代人们的认知规律和"注意力模式"。为此,短小精悍的在线教学视频开始受到人们的普遍欢迎,这也是微课盛行的原因。

其实,在现有的慕课平台和课程实践中,人们看到的课程视频,除了短小精悍之外,还有一个非常突出的特色就是在课程视频中嵌入测试题。嵌入了测试题的课程视频看起来似乎更加短小精悍。这些测试题既是对学习者在线学习效果的检查,同时又可以使得课程视频变得便于交互,互动性更加突出。

在慕课中的课程视频方面,另外特别值得一提的一点是,几乎所有的慕课都提供了短小精悍的课程简介视频,从而使得学习者在选择课程之前,对课程的目标、内容、形式以及学习成果有一个清晰、明确的认识,而这些短小精悍的课程简介视频本身又是对这门慕课的一种宣传和营销。

其实,在传统大学里,绝大多数课程简介往往是高年级学生向低年级学生的一种口耳相传,而这种口耳相传难免会带有高年级学生自己的理解和认识,因此未必是全面的、准确的和正确的。在大学里,如果可以将慕课中的这些课程简介视频引入到现实的大学课程与教学之中,相信对于推进高等教育的混合学习有很大的帮助。

3. 慕课学习是一种自觉、主动与自组织学习

慕课的学习,是以学习者自己习惯和喜欢的方式学习,是按照学习者自己的步调和节奏来展开的学习,是完全基于个人兴趣的、为了自己而由自己给自己设定目标所进行的学习。因此,慕课学习是完全自觉、自主、自愿、自控的学习。

慕课遭受质疑比较多的地方在于学生不学习怎么办。的确,学习的自觉性和主动性是任何学习的基础与前提。在线学习的特点之一就在于自觉性、自主性和自控性。

印度物理学教授苏伽特·米特拉(Sugata Mitra)自 1991 年在印度新德里贫民窟的学校开展的"墙上的洞"(Hole in the Wall)的实验告诉人们,当他们把计算机和网络给予儿童的时候,儿童可以自己教会自己,儿童驱动的教育是被人们忽视了的教育。为此,他从印度新德里的学校开始,"挖洞"不止,一直"挖"到意大利、南非、英国。他所提出的儿童教育理论应当引起人们足够的重视,应当鼓励、帮助和教会学生主动学习与自组织学习,应当给予孩子信任。学校和教师不是把缺乏主动

性和自觉性的学生，从小学到中学到大学，一直呵护托管。这样到毕业的时候，他们依旧缺乏自觉性和主动性。学校和教师的职责应是帮助学生习得学习的自觉性、主动性和自控性。

过去一直有人追问，慕课与在线课程有什么区别？与大学视频公开课有什么区别？与传统大学的课程到底有哪些不同？不久前，笔者读到加拿大学者，也是慕课的先驱者——斯蒂芬·唐斯教授的观点，颇受启发。斯蒂芬·唐斯认为，"一门慕课与一门传统课程之间最大的一个区别就是，一门慕课的学习是完全自愿的。你决定自己是否要参加，决定自己要以什么方式参加，觉得对自己有意义，然后你就可以参加。但是如果你觉得无聊，不想参加，那就可以不参加。"

因此，慕课学习是一种自觉、主动与自组织学习。自觉、主动与自组织学习也是慕课教学法的特色之一。

4.同伴评分与评估

学习者是重要的学习资源。慕课作为大规模开放在线课程，学习者人数众多，少则数千人，多则几万人，甚至几十万人。如果依照以往传统学校的作业批改和评估的方法，恐怕即使授课教师放下所有的工作，每日专门负责作业的批改，要批改完所有学习者的作业，少说也得150年。

为此，同伴互评与评估是目前几乎所有的慕课平台和课程在进行学习者学业评估与评分时所采用的最常见的方法。这既是慕课平台与教师团队的无奈之举——面对十五六万名学习者，的确没有更好的办法，同时又可以说是慕课教学组织的一项创造和创新之举。而这种同伴互评或称为同伴评分与评估，在本质上是一种"同侪互助学习"。

"同侪互助学习"（Peer Learning）是一种新型的合作学习模式。它是学习者在教师的安排指导下，被分配成互助小组，共同完成教师布置的任务。在非正式学习情境中，它是指学习者自发形成互助学习。它可以看作是学习者之间相互请教问题、开展与学习相关的情感交流、进行头脑风暴彼此启迪智慧等。

在几乎所有的慕课平台上，慕课平台管理者或课程组织者往往对学习者之间的同伴评分与评估有一些明确的、具体的和基本的规定。比如，在Coursera平台上，台湾大学欧丽娟教授讲授的"红楼梦"课程中就明确要求，每一位修读该课程的学习者都必须批改五份他人作业，同样，每份作业会有五位不同的学习者进行批改。作业批改的时间一般为作业截止日后一周，课程平台和授课教授对评分细则和扣分规定都做出了明确说明。比如，引用他人文字未注明，视同抄袭，该次作业不予计分。而每一次作业的具体细节规定，视每次作业内容的不同而不同。

由于一门慕课可以吸引大批学生，其中不乏一些很有经验和素质的学习者。这些学习者可以帮助和指导那些缺乏经验的学习者。在某些情况下，学习者之间展开的同伴互评（Peer Grading），完全可以用来协助授课教师的课程教学，并使得作业的批改者和被批改者都能从这种同侪互助中受益。当然，对于慕课的同伴评分与评估，不同的人也有不同的理解和看法。一些学者认为，当慕课迎来了如此多的学生的时候，这种"退而求其次"的同伴互评方法似乎是不得不做出的无奈之举。阿曼卡布斯苏丹大学的副教授爱莎·阿尔哈蒂（AishaS. AlHarthi）非常重视文化差异给同伴互评所带来的影响。她认为，"不同的文化会从不同角度看待评价、评价的需要以及给出评价的人"。在慕课中，同伴互评自然就不可避免地涉及不同文化中的人们如何对同伴进行文化假设的问题，而且与阅历丰富的教授相比，年轻的学生在文化上反而更趋保守。

5. 实践社群中知识的建构

无论参与慕课的人数多少，每一门面向全球学习者的慕课，其实都形成了一个全球性的、专门性的实践社群。

由麻省理工学院在 edX 平台上开设的"电路与电子学"课程迎来了 15 万 5 000 多名学习者；而 2011 年斯坦福大学在 Coursera 平台上开设的"人工智能导论"课程，则迎来了世界 199 个国家的 16 万名学习者。这两者其实分别是面向全球性的电路与电子学实践社群和人工智能实践社群。

为此，在实践社群中学习者的学习与知识建构，便成了慕课教学法和学习方法中的核心意义。假如这个观点成立，若实践社群中学习者的知识建构是慕课教学法的重要组成部分，那么，实践社群中学习者的知识建构究竟是如何发生的呢？

来自世界各地的学习者自发地走到一起，完全自觉自愿地聚集在一个慕课平台上，为了共同的主题、兴趣、事业，在课程论坛中建立学习者之间的互信，围绕课程内容和专题，开展基于网络的协作学习与合作学习，通过对话、沟通与交流，共享彼此的隐性知识，建立共同的实践，将在线习得的隐性知识转变成每一个学习者的显性知识，运用于各自的学习、生活、工作与日常实践之中。在这样一个全球性的在线实践社群中，聚集着如此多的具有共同兴趣的人，形成了一个庞大的在线实践社群，来自世界各地的学习者在这里建构自己的知识。

2013 年 3 月，在 SXS Wedu 会议的一个特别主题对话中，edX 总裁阿南特·阿加瓦尔（Anant Agarwal）描述了他自己首次教授慕课时的喜悦心情："在我的印象中，给我最大冲击的是讨论的威力。起初，面对 155 000 个学生，晚上我简直夜不能寐，我不知道如何去回答来自学习者的问题。所以，在第二天的课程之后，到了夜里 2

点，我还在奋笔疾书，我在以最快的速度观看学习者之间的讨论，回答他们提出的问题。一个问题弹出来了，我正准备在键盘上打字回应他的问题。突然，在我提交答案之前，我看到另外一个同学回答了他的问题，在当时，这个同学还在巴基斯坦。他差不多准确地回答了第一个同学提出的问题。我想我可以给出一些补充。就在这个时候，另外的同学又补充了新的答案。我把自己的身子放回椅子里，心想，这简直太迷人了。我茅塞顿开……"

阿加瓦尔教授的这段描述，从一个慕课教师的角度剖析了一个在线实践社群中学习者之间的同侪互助行为，也为人们勾勒出了慕课教学之中学习者在全球性的在线实践社群中的学习与知识建构历程。一门慕课的典型形象是以短小精悍的讲座视频和多项选择题为中心的。但是，人文科学、艺术、自然科学类慕课开始越来越侧重社群建构和社会性交互。对于教员来说，在这样一门课程中，教员的目标就是去建立一个学习社区。对于学习者而言，慕课学习的重要组成部分就是在实践社群中的互动与交流。因此，实践社群中知识的建构是慕课教学法中的一个重要组成部分。

6.连通主义学习

连通主义学习理论是由加拿大学者乔治·西蒙斯教授首次提出的。它是一种经由混沌、网络、复杂性与自我组织等理论探索的原理的整体。该理论认为，学习不再是一个人的活动，而是连接专门节点和信息源的过程。学习是一个过程，这种过程发生在模糊不清的环境中，学习（被定义为动态的知识）可存在于我们自身之外（在一种组织或数据库的范围内）。我们可将学习集中在将专业知识系列的连接方面。这种连接能够使我们学到比现有的知识体系更多、更重要的东西。

连通主义将学习看作一个网络形成过程，它关注形成过程和创建有意义的网络，其中也包括技术中介的学习，承认当人们与别人对话的过程中有学习发生。连通主义强烈地关注外部知识源的连接，而不仅仅是设法去解释知识如何在人们的头脑中形成的。因此，从这个意义上说，连通主义表达了一种"关系中学"（Learning by relationships）和"分布式认知"（Distributed Cognition）的观念。

慕课的学习也是一种连通主义的学习。慕课学习者的动机和目的是多种多样的。学习动机与目的的多样性导致了不同学习者在同一门慕课的学习过程中学习路径的多样性，也导致了不同学习者在慕课学习过程中关系模式与参与模式的多样性。不同的学习路径反映了不同的参与方式和参与程度，因此，慕课教学实践中的学习可以说是个性化的，因为不同的学习者，其交往方式不同，学习路径不同，关系模式也不同。但无论如何，它是一种"关系中学"和"分布式认知"，是连通主义的学习。

毕竟，人是社会性动物，结伴学习、寻求监督与获得证书本身，对于学习者来说,可能就是一种监督和激励。这是连通主义学习的特色。果壳网 MOOC 学院是中文互联网上最大的慕课点评讨论社区,也是全球最大的华人慕课学习者聚居地,在这里聚集着大中华地区数以万计的慕课学习者,大家在这里点评慕课,共享课程与学习资源,彼此结伴学习,寻求监督,以求共同获得证书。

7. 从慕课到小规模限制性在线课程:混合学习

慕课的快速发展,对世界范围内的高等教育产生了重要而深远的影响。一方面,越来越多的大学和机构面向全世界的学习者提供自己的课程;另一方面,越来越多的大学和学院开始思考如何将这些世界顶级大学最棒的教授开设的课程用于大学自己的课堂教学实践之中。一些大学正在尝试一种相对于慕课而言更加精致的课程类型——"小规模限制性在线课程"(Small Private Online Coursera,SPOC)。这种小规模限制性在线课程创造了一种混合教学环境,既融合了大规模开放在线课程(MOOC)的优点,又弥补了传统大学课堂教学的不足。

事实上,在过去几年,已经有越来越多的高校正积极朝着这样一个混合教学的方向发展。2013 年 4 月,中国东西部高校课程共享联盟在重庆大学宣告成立。该联盟试图解决各高校校内选课不足的问题,借助跨学校、跨区域、跨国界、跨文化的教育教学,培养更多专业能力和创造力较强、具有国际视野的高水平人才。该联盟共享课程采用混合式教学,分为三种基本模式:第一种模式为直播课堂大班授课,该校课堂小班研讨,在线课堂进阶式学习;第二种模式为本地课堂大班授课,该校课堂小班研讨,在线课堂进阶式学习;第三种模式为在线课堂进阶式学习,在线课堂研讨。三种模式均有辅导、作业和考试,采用何种模式授课由主讲教师决定。

2014 年 5 月 13 日,深圳大学联合了国内 56 所地方高校,共同发起成立了"全国地方高校 UOOC(优课)联盟",本着共创、共担、共享的原则,通过联盟机制,汇集成员优势,遴选优秀教师,建设大规模网络开放在线课程,为联盟高校学生及社会学员提供课程学习的选择和服务。

将慕课整合进大学课堂教学之中,并借此提升教师队伍的整体素质,加快课程建设,深化课堂教学质量。这是全球范围内慕课发展的一个重要趋势和方向。

8. 精熟学习

精熟学习是一种提供成功学习的"教"和"学"的方法,通过小步骤的教学、足够的练习机会、充裕的学习时间及补救教学,让学生精熟每一个学习步骤。布鲁姆认为,学生学习成就上的差异,是因为我们对每一名学生提供了相同的教学及相同的学习时间,并且没有提供个别的补救教学,致使学生的学习成就差异随着年龄越来越大。因此,精熟学习是一种个性化的学习。

在基于精熟学习理论的教学实践中，教师通常必须把课程分为一些小单元，每个单元包含一些精熟的特定目标。教师会告知学生每个单元的目标及标准是什么。如果学生没有达到最低精熟程度，或者虽然达到了，但是想得到进一步的提升，也可以重复学习这个单元。当他们准备好时，可以做这个单元的复本测验。精熟学习的三个步骤：选定教学目标，进行全班教学，施以测验。

慕课的学习是一种精熟学习。精熟学习可以说是慕课最常见的教学法之一。作为一种远程教育与开放教育形式，慕课的教学组织形式往往包括学习者每周的阅读材料、镶嵌了测试题的视频的学习以及教师建议的其他学习活动；在许多慕课中，每周都有2~3场由特邀嘉宾进行的同步在线演讲，每周也都会有实时在线研讨活动。这些带有明确目标的小步骤的学习进程设计，其实就是精熟学习理论的实际应用。

9. 技术支持的在线学习

慕课作为一种大规模的、开放的在线课程，与以往的网络课程和在线课程一样，它也是一种技术支持的学习。在慕课学习之中，人们不难发现，学习者的技术素养和信息素养、学习的自觉性和自控性、学习欲望和成就动机都是必需的，也是前提性的。其中，学习者的技术素养和信息素养是慕课教学成败的一个重要因素。

加拿大学者、慕课先驱人物乔治·西蒙斯曾指出：在我讲授的所有慕课中，所使用的阅读材料和资源都反映了在这个领域内当前专家们的理解和认识。然而，我们要求学习者去超越宣示的这些知识……学习者需要创建和共享材料——博客、文章、图片、视频、作品……我们的第一门慕课……起初就是主要利用一个 MOODLE 平台的论坛为核心的。随着课程的深化，才开始交互散布于许多不同的工具和技术之中。我们最后使用了许多不同类型的交互：第二人生（Second Life）、飞鸽（Page Flakes）、Google Groups、Twitter、Facebook、Plurk、博客（Blogs）、Wiki、YouTube 以及其他几十种技术工具。

的确，慕课不仅建立在开放学习与分布式认知的基础之上，更依赖于连通主义学习理论及共架构。因为只有借助连通主义学习理论及其架构，学习者的高品质的交互和大规模参与才成为可能。而这些都离不开技术支持的在线学习。因此，技术支持的在线学习是慕课教学法的核心方法之一。

10. 非正式学习与终身学习

相对正规学校教育或继续教育而言，非正式学习是指在工作、生活、社交等非正式学习时间和地点接受新知识的学习形式，主要是指做中学、玩中学、游中学，如沙龙、读书、聚会、打球等。对于离开校园走上工作岗位的成年人来说，学习主要是非正规学习和非正式学习。非正式学习无论对组织还是个人都是至关重要的。

慕课的出现，为全世界任何人都提供了一个经由互联网向世界顶级大学的顶级教授学习最好的课程的机会，这是一种非正式学习的机会，也是终身学习的机会。

慕课的发展已经不仅仅是大学正规教育的一种课程了，它更多地适应了非正式学习的需求。与传统课程相比，慕课是一种完全由学习者自己的兴趣所激励的学习行为。慕课的存在与发展必将模糊正式学习和非正式学习之间的界限，并逐渐演变为人们进行终身学习的一个重要形式和渠道。

对于慕课，人们的立场是赞誉与质疑参半。赞誉的人认为，慕课为更多的人提供了接受优质教育的机会，任何人都可以免费享用世界上一流的教学课程进行学习；而质疑和批评它的人认为，慕课教学的课程设计差、课程完成率低而辍学率高等等。

从这些赞誉与质疑之中，人们不难发现：所有这些对慕课的赞誉和质疑都是基于对传统课堂教育和传统课堂学习环境的理解，都可以说是基于对教育的传统假设，其中不乏诸多误解。展望未来，作为一种新生事物，慕课的发展尚处于初级阶段，其对高等教育的影响仍有待人们进一步观察、研究和创造，而对慕课教学法的研究才刚刚开始。

三、慕课的时代意义

慕课的意义再过 20~30 年，等那时的人们回过头来看时才会发现，其意义怎么估计也不算过高。在今天看来，慕课已经表现出了下述优势：

1. 优质教育资源的全民共享

在今天没人会怀疑，相比较古代的个别教学，产生于近代资本主义的班级授课制是世界教育史上的巨大革命。1485 年的《纽伦堡学校规程》(Schulordnung in Nurunberg) 和 1528 年的《萨克森选帝侯国学校规程》(Kursachsisce Schulordnung) 规定，应将学生划分为三个阶段的班级，各个班级配以不同的古典教科书教授之，这即是班级授课制的雏形。一般说来，此前学校的学生是杂然地集中于一室，教师轮番传唤，施以个别指导。但自从人文主义学校采用了根据学力把学生分成若干阶段、编成班级一起教学的制度，这就大大地提高了教育的效率，有力地推动了教育的普及。

以后又经过近 150 年的探索，1632 年，捷克教育家夸美纽斯出版《大教学论》，这本伟大的著作为班级授课制提供了理论依据。他在《大教学论》中说："这种教育将不是吃力的，而是非常轻松的。课堂教学每天只有 4 小时，一个教师可以同时教几百个学生。而所受的辛苦则比现在教一名学生少 10 倍。"他倡导"节约时间和精力""大量生产"的教学方式——班级教学组织；提出了依据年龄分班，各学年分别设置不同学科的方案。他之所以倡导这种教学方式，除了上述理由外，还有一个理由就是，学生在集体中受教，可以相互激励，提高教学效果。他说"青年人最好还是一同在大的班级里面受到教导，因为把一名学生作为另一名学生的榜样与刺激，是可以产生更好的结果与更多的快乐的"。

班级授课制无疑是对分散的小农经济和封建隔绝状态下长期实行的混杂教学组织形式的否定。它顺应了当时社会要求把教育从少数特权阶级的手中解放出来，向国民大众开放的要求。

其实，班级授课制是顺应了时代发展的要求的，但是，它能得以发展还是时代给它提供了包括技术在内的各种支持。在我国，书院这个名称始于唐代。随着纸张的大量使用和雕版印刷术的发展，书籍越来越多，为此，人们必须建造较大的院子来安置藏书，以方便读书人，于是就产生了真正意义上的"书院"。雕版印刷术的推广和后来活字印刷术的发明才使读书不再是少数人的专利，才有可能把教育从少数特权阶级的手中解放出来。

班级授课制使"一个教师可以同时教几百个学生"成为可能。今天借助数字化技术的支持，特别是慕课的诞生，让一个教师同时或不同时教数以万计、数以百万计，乃至数以千万计的学生成为可能。慕课一个最不寻常之处就在于：它以"将世界上最优质的教育资源传播到地球最偏远的角落"为理想，它试图让全球所有的学生都能获得全球顶尖明星教师的免费课程。为此，有人甚至夸张地说，慕课使得全球一门学科只需要一个教师。

由于上述原因，学者把小农经济时代的混杂教学转向工业化时代的班级授课称为教育制度的第一次革命，把工业化时代的班级授课向数字化时代慕课的转变称为教育制度的第二次革命。"审视今日，慕课带来的是超时空的变革。不仅在全球各个角落我们都能学到优质的教育资源，而且还是移动的，可以走到哪学到哪，甚至可以反复学，十年二十年后再学。这就是一个巨大的变革，是'继班级授课制以后最大的一次革命'，它使教育超越了时空的界限，使得优质教育资源全球共享、全民共享"。

2. 助推教育公平

迄今为止，在美国开设的绝大多数慕课是免费的，这样可以使更多的人能够接受高等教育，特别对那些来自家境贫困的人群更是如此。而且开设慕课的大多数是美国乃至世界著名高校，或企业与名校进行合作开设的，这就保证了慕课的教育质量。所以，慕课的兴起使更多的人能够接受优质高等教育。"传统高等教育的做法是从学生中收取大量的钱，而慕课对成千上万的学生不收取钱或只收取最低的费用，斯坦福大学计算机学家达夫妮·科勒称它为'高等教育的真正民主'。"

在我国基础教育领域，再也没有什么比公平更让政府犯难，更受老百姓关注了。

教育公平，无疑最困难的在于教师资源的公平。实践表明，优秀教师在区域小范围内流动尚且十分困难，要在全国流动更是要付出十分高昂的代价，几乎是不可能完成的任务。慕课的出现将使这一"不可能"成为"可能"。华东师范大学慕课中心和C20慕课联盟，正在组织联盟学校优秀教师，录制覆盖基础教育各学科知识点的慕课资源库，供全体学生共享。这对推动我国基础教育公平，提升中西部地区的教育质量，将会有重要的推动作用。

3. 推进学习型社会

慕课，它往往以碎片式的知识呈现方式，出现在人们的移动终端上，它适应了工作在现代城市里白领们生活的节奏。无论在地铁里，还是在大巴上，无论在机场的候机厅，还是在休闲的咖啡吧，有个10分钟或20分钟，人们就能轻松地看上一段微视频，学习一堂微课程，更新自己的知识，开阔自己的眼界，而不必劳心费神地赶往遥远的大学。

在知识和信息更新速度越来越快的今天，知识甚至一些技术的保质期也都在缩短。传统的幼儿园——中小学——大学——职业的"线性教育模式"已经不能与经济和社会的发展相适应，需要转换为一个更加灵活的模式。慕课就是一个更加灵活的模式，它使人在需要的时候，非常容易地学习任何新主题，在人们的整个职业生涯中使知识和技能保持在最新的状态。

有人质疑，即使在顶尖大学注册的学生，最终修习课程的通过率也只有3%~4%。因此，他们追问："慕课有用吗？"如果仅从通过率来看，慕课似乎是失败的。但是，学习的目的就在于获得一份课程证书吗？如果人们都能把零星的时间花费在前沿、高深知识的学习上，追求自身素质与能力的提升，这难道不是人们最想追求的"学习型社会"吗？事实上，慕课学习在一开始就有很多人并没有以获得证书为目的，也有人在注册登记时虽有获取证书的愿望，但由于时间或能力等多种原因未能如愿，可他毕竟经历了这一学习的过程，在一定程度上提升了自己，这不正证明了慕课对学习型社会形成的作用吗？

学习型社会是大多数人有愿望学，并有机会学的社会。没有多少人愿意学或者有愿望但没有机会学的社会（比如社会上的学校都有很高的"门槛"或需收取较高的费用）绝不是学习型社会。学习型社会是尽可能地满足人们的学习愿望，并尽可能地为想学习的人提供机会的社会。它不以多少人获得证书为标准。学习型社会不等于学历社会。慕课推进学习型社会而不是学历社会。

上海交通大学张杰校长也认为："这将是一场学习的革命，其影响绝不限于大学，对推动继续教育发展，打造灵活开放的终身教育体系，构建人人皆学、处处可学、时时能学的学习型社会,也将具有积极意义。""中国大学应以在线教育发展为契机,重新思考自身的使命与责任。"

4.让学生远离家教

在中国,或许还包括韩国等地,慕课还有着特殊重要的意义:让学生远离家教。网上或者下载下来的视频材料,可以方便地将世界上最优秀的教师、最生动的课程带回家给学生学习。有便捷网络的家庭,学生学习或者做作业遇到困难时,可以随时请教老师或者寻找其他同学的帮助。如此,则可以免去家教带来的高昂成本和由各种原因(比如遥远的路途、滥竽充数的老师,甚至还有商业欺诈)产生的低效学习。切实减轻学生的学业负担,促进学生身心的健康发展

第三节 慕课在国内外的发展状况

自以 Coursera、edX、Udacity 为代表的慕课平台成立以来,慕课迅速成为全球,特别是高等教育领域关注的热点,并迅速发展起来。世界上许多国家政府、教育机构、社会团体都重视并加大了对慕课开发与应用的支持,从建设和研究层面积极地推动慕课的发展。

当前各国对慕课的建设主要表现在:一方面积极加入 Coursera、edX 等国际化慕课平台,进行课程开设;另一方面结合本国实际,进行本地化慕课平台建设,如英国的 FutureLearn,澳大利亚的 Open2Study,中国的学堂在线、好大学在线、智慧树、优课,巴西的 Veduca 等等。

在积极推进慕课建设同时,针对慕课的研究项目也在迅速展开,人们在积极探索慕课实施的实际效果,以及其对高等教育中的在线教育、课程教学、教育系统、学习支持等领域的影响。在探索如何发挥在线教学的潜力的过程之中,教学实验和基于实验的研究是一个关键因素。在近两年的发展中,许多慕课平台已经开设了多轮课程,积累并获得了丰富的课程数据和经验,为慕课研究的深入开展奠定了坚实的基础。

一、美国的研究现状

在慕课的发展、建设和研究中,美国和加拿大一直处于领先地位。目前,越来越多的美国大学在 Coursera、edX 以及 Udacity 等平台上开设了课程,美国国家科学基金会(NSF)、比尔及梅琳达·盖茨基金会(简称盖茨基金会)以及越来越多的高等院校和许许多多的研究机构都进行了多项课程应用的研究与分析。

1. 美国国家科学基金会支持的研究项目

随着慕课的发展，2012年以来，美国国家科学基金会资助多个研究项目支持有关慕课的相关科学研究，所资助的主要研究项目有：

（1）项目名称：认识edXMOOC："电路和电子学"如何帮助我们了解慕课的学习经验。该项目资助麻省理工学院与哈佛大学对edX平台上推出的第一门课程"电路和电子学"（Circuits and Electronics, 6.002x）的实施情况进行研究。

（2）项目名称：在慕课中对学生指导、辅导和有引导的同伴交互试验。资助圣何塞州立大学与Udacity合作，对圣何塞州立大学在Udacity平台所开设课程的实施情况进行研究。

（3）项目名称：在慕课平台中理解和设计社群动力学（点对点大学）。资助马里兰大学与P2PU平台合作，研究如何进行在线课程的设计、应用与分析。

（4）项目名称："计算机类慕课的学生学习成效研究"与"慕课学生的成效预测"。这两项课题资助哈佛大学对edX平台的"计算机技术导论"课程的研究。

（5）项目名称：支持基于慕课的STEM，也就是基于科学（Science）、技术（Technology）、工程（Engineering）、数学（Mathematics）的教学研究。该项目包括支持密歇根州立大学探索慕课支持的学习社区，支持伊利诺伊大学香槟分校研究将慕课集成于研究生和专业型STEM计划，支持中佛罗里达大学研究慕课在工程教育中的应用等。

2. 比尔及梅琳达·盖茨基金会支持的研究项目

比尔及梅琳达·盖茨基金会是一个非营利性组织，旨在促进全球卫生和教育领域的平等。2012年以来，盖茨基金会积极促进慕课发展，支持教育机构和学校开展慕课的实践探索与科学研究，所资助的主要研究项目有：

（1）资助MITx进行翻转课堂模式研究。2012年6月，盖茨基金会资助MITx项目，希望能够采用"翻转课堂"的方法，使用MITx的教学录像对低收入家庭学生进行教学。盖茨基金会一直很关心"创新教育传递模式"，希望通过这个项目了解这些学生从MITx教学录像中的学习知识的情况，并探索混合教学环境下支持教师的最佳方式。

（2）支持美国教育委员会（American Councilon Education, ACE）的慕课研究。盖茨基金会资助美国教育委员会进行慕课的学分机制研究，成立了"总统创新实验室"，关注慕课所引发的新的学术和经济模型。

（3）支持伊萨基战略与研究部的慕课研究。资助非营利性研究组织伊萨基战略与研究部与马里兰大学合作，开展有关慕课课程与平台的监测、访问以及分析研究。

（4）资助由阿萨巴斯卡大学牵头的MRI研究计划。慕课研究计划（MOOC

Research Initiative，MRI）由盖茨基金会资助，旨在探索大规模开放在线课程潜力，评估慕课及其对教学、学习和教育的影响。该研究计划由加拿大的阿萨巴斯卡大学领导和管理，在全球公开征集系列研究计划。经过筛选，28个研究计划最终得到了资助。这些研究计划的研究范围涉及慕课研究的众多领域，包括学生体验和产出、学习设计、成本绩效、学习分析以及政策和系统化影响等。

除此之外，盖茨基金会还支持多所商校在Coursera，Udacity等平台进行慕课建设，并支持不同角度的慕课研究。比如，如何使慕课包括更多的基础课程，并使这些课程被更大范围的学习者获取；如何更好地理解慕课的应用情况；如何将慕课应用于课堂教学等。

3. 各高校支持的研究

美国多所高校积极参与并支持本校的慕课建设与研究，一些高校还成立了专门机构，负责慕课建设、合作与研究。比如，哈佛大学专门成立了HarvardX研究所等。各高校对慕课的研究包括：对本校在Coursera，edX等平台上所开设课程的分析，对慕课应用于本校教学体系的研究，慕课应用模式研究等。比如，杜克大学是较早在Coursera上开设课程的美国大学之一，该校的研究人员对他们学校的第一门课程"生物电：量化研究方法"进行了详细的研究分析，并对该校慕课的建设和应用进行了持续的支持与跟踪分析。圣何塞州立大学与Udacity合作，进行了第一个线上课程授予学分的教学实验，并与edX合作开展了翻转课堂的教学实验。

二、加拿大：深度实践，由点及面

加拿大B.C.省在慕课与翻转课堂的实施中有较多早期的探索实践，该省吉隆纳市的噢卡那根中学是该领域的先行者，学校的数学老师格拉哈姆·约翰逊（Graham Johnson）和一位教了20多年书的生物老师卡罗琳·多莉于2011~2012学年，开始让学生尝试慕课学习和翻转课堂，受到了学生和家长的高度欢迎。学生课前自由地学习视频讲解，有准备地上课；课堂上，学生更多地进行探究、手工操作、解决疑难等。学生表示：课前学习微视频，课堂讨论，可以学到更多，也有更多机会得到老师的帮助和指导。

两位老师的尝试得到了同仁的认同，2012年6月，噢卡那根中学举办了一个翻转课堂教学研讨会，本预计有40~50人参加，实际来了100多人，多数是来自噢卡那根附近的老师。会后，很多老师也开始尝试使用翻转课堂。与此同时，该校从事翻转课堂的老师建设了翻转课堂网站http://www.canflip.ca/，让有兴趣的老师一起交流和研讨。

三、欧洲的研究现状

在欧洲，有许多大学也加入了 Coursera、edX 等慕课平台，也有一些大学和组织积极推进本地慕课平台的建设。比如，英国的 FutureLearn，德国的 iVersity，西班牙的 MiriadaX，法国的 FUN 等。

在对慕课平台进行设计开发和积极推进课程建设的同时，欧洲也开始关注对慕课的科学研究。从 2013 年开始，欧洲举办了欧洲慕课峰会。来自欧洲多个国家的高等院校和研究机构参加了首届欧洲慕课峰会。会议提出了慕课在欧洲发展的若干问题，并将在后续每年的慕课峰会上深入研究，包括欧洲大学的慕课发展策略，欧洲慕课平台构建，慕课的评价、学习设计、学习分析等方面内容。

欧洲高校在慕课建设的基础上，也开始对慕课实施进行分析研究。比如，自 2013 年 1 月起，英国爱丁堡大学在 Coursera 平台上先后开设了六门课程。该大学的研究人员对第一轮六门课程的实施情况进行了全面的总结和分析。

四、亚洲的研究现状

在对慕课平台进行建设的同时，亚洲许多国家也开始关注并陆续开展了一些有关慕课的研究工作。中国的清华大学率先成立了大规模在线教育研究中心，对慕课进行专题研究。北京大学、上海交通大学、复旦大学、深圳大学等大学在大力推进课程建设的同时，积极加强教学研究，促进翻转课堂等创新教学模式的实践探索。上海市的九所高校（C9）及部分 985 高校达成一致，在教育部支持下，探讨如何建设中国慕课，如何建立若干高水平在线课程平台，以及如何更好地实现在线优质课程共享，以此来推动中国大学的教学模式改革。中国台湾"教育部"于 2013 年 2 月制订了教育部新一代数位学习计划。配合该计划，成立了"磨课师"分项计划，目标是发展慕课的示范课程，进行高等教育教学范式的移转、联盟合作及人才培训，并试图建立慕课课程的持续运作模式，台湾"清华大学"等高校也在课程开设的基础之上，积极地推进慕课研究。

在慕课应用于基础教育方面，新加坡中小学有着较多的尝试，这与政府的大力推动有着密切关系。早在 1997 年，新加坡教育部就开始致力于技术与教育的结合，并制定出三步走的教育规划"大师蓝图"。目前，"大师蓝图"的第三步（2009～2014）正在进行中，目标在于让学生能迅速转型，成为自主的学习者，翻转课堂学习就是其中一项重要举措。从 2013 年开始到 2018 年止，新加坡政府为基础教育的学生定制了一个"地平线项目"，旨在提升学生的信息素养，翻转课堂也是地平线项目的一个内容。2013年9月25日,新加坡教育部长王瑞杰(Heng Swee Keat)做了一个题为"学生中心、价值驱动的教育:为终身学习奠定宽厚基础"工作报告,报告对信息技术推动翻转课堂教学模式改革给予了充分肯定和认可。

在政府和教育行政部门的大力推动下,慕课学习和翻转课堂模式正在新加坡大中小学被广泛采用。新加坡国立大学附属数理高中(NUS High School of Math and Sciences)是最早从事翻转课堂的学校之一。实施一个学年后调查发现,90%的学生强调,他们非常喜欢翻转课堂这种学习形式,录制的课程对于课前预习和课后复习帮助极大。新加坡裕廊景中学的李嘉昌校长因从事翻转课堂教学模式探索,于2013年获得了教育界的最高荣誉奖"李光耀奖"。另一位在翻转课堂设计和探索方面有较多尝试的英华小学的许上羽校长,获得了"王惠卿博士奖"。

新加坡云锦中学(Spectra Secondary School),全校采用翻转的模式上课。面对家长的担心和疑问,学校先从建立信任文化开始,把平板电脑交给学生。刚开始实施,积极成效就已经突显,如其中一学生所言:"过去我做功课遇到问题时,不知道要找谁帮助。可是在这里,我们的功课是在班上一起讨论并完成的。这就解决了我的难题。"

五、其他相关的研究现状

澳大利亚的昆士兰大学(University of Quensland)和昆士兰州立高中,在翻转课堂的研究和实践方面有着浓厚的兴趣。围绕着"什么是慕课学习和翻转课堂""为什么要采用这种形式""如何开始使用"等问题做了系统研究,如他们指出:翻转课堂的目的,是为了让学生从被动学习转向更主动学习,让学生能够有更多的时间发展其更高级的思维,如布卢姆目标分类学中的分析、综合与评价等。

在昆士兰州的一所州立高中,老师们总结出的翻转课堂优势有:学生提前学习知识;学生反思先学的知识,便于确认课堂上重点学习什么;可以和教师沟通学习进度,以便教师的指导更具针对性;课堂上,通过回答问题发展高级思维,教师引导学生学习,直到学生证明已经掌握了这些概念;学生独立地思考。

与此同时,他们也总结出实施翻转课堂需要注意的方面:学生课前学习时,最好能够得到辅导;清楚阐明课前学习的目标和内容,以便课堂上学得更有意义和价值;课堂上学生有不同的学习任务,因而课堂管理要求更高;对老师的教育素养要求更高,教师需要设计、引导和管理学生的学习。

总体而言,有关慕课的研究,就目前来看,依旧是一个实践先行的领域。相关的慕课建设项目越来越多,越来越多的大学参与进来,而有关慕课的研究才刚刚开始。现有的报道和文献,绝大多数还只是停留在描述和介绍的层面上,基于具体课程的慕课研究开始逐渐增多,尤其是基于具体慕课课程的实证研究才刚刚开始。从方法论角度考虑,目前绝大多数有关慕课的研究可以说是分布于"教育研究的四周期"环节中的第一个阶段,在这个四周期的不断演进过程之中,深层次的、高水平的慕课研究将逐步显现出来。

六、慕课的研究分析

1. 研究内容

通过对上述在慕课实施基础上开展的有关研究进行梳理和分析,对慕课研究中关注的主要研究问题和内容进行总结,不难发现,当前有关慕课的研究主要集中在以下几个方面:

(1)课程研究。

1)课程组件。当前慕课平台的主要课程组件包括短视频、讨论区、作业、考试、课程 Wiki 等。其中,短视频学习、交互式练习、作业考试的自动评分和学习者互评、互动的在线讨论区等,被认为是慕课相对于以往在线课程在教学过程上的优化设计。

在慕课的学习过程中,学习者对各种课程组件的实际使用情况如何?比如,学习者对某种组件使用的频率、偏好、时间情况如何?各种课程组件在学习活动中究竟发挥了怎样的作用?不同组件对学习者的学习行为有何影响?等等。

这些问题需要从慕课实施的数据和学习者调查中去进行分析。在相关研究中,人们已经从慕课的实施中得到了一些研究成果,而这些研究成果对于慕课的课程设计和平台建设具有指导作用。

2)完成率。高辍学率和低完成率,一直是慕课遭受诟病最多的问题之一,也是慕课领域争论较多的问题之一。近年来,已经有不少研究开始关注影响课程完成率的因素分析。根据已有的课程数据及问卷分析,慕课的低完成率可能源于多种因素。其中,修课人数太多以及完成动机欠缺成为最为主要的两大因素。在慕课平台上修课的人,绝大多数已经拥有学位,其选课修读的目的大多是为了补充知识,或是基于自身的兴趣,或是出于工作的需要。因此,慕课学习者完成慕课的动机并不强烈。除此之外,慕课修读人数众多,也在一定程度上导致了慕课的低完成率。

哈佛大学和麻省理工学院的慕课研究报告也指出:"人们通常用于评价慕课的课程完成率指标具有误导性,甚至有时会对正确评估一门课程的影响力和潜力产生反作用,纠结于课程的完成率限制了人们对慕课潜力的想象。一个更好的成功标准可以是：让学生比他们预想中完成更多一点的课程，或者比他们在第一次点击课程视频或论坛的时候所期待的学到的更多知识。"

也有学者指出，慕课的低完成率和高辍学率的评价大多是基于对传统课程和传统学校教育的理解和假设。在传统的学校课堂教学情境中，学习者在选修一门课程的时候，其本身就有了一种契约性质，意味着学习者想要完成这门课程的学习，就必须要通过考核，拿到学分。而在慕课的修读之前及过程中，学习者本身也许并没想要修读完这门课程，而只是想学习和汲取他们自己感兴趣的那一部分内容，或者他们认为对自己正在从事的职业有帮助的那一部分内容。也就是说，在一开始的时候，他们可能就没打算学完这门课程，更没想要获得课程的学分或者证书。

（2）学习者研究

1）学习者特征分析。究竟是什么人在学习慕课？他们为什么会选择和学习这些课程？他们具有哪些特征？

已有研究表明，在传统的学习环境中，影响学习成绩的预测因素包括性别、年龄、家庭环境（如父母受教育程度、城市和边远地区差异）等因素。那么，在慕课的学习过程之中，学习者特征如何影响其慕课学习行为与成绩？对慕课学习者的特征分析包括学习者的年龄、性别、已有学历、选课动机、背景等方面，这些数据一般通过课程问卷调查获取。通过分析，研究者发现了学习者的特征与其在线学习行为和成绩之间的关系。

2）学习者行为分析。在慕课学习过程中，学习者的学习行为被慕课平台所记录。比如，学习者对课程的访问频率，观看视频的时长，参与讨论区的情况，完成作业或者测试的数量与水平。通过学习分析技术，可以对学习者的在线行为数据进行分析，从而探索慕课学习者的学习路径、学习交互等的特点与规律。

3）学习者绩效分析。对学习者的绩效研究主要是为了分析慕课的实施效果。研究者可以从多个方面进行分析。比如，通过慕课考核并获取证书的学习者数量；通过问卷调查获得学习者对课程学习收获的反馈；通过对比慕课与传统课堂，来分析学习者的成绩情况与学习绩效。

（3）应用模式研究

在慕课的应用模式上，研究人员主要是针对学习者的自主学习模式和翻转课堂模式开展了相关研究。哈佛大学等也在探索小规模限制性在线课程（Small Private Online Course，SPOC）应用模式的实施。而小规模限制性在线课程若只是提供给实体课程中的学生注册学习，则往往被认为是翻转课堂的一种变形。

对慕课应用模式的研究既是推动慕课持续发展的关键因素，也是其融入大学课堂教学的一个基础和前提。慕课因其大规模性、开放性、名校名师引领等特点，赢得了全世界教育工作者和教育研究人员的高度关注。但这些特征能否构成推动教育变革和慕课可持续发展的动力，似乎还有待人们的进一步观察。对于教育领域而言，只有在教与学层面的创新，才是慕课作为一种课程模式的最为核心的创新意义。

（4）评价研究

如何评价和衡量慕课教学的效果，是评价分析所要研究的一项重要内容。凯西·桑迪思（Cathy Sandeen）研究了慕课中的学习评价问题。她认为，慕课中的学习评价还面临着诸多的挑战，评价的过程和结果的获得都是慕课评价研究中的难题。因此，各种评价方式都值得去尝试。

在对慕课进行评价研究的过程之中，不同评价主体的关注点不同，评价要素也不同。其中，来自学习者的评价，往往会通过慕课学习中的问卷调查、焦点小组访谈等方法，获取学习者对课程内容、教学设计、课程平台和教师的满意度与评价。

当前，有关教师对慕课的评价主要包括慕课课程实施情况的自我评价、对慕课课程与课堂教学的对比评价、学习者与教师对慕课平台使用情况及用户体验的评价等。

来自教育管理部门的评价是慕课发展不可或缺的重要组成部分。教育管理部门等对慕课的评价则更多的是从更为宏观的角度来进行的。通过评价分析慕课的效果，探索慕课对高校教育教学的影响，探索慕课学分授予机制，以及如何将慕课这种非正式学习课程整合进大学的课程与教学体系之中，等等。

2014年，斯旺（K.Swan）、达伊（S.Day）、鲍格尔（L.Bogle）、博金（T.van Prooyen）提出来一种对慕课教学法进行分类的工具——AMP（Assessing MOOC Pedagogy），即评估慕课教学法。这套工具改编自托马斯·里夫斯（Thomas Reeves）于1996年所开发的用于对网络教学教学法进行分类的工具。斯旺等人将托马斯·里夫斯原来的14个评价维度改为10个维度，并且把评分范围从1到10改为1到5。尽管该工具的名称为"评估慕课教学法"，但是其主要功能是对慕课教学法进行分类。它可以被用来总结、归纳慕课的教学法，分析不同的教学法与学生参与度以及学习效果之间的关系，因此，对于慕课评价研究具有非常重要的参考价值。整体而言，对于慕课的评价，目前还没有一套相对来说比较完善的评价体系。构建慕课评价体系，在未来，将会是非常值得关注的一个重要的内容。

（5）平台研究

在最近一些年，慕课平台不断涌现，有关慕课平台的研究也成为慕课研究中的一大亮点。Coursera、edX、Udacity等慕课平台为慕课的课程设计、开发、教学组织和在线学习提供了在线学习环境。依托这些平台，课程提供者和教学团队也开展了许多卓有成效的在线学习支持服务。

在已有的一些慕课实施过程中，慕课教学团队，尤其是许多慕课教师，结合慕课平台的实际应用情况，对慕课平台提出了许多改进意见和建议。慕课平台究竟如何完善、高效地支持学习者和教师的网上学习和教学活动？慕课平台如何支持高效的、数据驱动的学习分析研究？这些问题成为慕课教学团队和慕课学习者共同关注的关键问题之一。

随着慕课的开展，慕课运营商也在根据教师、学习者和应用情况的反馈信息进一步开展课程平台的研究。清华大学计算机科学与技术系教师团队、约旦基金会等，都基于 OpenEDx 开放平台，翻译、修订、推出了自己的慕课平台。上海交通大学团队、英国的 Futurelearn、上海智慧树、深圳大学牵头地方成立的地方优课联盟（UOOC）也都纷纷推出了自己的课程平台。拥有大量课程资源的爱课程网与网易公司的网易云课堂平台强强联合，推出了中国大学 MOOC 平台。不同慕课平台的比较分析、基于慕课教学法的平台优化、基于慕课学习的教育大数据和学习分析研究开始成为慕课平台研究的难点和热点。

2. 慕课研究方法

随着慕课的蓬勃发展，慕课研究开始不断涌现。而慕课研究当前面临两大挑战：一是研究方法的调整；二是在慕课研究的特殊需求压力下研究方法与途径的演变。就目前的慕课研究实践而言，对慕课的研究中，针对不同的研究议题、问题和内容，当前慕课研究者所采用的研究方法主要包括问卷调查法、焦点小组访谈法、数据分析法、比较研究法等。其中，焦点小组访谈法和问卷调查法主要针对慕课学习者、教师、运营者、管理者等人员进行调查；数据分析法和比较研究法主要针对慕课应用中的数据进行分析。这些研究方法一般综合运用于某项具体研究中。

（1）问卷调查法

对慕课的问卷调查研究，大体上可以分为两类：一类为研究机构或者社会机构广泛发布的问卷。比如，2013年5月，《科学美国人》和《自然》杂志对读者关于慕课和其他数字教育工具的使用经历进行了调查。2013年10月，为了解学习者对慕课的使用情况、认知程度、参与情况等，果壳网 MOOC 学院进行了针对慕课中文用户的大规模问卷调研，该调查也得到了 Coursera 和学堂在线等慕课平台提供的支持。

另一类有关慕课的问卷调查研究是在慕课实施中，教师所设计并发放的问卷调查。通常情况下，大多数慕课实施时在课程前和课程后进行网络问卷调查的时候，大多数学习者也都能够积极地参与。在课程开始前实施的问卷调查大多聚焦于学习者的基本情况、慕课学习目标、选课原因、学习基础等情况；在课程结束后实施的问卷调查则主要针对课程的实施过程、教学内容、学习效果等进行调查。

总体而言，有关慕课的两类问卷调查研究，前者更侧重于宏观议题，因而略显深度；后者聚焦于具体课程，依赖具体平台，略显细碎。将两类问卷调查结合起来，辅以深度访谈和基于慕课平台的数据挖掘和学习分析，将成为慕课研究的一个重要的方向。

（2）焦点小组访谈法

为了研究慕课学习者、教师、运营者对慕课实施和推进过程中的认识、看法和反馈，在一些慕课研究中采用了焦点小组访谈法。

焦点小组访谈法在一名主持人的引导下对相关主题或观念进行深入讨论，核心是使参与者对主题进行充分、详尽的讨论，以获取对相关问题的深度信息。与问答式面谈相比，焦点小组访谈法体现了群体动力的特点，通过互动作用，能够促进更加深入的信息交流。

在美国圣何塞州立大学（SJSU）与Udacity的合作研究中，使用焦点小组访谈法分别对学习者、教师、Udacity在线支持服务者、行政人员进行访谈，深层次地获取各类人员对慕课的理解。

（3）数据分析法

慕课因其学习者人数众多，自然会产生大规模的学习和教学数据，这些海量数据为慕课的学习分析与教育数据挖掘研究提供了基础和条件。

通常，在慕课系统中，学习者的学习行为会被记录下来。比如，当学习者浏览课程视频、参与在线测试、修改课程作业或者在论坛上发表意见和评论的时候，这些数据都会被系统自动保存起来。于是，大规模在线学习的相关数据就汇集成"学习大数据"。

慕课的大规模性使得其课程所获取的学习数据是借助传统课堂教学和网络教学需要若干年才能收集到的。通过追踪数以十万、百万计的慕课学习者在线学习的过程，可以收集并分析海量的学习行为数据，这既有助于检验慕课这种新的教学法，又可用于帮助学习者实现个性化学习，还可以用来提高慕课学习系统的适应性。不仅如此，在慕课的发展过程中，教师和学习者所遇到的问题，也可以从慕课所产生的数据中获得重要的反馈。

在对学习大数据的分析中，通常使用机器学习、数据挖掘、可视化分析等方法和模型，对从慕课中所获得的大规模学习数据进行探索。目前，有关慕课的研究中，对学习数据的分析主要是从描述性角度来进行的，未来研究将会进行更深一步的探索性和推测性分析。

（4）比较研究法

慕课作为一种新型学习方式和教学过程，在衡量分析其教学效果的时候，研究人员通常会使用比较研究法。比如，在有关学分机制、翻转课堂等研究中，研究人员可以通过学习者成绩数据与过去传统课堂学习数据的比较，或通过对慕课学习者学习行为的研究，与同时只进行课堂学习的学生进行比较，分析慕课学习的实际效果。

3. 慕课的研究总结

在探索如何发挥在线教学的潜力中，教学实验和基于实验的研究是一个关键因素。从对慕课的研究分析，我们得到以下的总结与思考：

第一，慕课的建设和研究需要多学科领域的交叉与合作

慕课这种在线教育形式推动了包括教育学、教育技术、教育管理、计算机应用等多个学科的交叉研究，如课程视频、交互设计等需要教育学、心理学理论来指导，大数据环境下的学习分析则需要应用计算机科学的相关技术。同时，远程教育机构和企业等的加入，将进一步融合并拓宽研究与实践的视野。在慕课领域，应当更好地促进多学科研究者之间的相互协作。如何创建有效的合作机制，应用科学的多学科研究方法，设计多学科交叉研究路径，还需要进一步的探索。

第二，学习者分析和课程分析是探索慕课平台大规模自主学习模式的重要内容

慕课以其开放性、优质性等特征推动了全球学习者的大规模参与。那么，学习者是如何使用在线课程开展学习的？对学习者的分析和课程的分析是探索慕课平台大规模自主学习模式和应用机制的重要环节。在当前的研究中，学习者分析和课程分析是每项研究都在关注的问题，也是从微观层面对慕课进行深入理解和分析的必要工作。

对学习者的分析主要从学习者的特征、学习行为和效果等方面展开。学习者的特征，如年龄、性别、学历、选课动机、背景等，如何影响其慕课学习行为与成绩？学习者使用慕课平台的行为有何特点和规律？学习者进行慕课学习的收获和效果如何？这些需要从对课程学习者的调查分析和课程平台的数据分析中获得信息。

对课程的分析，主要是探索各种课程组件的使用情况。在慕课中，短视频学习、在线讨论区、交互式练习、作业考试的自动评分和学习者互评等，被认为是慕课相对于以往在线课程在教学过程上的优化设计。而这些课程组件的实际应用如何，需要从课程平台的使用数据中进行分析。相关研究从慕课的实施中已经获取了一些研究成果，这些研究成果将对慕课建设和课程设计具有非常重要的指导作用。

第三，应用模式的研究是推动慕课持续发展的关键因素

虽然慕课从诞生至今，因其名校引领、开放性、大规模性等特征对教育领域产

生了极大的冲击，但推动慕课持续发展的关键因素还是要进行教与学的研究，探索适合不同教学环境的课程模式。自主学习模式和翻转课堂等混合学习模式是慕课的主要应用模式，慕课平台上的课程都经过严格的审核，课程质量高、课程资源丰富，一方面为学习者的自主学习提供了条件，另一方面也为翻转课堂的设计与实施提供了良好的基础。

在将慕课引入课堂教学时，翻转课堂在实践中被证明是一种有效的混合教学模式。这种"慕课+翻转课堂"的模式也被称为 SPOC（Small Private Online Courses，小规模限制性在线课程），有助于实现更加有深度和个性化的学习，提高学习者的自控性和交流的互动性，促进教与学的质量和效率。

在基于慕课资源的翻转课堂教学中，如何促进线上与线下的学习交流和讨论，如何设计课程学习和在线资料的使用等，是教学设计中需要进一步关注的问题。

第四，cMOOC 仍然是慕课发展过程中重要的课程模式

慕课在发展过程中，包括基于连通主义学习理论的 cMOOC 模式和基于行为主义学习理论的 xMOOC 模式。虽然现在大多数慕课研究是基于 xMOOC 的，但基于连通主义学习理论的 cMOOC 课程模式仍是需要人们深入探索的领域。

cMOOC 课程模式侧重知识的建构与创造，强调创造、自治和社会网络学习，是基于网络的分布式认知过程的创新教学模式；而 xMOOC 课程模式更接近传统教学过程和理念，侧重知识的传播和复制，强调视频、作业和测试等学习方式，引入商业化模式，将在线教育推向更大的范围和领域。

对 cMOOC 领域如何构建有效的、可操作的教学模式和实践模式，还有待更深入的探索。马里兰大学与 P2PU 的合作研究从 cMOOC 课程的教学设计、平台建设、应用分析等方面为 cMOOC 领域提供了有价值的参考和借鉴。

第四节　慕课相关课程模式

在慕课的发展过程中，有基于连通主义学习理论的 cMOOC 和基于行为主义学习理论的 xMOOC 两种不同教学理念和特征的课程模式。

一、cMOOC 课程模式

2008 年，加拿大学者大卫·柯米尔与布莱恩·亚历山大提出慕课概念。同年9月，加拿大学者乔治·西蒙斯和斯蒂芬·唐斯应用该概念开设第一门慕课："连通主

义与关联知识"(Connectivism and Connective Knowledge Online Course, CCKOC)。有 25 名来自曼尼托巴大学的付费学生以及 2300 多名来自世界各地的免费学生在线参与了这门课程的学习。这种慕课类型基于连通主义学习理论，也被称为 cMOOC、并在随后得到逐步推广，如 eduMOOC、MobiMOOC 等。但整体而言，cMOOC 的课程范围基本上还局限于教育学科相关领域。

cMOOC 的理论基础是连通主义学习理论，即知识是网络化连接的，学习是连接专门节点和信息源的过程。西蒙斯指出，cMOOC 的核心包括连通主义、知识建构、师生协同、分布式多空间交互、注重创新、同步与共鸣、学习者自我调节等。cMOOC 将分布于世界各地的授课者和学习者通过某一个共同的话题或主题联系起来，学习者通过交流、协作、构建学习网络以及进行知识学习。

（一）cMOOC 课程模式分析

1. 在 cMOOC 课程模式中，学习者的基本学习活动包括：

（1）浏览课程内容与安排，注册课程。

（2）获取教师在学习网站上提供的各种类型的学习材料。

（3）参加讨论组、在线讲座等活动，参与讨论学习内容，分享个人观点。

（4）制作个人学习资源，如音频、视频等，并且进行分享。

（5）充分利用社会化网络各种工具，如微博、博客、社交网络等，进行学习活动，建立学习网络。

2. cMOOC 课程模式的特征有：

（1）在 cMOOC 中，教师提供的资源是知识探究的出发点，教师的地位和作用与传统课堂教学不同；更多的是扮演课程发起人和协调人的角色，而非课程的主导者。课程组织者设定学习主题，安排专家互动，推荐学习资源，促进分享和协作。

（2）学习者在 cMOOC 中具有较高的自主性，学习依赖于学习者的自我调控。学习者自发地交流、协作、建立连接、构建学习网络。

（3）学习者进行基于多种社交媒体（如讨论组、微博、社会化标签、社交网络等）的互动式学习，通过资源共享与多角度交互，拓展知识的范围。

（4）学习者通过交流、协作、构建学习网络，通过社区内不同认知的交互，进行新的知识的学习。

（二）cMOOC 应用策略与方法

就如何进行 cMOOC 的学习，研究者与实践者们给出了有价值的策略和方法。

1. 柯米尔（2010）提出了成功学习慕课的五个步骤：

（1）确定学习目标（Orient）；

（2）在博客、微博等社交网络上介绍和展示自己（Declare）；
（3）构建个人学习网络（Network）；
（4）参加学习小组和学习社区（Cluster）；
（5）关注个人学习进程和内容（Focus）。

2. 西蒙斯也提出了有效参与 cMOOC 的九个步骤：
（1）确定学习目标。
（2）在社交网络上展示自己。
（3）交互。
（4）构建学习网络。
（5）管理课程资源。
（6）创作与分析。
（7）发现和解决问题。
（8）合理期望。
（9）坚持参与。

3. 克措普洛斯（Koutropoulos）与豪格（Hogue）（2012）认为，成功进行慕课的学习要从课前、课中、课后三个阶段入手。在课前，要通过浏览网站了解课程内容，考虑个人时间安排，熟悉课程中将要用到的学习工具；在课中，要及时进行自我介绍，积极参与课程讨论与交流，学会提出问题，从大规模的信息中过滤有用知识等；在课后，课程结束后仍然继续保持学习者之间的交流。

二、xMOOC 课程模式

（一）xMOOC 课程模式分析

xMOOC 是慕课的一种新型发展模式，以 2012 年发展迅速的 Coursera、Udacity、edX 等为代表。xMOOC 与 cMOOC 都是基于网络的慕课类型，但两者是具有不同应用模式的开放课程。与 cMOOC 相比，xMOOC 更接近于传统教学过程和理念。

1. 一门 xMOOC 一般会在预定的时间开始，为了及时参加课程，学习者需要提前了解课程介绍与课程安排，并进行注册。在学习过程中，也可以根据个人学习情况，退出某门课程的选课。每门课程相对传统教学的学期较短，一般为 10 周左右。慕课平台为课程实施提供了多种课程组件，包括课程视频、讨论区、电子教材、测试等。

2. 课程开始后，教师定期发布课件、作业、授课视频，这些视频不是校内课堂的录像，而是专门为了该 xMOOC 录制的，很多视频会提供多语言字幕（如中文），以方便全球学习者学习，延伸课程的开放程度。

在 xMOOC 中，学习视频一般比较短小，而且在视频中会安排及时的问题与测试。这是为了更好地保证学习效果。由于视频学习是一种单向传递，学习者需要在没有他人监督的条件下，保持对学习内容有足够的关注与交互。通过短片段的视频并辅以及时的问题测试，可以保持学习者注意力的有效集中和对学习内容的理解。同时，这种短视频方式也有助于学习者对学习步调的把握，能够比较方便地定位到自己的学习位置。

3. 课后一般有需要完成的阅读和作业，作业通常会有截止日期，学习者应自觉、按时完成课程作业。作业成绩可以通过在线自动评分、自我评判打分、学习者同伴互评（PeerAssessment）等方式获得评估。

4. 课程会安排小测试和期中、期末考试。学习者应在规定的时间内参加考试，获得考试成绩。学习者被要求遵守诚信守则，诚实而独立地完成学习、作业与考试。edX、Udacity 等主要的 xMOOC 项目也与培生（Pearson）等公司合作，使学习者能在全球分布的培生考试中心参加考试。

5. 课程网站开设有讨论组，学习者可以进行在线学习交流。课程还会组织线下见面会，使学习者进行面对面的交流活动。例如，Coursera 已经在全球 3000 多个城市组织了课程线下见面会，学习者可以根据自己的地域选择加入邻近的线下见面会，进行面对面的学习交流，形成地区性的学习小组。

6. 完成课程并考试合格后，学生可以得到某种证书或者获取学分。

（二）xMOOC 的教学原理

1. 检索性学习与测验。在进行慕课学习，观看视频的过程中，学习者经常会有这样的体验：看着视频就难以持续集中注意力，逐渐开始走神，有时候甚至会停下课程去做其他事情。这样的体验无疑会浪费学习时间，降低学习效果。如何从课程设计上提高学生在线学习的注意力呢？一种有效的方法是检索性学习与检索性测验。因此，慕课教学设计的关键要素之一是广泛使用交互式练习，在视频、测试中提供丰富的互动练习，使学习者可以及时检测学习效果。这是一种检索性练习方式。

检索性练习是一种从短期记忆中回溯信息，以增强长期记忆的行为。研究证明，这有助于增强学习。卡尔 K. 斯帕纳（KarlK.Szpunar）等人研究发现，频繁互动可以避免注意力分散，这是确保学习者持续专注的一种有效手段。例如，在视频中插入暂停，要求学习者回答简单的问题后才得以继续，以确定学习者是否还在认真学习，是否已经充分理解所学的内容。卡尔皮克和罗杰（Karpicke&Roediger，2008）与卡尔皮克和布朗特（Karpicke&Blum，2011）的研究也证明了学习者的"知识检索"和"知识重构"等学习活动的效果甚至优于许多复杂的学习策略。

2. 精熟学习（Mastery Learning）。20世纪70年代，美国心理学家布鲁姆（B.S.Bloom, 1968）针对美国教育制度中只注意培养少数尖子学生，而忽视大多数学生发展的弊端，提出了"精熟学习"的新学习观。他指出，现代教育不能只面对少数学生，而应该面对全体学生，让绝大多数学生都能学好。

精熟学习建立在以下三个基本假设的基础上：第一，几乎所有的学生都能掌握某一学科的学习内容；第二，一些学生比另一些学生需要多花一些时间达到掌握水平；第三，一些学生比另一些学生需要更多的帮助（例如，个别指导或额外的练习等）。因此，精熟学习认为，只要给予足够的学习时间和相应的教学，大多数学生都能够掌握学习内容。该方法将学习内容分成小的单元，学生每次学习一个小的单元并参加单元考试，到以80%-100%的掌握水平通过考试为止，然后才能进入下一个单元的学习。在布鲁姆（1984）的教学研究中，证实了精熟学习的成效相对于传统教学能提升一个标准偏差。一个标准偏差的差异，即指在传统课堂中如果有50%的学生通过评量标准，则通过实施精熟学习能有84%的学生通过评量。

慕课平台课程的嵌入式测验和在线练习的设计理念正是为学习者提供多重知识内容的练习，进行实时与重复的反馈练习。课程会随机派送相关知识主体的不同形式的题目让学习者练习，使学习者有机会反复熟悉相关概念，强化重要概念，实现知识的习得与迁移。

精熟学习通常包括下列组成成分，这些部分在慕课平台也得到了良好的实现和使用：

其一，教学内容被划分成一系列较小的独立单元，每一单元包含有较小量的学习材料。

其二，各单元按一定逻辑序列排序，为后面学习奠定基础的基本概念首先得到学习，较复杂的概念随后进行学习。

其三，在每一单元结束时，通过考试检验掌握水平。在学习者学完一个单元，进入下一个单元前，必须参加有关这个单元内容的考试，以检验是否掌握了该单元的学习内容。

其四，每一单元要有一个具体的、可观察、可测量的单元测验掌握标准。

其五，为需要额外帮助或练习的学习者提供"补救"措施，以使他们掌握知识。有些学习者并非总是能够一次通过测验，对这些需要帮助的学习者，教师要提供更有针对性的教学方法，如不同的学习材料、参考书、学习小组，以及个别指导等。

三、cMOOC 与 xMOOC 的比较

cMOOC 与 xMOOC 两种类型在教学理念上存在不同：cMOOC 侧重于连通主义的知识建构，促进学习者的知识获取与创造；而 xMOOC 则更侧重于传统教学模式，使学生掌握课堂教学内容。在当前慕课的发展过程中，xMOOC 成了主流。

第六章
翻转课堂模式的基本理念

第一节 翻转课堂的兴起与发展

一、什么是翻转课堂

翻转课堂有很多名称，诸如颠倒教室、翻转教学、颠倒课堂、翻转学习等，其实意思都一样。到底什么是翻转课堂呢？这是从英语"Flipped Class Model"翻译过来的术语，一般被称为"翻转课堂教学模式"。

传统课堂教学模式中，教师在课堂上讲课，讲完后布置课后作业，让学生在课外练习。与传统课堂教学模式不同，在翻转课堂教学模式中，教师创建教学视频，

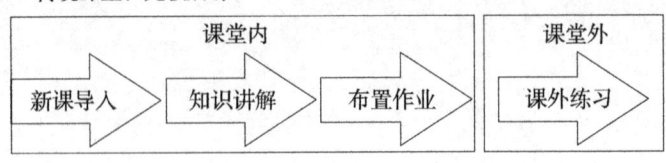

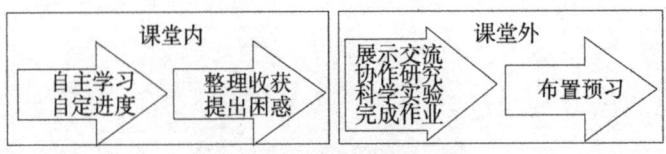

图 6-1 教学结构变化比较图

学生在课外观看视频中教师的讲解，主要在课外完成知识的学习，课堂则变成了教师与学生之间、学生与学生之间互动的场所，课堂上教师主要通过组织答疑解惑、交流讨论、知识运用等活动帮助学生完成知识的习得，从而达到更好的教学效果。通过图 6-1 的教学结构变化比较图能更清晰地看到翻转课堂与传统课堂的区别。

因此，所谓翻转课堂，就是教师创建教学视频，学生可以在课外观看视频中教师的讲解进行学习，回到课堂上与教师、同学面对面交流和完成作业这样一种教学形态。

乔纳森·贝格曼和亚伦·萨姆斯通过下面的问答使我们更加准确地厘清翻转课堂的含义。

1. 翻转课堂不是什么

不是在线视频的代名词。翻转课堂除了教学视频外，还有面对面的互动时间，学生与同学和教师一起发起有意义的学习活动。

不是视频取代教师。

不是在线课程。

不是学生无序学习。

不是让整个班的学生都盯着电脑屏幕。

不是学生在孤立地学习。

2. 翻转课堂是什么

是一种手段，增加学生与教师之间的互动和个性化的接触时间。

是让学生对自己学习负责的环境。

教师是学生身边的"教练"，不是在讲台上的"圣人"。

是混合了直接讲解与建构主义的学习。

是学生缺席课堂，但不被甩在后面。

是课堂的内容得到永久存档，可用于复习或补课。

是所有的学生都积极学习的课堂。

是让所有学生都能得到个性化教育的课堂。

二、翻转课堂的兴起

翻转课堂起源热衷于创新的美国。早期的翻转课堂实践和研究，主要是在高校中进行的。最早开展翻转课堂研究工作的，是哈佛大学的物理教授埃里克·马祖尔。为了让学生的学习更具活力，他在 20 世纪 90 年代创立了同伴教学法（Peer Instruction）。埃里克·马祖尔认为，学习可以分为两个步骤，第一步是知识的传递，第二步是知识的吸收内化。传统的教学重视知识的传递，却往往忽视了知识的吸收内化。实验证明，同伴教学法恰好可以促进知识的吸收内化。在传统的讲授式教学过程中，知识信息的流动是单向的，既缺乏师生之间的互动，又缺乏学生与学生之间的交流。而同伴教学法讲究的是同类人即学生之间的学习互助，马祖尔将此法应用于物理教学，通过小组内学生对物理概念意义的讨论，使学生参与到教学之中，成为积极的思考者，以此促进学生对基本概念的理解以及问题解决能力的提高。随着信息技术的发展，出现了计算机辅助教学形式，知识传递的问题已经很容易解决了，所以马祖尔认为，教师的角色完全可以从演讲者变成教练，从传授者变为指导者，教师的作用在于侧重指导学生的互助学习，促进学生对知识的吸收内化。

2000年，莫林拉赫、格伦·普拉特和迈克尔·特雷格拉发表了论文《颠倒课堂：建立一个包容性学习环境的途径》。文中谈到了美国迈阿密大学在开设"经济学入门"课程时采用翻转教学（当时称为"颠倒教学"或"颠倒课堂"）模式的情况，并着重谈到了如何使用翻转教学激活差异化教学，以适应不同学生的学习风格。不过，文中并未正式引出"翻转教学"和"差异化教学"这些概念。

J·韦斯利·贝克在2000年第十一届大学教与学国际会议上提交了论文《课堂翻转：使用网络课程管理工具（让教师）成为身边的指导者》，文中提出了让教师成为"身边的指导者"，替代以前"讲台上的圣人"，一时之间这成为大学课堂翻转运动的口号。教师使用网络工具和课程管理系统以在线形式呈现教学内容，将其布置给学生学习作为家庭作业，然后在课堂上教师更多地深入参与到学生的主动学习活动和协作中——这便是贝克在论文中提出的"翻转课堂模型"。

2000年秋季学期，威斯康星大学麦迪逊分校在一门计算机课程中进行了翻转教学改革，使用了eTeach软件进行流媒体视频（教师讲解与PPT演示结合的视频）演示，以取代教师的现场讲座。放在网上的讲座视频允许学生在有空并且最细心和注意力最集中的时候观看，同时还允许学生和教授用上课时间解决问题，增加师生之间的互动，极大地提高了课程的应用性、便利性和价值。

2007年，杰里米·斯特雷耶在博士论文《翻转课堂在学习环境中的效果：传统课堂和翻转课堂使用智能辅导系统开展学习活动的比较研究》中论述了翻转课堂在大学的设置情况。作者在自己讲授的统计和微积分课程中，把教学内容录制为视频作为家庭作业分发给学生观看，课堂上再利用在线课程系统Blackboard的交互技术，组织学生参与到项目工作中。杰里米·斯特雷耶在论文中谈到学生们会控制正在观看的视频，因此能保持机敏地接受新信息。

我们可以看出，早期的翻转课堂实践，是在高等教育阶段的某一学科开展的初步尝试,希望借助于视频帮助学生学习知识内容。从另一个侧面来说,早期的翻转课堂实践尝试更多的是一种计算机辅助教学形式。其蕴含着的教育理念——促进学生之间互助互学、增加师生交流互动、促进学生对知识的吸收内化等,和以后发展的翻转课堂的教育理念之间是一脉相承的。

正当这种全新教学模式在大学里不断被创新和实践之时,有一名"业余教师",竟在辅导表妹的数学功课的时候,无意间掀起了一场轰动世界的翻转课堂革命。

三、翻转课堂的发展

2004 年,为了给表妹纳迪亚辅导数学作业,萨尔曼·可汗(Salman Khan)在无意中创建了一种新的教学模式。当年的可汗只有 28 岁,数学是他的强项。他有美国麻省理工学院数学学士、计算机科学和电机工程硕士以及哈佛大学工商管理硕士等学位,毕业后一直在波士顿的一家对冲基金公司担任基金分析师。

在可汗帮表妹解决数学难题的过程中,通过叫作雅虎涂鸦的程序,他们可以看到对方在电脑上所写的内容。他们通过电话交流,制定好学习的课程,决定从令表妹纳迪亚烦恼的单位换算开始辅导。

可汗会编写代码,他列出一些练习题,让纳迪亚在网上练习,以检查她的学习效果。在可汗的帮助下,纳迪亚的数学进步神速。纳迪亚在重新参加的数学摸底考试中取得了优异的成绩。后来,纳迪亚的两个弟弟阿尔曼和阿里也要求可汗做他们的家教辅导。再后来,不少亲戚和朋友听说此事,他们又带来了一些朋友,可汗拥有近 10 名学生。

为了跟踪了解每一个孩子的学习进展情况,萨尔曼·可汗开始将很多概念做成"模块",并建立了数据库。由于雅虎涂鸦无法让很多学习者同时观看,于是可汗开始制作教学视频,并上传到 YouTube 网站给大家共享。可汗制作的视频都很短,只有十分钟左右,包含两个方面的内容——黑板上的草图和画外音,结合起来对一些概念进行讲解。在他发布的视频中,孩子们只能看见可汗的一双手在书写、绘图,听到他的讲解,却看不见他这个人的样子,这样就减少了许多不必要的干扰因素。如果在视频中加入人的面部,学生就很容易分神,无法集中注意力在视频讲授的知识内容上,而是更多倾向于观察讲课教师的特征和面部表情的变化,所以,可汗决定在录制视频时不出镜。

可汗的第一段视频是在 2006 年 11 月 16 日上传到 YouTube 网站的,接下来便一发而不可收。就在他的视频发布不久,在一个有关微积分的视频下开始有人评论:"这是我第一次笑着做导数题。""我也是,我真的是度过了高兴和兴奋的一天。我原来看过矩阵课本，但我更喜欢这里的，好像我学会了武功。"……此后，可汗每天都能收到感谢和鼓励的留言。不到5年，可汗制作教学视频从副业变成了职业，他俨然成了"网络数学教父"。

受到如此好评，于是，可汗于2006年创办了"可汗学院"（Khan Academy）。他又招募了艺术和历史方面的两位讲师。可汗学院的视频数量日益浩大，从数学的基础核心课程，如算数、几何、代数、微积分等，到物理、生物、化学、金融，再到"拿破仑战争""外星人绑架揭秘"……内容非常广泛。如今，可汗正在添加更多领域的教学视频，比如会计、信贷危机、SAT和GMAT考试等。为此他必须先自己掌握这些知识，然后传授给他人。可汗希望以自己的努力来改变人们学习的方式，"让任何人，在任何地方，都得到世界一流的教育"。特别要强调的是，可汗学院的所有视频课程均是免费的，世界各地的人们都可以免费观看，这也正是可汗学院得到广泛支持的关键所在，是它打败传统教育机构的独门法宝。可汗学院的使命，就是让地球上的任何人都能随时随地享受世界一流的免费教育。

可汗成为美国业余教育的精英，受到人们的热捧。2011年3月，可汗在加州长滩举行的TED2011大会上应邀发表演讲，全体听众起立鼓掌。比尔·盖茨当场上台，就可汗的项目与之交流。可汗的免费网站得到了越来越多科技领袖们的财力支持，这成为它发展壮大的坚强后盾。如今，可汗学院的教学已经通过网络走进世界各地的实体教室。在一些地方，它甚至已经取代了教科书。

2011年11月，加州洛斯拉图斯学区的学校正式与萨尔曼·可汗合作，率先在五年级和七年级引入了可汗学院课程，并在可汗的帮助下开启了一套崭新的教学系统。学生和教师共同使用可汗学院的网站。学生登录网站观看视频并做练习题。教师作为"教练"在后台察看全班学生的学习数据："蓝色"代表这个学生正在学习，"绿色"代表他已经掌握了知识点，"红色"代表他的学习存在问题。教师能通过数据知道学生的真实水平，了解他们每天花多长时间看视频，在什么地方暂停或完全停止观看，以便为学生提供更有效的学习指导。当学生观看视频发现不懂的地方时，学生可以随时发邮件提出问题，可汗学院会在线回答问题，每秒钟可以回答15个问题。可汗还在网站上设计了一种基于自动生成问题的Java软件：只有当学生全部答对1套（10道）题后，Java软件才会提供更高一级的题目；做到某一步，奖励学生一枚勋章。这种"满十分前进"的模式让孩子们能够循序渐进地快乐学习。改进后的练习系统还能生成一个知识地图，帮助学生做出学情分析，并用图表方式反馈给学生，让学生知道自己哪里薄弱、哪里需要进一步学习和改进。卡温顿小学校长埃林·格林说："许多学生都热衷于学习数学，这种现象我以前在学校里从未见过，即使在初中也很罕见。他们很投入，很兴奋，真是令人激动。视频课程与学生的学习进度完全合拍。"

从参与可汗学院教学试点项目的学生中，我们惊喜地看到了成果：学生的学习成绩没有下降，反而有了显著的提升。从学习成果看，与前一年相比，七年级学生的平均分增长了106%，七年级顺利毕业的学生人数增长到了原来的两倍，有的学生成绩等级连跳两级。可汗学院的教学方式也改变了学生的性格，学生更加刻苦努力地学习，开始承担属于自己的学习责任。其他新试点项目也取得了类似的结果。

在美国的其他地方，一些一线教师直接把可汗学院的视频加入到自己的翻转课堂中，省去了自己录制教学视频的技能困扰——毕竟录制高质量的教学视频除了需要熟悉技术操作外，更需要有高超的教学讲解技能。

可汗学院的规模越来越大。截至2014年1月，YouTube上的"可汗学院频道"共吸引了163.3万订阅者，观看次数超过3.55亿次。到目前为止，可汗已经制作了4 800段教学视频。所有的这些教学视频是完全免费的。同时，教学视频覆盖的内容非常广泛，从基础数学运算到高等数学中的微积分，从物理到金融再到生物，从化学到法国大革命，各学科知识应有尽有。

可汗的免费在线教学视频迅速推动了翻转课堂的进一步普及。我们可以这样说，翻转课堂是伴随着可汗学院蹿红全世界而被更多教育工作者了解的。现在已经有包括中国在内的越来越多的国家和地区的教师开始了翻转课堂教育教学实践。

第二节　翻转课堂的理论基础

一、翻转课堂的教育理论基础

1. 布卢姆的掌握学习理论

乔纳森·贝格曼和亚伦·萨姆斯在网站上声明，翻转课堂教学模式并非源自新的教育理论，其采用的仍然是我们所熟悉的掌握学习理论。

（1）布卢姆的掌握学习理论的基本含义

布卢姆的掌握学习理论的基本含义是给予学生足够的学习时间和个别帮助以及注意教学的主要变量，学生就能够在掌握一个单元的学习之后顺利进入下一单元的学习，从而达到课程目标。正如布卢姆所说："只要提供适当的先前与现时的条件，几乎所有的人都能学会一个人在世界上所能学会的东西。"掌握学习，即在"所有学生都能学好"的思想指导下，以集体教学（班级授课制）为基础，辅之以经常、及时的反馈，为学生提供所需要的个别化帮助以及所需要的额外学习时间，从而使大多数学生达到课程目标所规定的掌握标准。

"提供了有利的学习条件时，大多数学生在学习能力、学习速度和进一步学习的动机方面变得非常相似。"布卢姆认为，大多数学生都能够进行掌握学习。"在一个掌握学习班上所发生的一切与传统模式有着本质的不同。80%～85%的学生在进行下一步学习之前，都已经达到了掌握的水平，这一比例也不会随着学习任务的增多而下降。"只要给予学生足够的学习时间，在其学习遇到困难时给予个别化的指导，那么几乎所有的学生都能够掌握要学习的内容，完成学习任务，达到学习目标。

掌握学习要求学生能够按照自己的节奏学习课程。学生完成了一个单元的学习后，必须以80%～100%的掌握水平证明他们自己已经学会了内容。证明学生是否已经掌握了学习内容的方法是"退出评估"——包括实验室和书面测试。倘若学生在评估中掌握水平低于85%，他们需要返回再次学习自己理解有偏差的学习内容，并重新进行测试。这样，学生的学习情况是由他们已经掌握的学习内容的多少来决定的。按照布卢姆的看法，在教学中注意影响学习的主要变量，就能够使绝大部分的学生掌握绝大多数的学习内容。

（2）掌握学习理论的核心思想和重要变量

掌握学习理论的核心思想是让每名学生都有足够多的学习时间。卡罗尔认为："一名学生的能力倾向是指其掌握一项学习任务所需要的时间量。"这句话可以概括为一个公式——卡罗尔公式：能力倾向 = f（学习速度）。卡罗尔公式向我们展示了这样的理念：只要有足够多的时间，每名学生都能够掌握一项学习任务。

根据卡罗尔公式，布卢姆建立了他的学习模型：学业达成度 = f（实际学习时间/需要学习时间）。布卢姆认为，实际影响学习的时间量有三个变量：机会，即允许学生学习的时间；毅力，即学生自觉自愿进行学习的时间；能力倾向，即在一般情况下掌握某种学习任务需要花费的时间。布卢姆和卡罗尔都主张，如果有足够多的学习时间，那么绝大多数的学生都能够达到要求掌握的标准。学生自愿投入在学习上的时间受学习态度和学习兴趣的影响。教学的艺术在于让学生花费合适的时间就可以掌握学习内容。

布卢姆认为，在掌握学习过程中，应该注意把握三个重要变量，即学生的认知准备状态（学生为了完成新的学习任务需要具备的知识和技能的水平）、情感准备状态（学生趋向学习的动机强度）、教学质量（教学适合学生的程度）。具体内容如下：首先，学生的认知准备状态方面，需要关注学生进行学习之前已具备的知识和技能水平的差异。其次，学生之前的经历和学生对学习结果的期望都会影响学习任务的完成情况。学生对学习任务所持有的情感状态会决定学生为完成此项学习任务付出的努力多少以及克服困难、学习挫折的程度。学生完成某一学习任务的成败经验会在很大程度上影响学生之后完成类似学习任务的结果。因此，教师应该多给予学生积极的强化，比如多鼓励和表扬学生、给予学生更多展示自我的机会等等。最后，教学质量涵盖教师如何提供学习线索或者指导、学生参与学习的程度、教师如何强化学生学习三个方面。

（3）掌握学习理论的教学要素和教学策略

教学包含线索、参与、强化和反馈——纠正四个基本要素。第一，学习线索指的是需要学生掌握什么和在学习过程中教师需要做哪些具体的指导。由于学生领悟学习线索的能力存在差异，因此教师应该针对不同的学生提供不同类型的线索呈现方式。第二，学生结合教师提供的针对学习线索的学习提示和学习内容，做出相应的反应或者训练。即是说，学生需要积极参与到学习活动中来。第三，强化的类型很多，如物质奖励或者精神鼓励等等。实施强化的主体可以是教师，也可以是同伴，还可以是学生自己。强化的效果也存在着差异。因此，教师在教学过程中可以视具体情况而采取不同的强化方式以达到较高的效果。第四，教师能够适时根据学生的学习情况给予恰当的指导——提供给学生适合的学习线索，给予适当的练习机会，及时做出强化和反馈。这样，学生能够明了自己的学习任务，得到高效的训练强化，知晓自己学习的结果，整个学习过程始终处于一种可监控和调节的张弛有度的状态。

掌握学习理论的教学策略分为三个步骤：说明学习需要的先决条件；制定实施的程序；评价这种策略所产生的结果。教师需要向学生清楚、详细地说明学习目标以及如何确定已经达到掌握标准。布卢姆认为，制定一个绝对的掌握标准，促使大多数学生经过努力之后都能够达到它，而不是制定相对标准来评价学生的学习情况，这样可以促使学生的自我发展和进步。

（4）翻转课堂视域下掌握学习理论的教育意义

首先，布卢姆的掌握学习理论有助于全体学生实现学习目标。掌握学习理论强调面向全体学生，不希望任何一名学生在学习过程中没有完成应完成的学习任务，突出了满足每名学生的学习需要。

其次，掌握学习理论关注学生的个别差异。在制定学习目标时，教师充分考虑学生原本存在的个别差异。教师应为不同的学生选择不同的学习材料，采用不同的教学方法，给予个别化的指导和帮助。

再次，掌握学习理论对学生的心理健康也有促进作用。在掌握学习过程中，教师对每名学生都持有积极的态度，相信每名学生都能够学好。教师对学生的学习能力充满信心，学生也因为教师的期望而获得自信，慢慢激发起学习的内部动机，学习逐渐获得成功。在整个学习过程中，学生对学习内容产生兴趣，享受到学习的快乐，获得学习的成就感和幸福感，学生的自我观念也获得更深层次发展。

最后，掌握学习理论也主张学生之间的相互合作学习以及师生的交流。在掌握学习中，教师与学生之间的交流与讨论增多，师生情感更深；学生之间互帮互助，培养了合作精神，调节了生生关系。

2.建构主义学习理论

从整体上来看，建构主义学习理论树立了以学生为中心的教学理念。

（1）建构主义知识观

建构主义知识观认为，知识不是对现实的纯粹、客观的反映，而是人们对客观现实的一种解释、推测或者假设。知识不是关于问题的最终结论，它会随着人们认识的深入而出现新的解释或者假设。知识是基于某一具体情境而产生的。真正的知识是学习者根据自身的生活经验和实践经历主动在头脑中积极建构的。知识所含有的意义是由个体赋予的。"知识在被个体接受之前，它对个体来说是毫无权威可言的，不能把知识作为预先决定了的东西教给学生，不能用科学家、教师、课本的权威来压服学生，学生对知识的'接受'只能依靠他自己的建构来完成。"因此，知识具有针对性、情境性、个体性、相对性、动态性、发展性等特点。

（2）建构主义学生观

建构主义学生观如下：第一，学生是发展中的人，学生具有很大的发展可能性和潜能。第二，学生是独特的人，拥有自己的独特想法。第三，学生是独立的人，每名学生独立于教师的头脑之外，学习是学生自己的事情；学生是具有主体性的人，具有较强的自学能力。第四，学生是时代中的人，当前学生所处的时代是知识经济和信息化时代，教育理应考虑学生的时代特征和发展新要求。"学习者不是被动地接受信息，而是主动地运用已有知识、经验对新知识、新信息的意义进行建构，这意味着学习是主动的，学习者要主动地对外部信息进行选择和加工，教学应以学习者为中心。"

（3）建构主义学习观

建构主义学习观认为，学习不是由教师把知识简单地传授给学生，而是由学生自己建构知识的过程。学生不是简单、被动地接受信息，而是在教师的指导和帮助下自己主动地建构知识的意义。这种建构是无法由他人来代替的，需要学生亲自完成。学习过程包含两个方面的建构：建构知识的意义和改组原有的经验。皮亚杰认为，儿童的发展是儿童主动建构知识意义的过程。建构主义者更加关心学习者原有的认知结构，认为学习是学习者在自己原有的知识、经验的基础上，对新接触的材料重新认识，整合知识结构，主动建构自己独特的理解。知识实际上不是由他人"教会"而习得的，本质上是学习者本身在头脑中主动地形成自己对于知识的领会，建构属于自己的理解。

（4）建构主义教学观

在教学观上，建构主义者特别强调学习的主动性、社会性和情境性。同时，十分重视合作学习（cooperative learning）。建构主义强调的合作学习与维果斯基强调的社会交往在儿童发展中具有重要作用的思想具有一致性。教学要关注学生原有的知识、经验。教学重视学生对知识内容的个性化理解和独特思考。教学以学习者为中心，强调学习者的主体作用。建构主义者认为，教师是意义建构的帮助者和促进者，而不是知识的提供者和灌输者；学生是学习信息加工的主体，是意义建构的主动者。

（5）建构主义教学模式

建构主义学习理论提倡的学习是在教师指导下的、以学生为中心的学习。建构主义教学模式可以概括为："以学生为中心，在整个教学过程中由教师起组织者、指导者、帮助者和促进者的作用，利用问题情境、协作、会话等学习环境要素充分发挥学生的主动性、积极性和首创精神，最终达到使学生有效地实现对当前所学知识的意义建构的目的。"建构主义学习环境包含情境、协作、会话和意义建构等四大要素。创设的情境必须有利于学习者对所学知识意义的建构。协作贯穿于学习活动的始终，包括师生之间、生生之间的相互合作和协助。对话是学习过程中的基本方式，师生或者生生之间的协作需要通过交流讨论相互沟通思想。意义建构是学习要达到的最终目标。教师要为学生提供解决问题的原型，以促进学生顺利地解决问题；同时还应指导学生进行试探性的探索。教师要提供意义建构所需要的相关材料，同时要给予学生自主建构的充分空间。在教学设计中，建构主义者主张向学生呈现整体性的学习任务，然而整体性学习任务的完成需要完成一系列的子任务。"支架式教学"是一种建构主义教学模式，它是以维果斯基的最近发展区理论为基础的。

（6）翻转课堂视域下建构主义学习理论的教育意义

首先，在教育理念上具有一致性：强调学生的主动性和建构性。建构主义者在吸收维果斯基、认知信息加工学说、皮亚杰、布鲁纳等的思想基础上提出了许多富有创见的教学思想，如强调学习过程中学习者的主动性和建构性。

其次，强调小组合作学习和情境化学习的重要性。建构主义对于学习做了初级学习与高级学习的区分，批评传统教学中把初级学习的教学策略不合理地推及高级学习中；提出合作学习、情境教学等，对深化当前的教育教学改革具有深远的意义。

再次，重视技术在教学中的实际应用。多媒体计算机和网络通信技术可以作为建构主义学习环境下的理想认知工具，这样能有效地促进学生的认知发展，所以随着多媒体计算机和 Internet 网络教育应用的飞速发展，建构主义学习理论正愈来愈显示出其强大的生命力，并在世界范围内日益扩大其影响。

3. 斯金纳的程序教学法

美国著名教育心理学家伯尔赫斯·弗雷德里克·斯金纳根据操作性条件反射和积极强化的理论，对教学进行了改革，设计了教学机器和程序教学法。斯金纳认为，学习过程是一种循序渐进的过程。在学生学习过程中，适时恰当地给予学生强化，会促进学生学习。

（1）程序教学法的基本含义

程序教学法是指依靠教学机器和程序教材呈现学习程序，包括问题的显示、学生的反应和将反应的正误情况反馈给学生等过程，使学生进行个别学习的方法。其基本思想是把学生掌握知识、技能的过程程序化，使学生按程序进行独立的、个性化的学习。在整个学习过程中，教师的作用是处于监督者或者中间人的角色，根据学生学习反应的速度、效率、效果等给予相应的反应。即时强化学生的积极学习行为，使得学生的学习效果能够得到及时的反馈，这样能够加强学生的学习动力。

（2）程序教学法的五大原则

斯金纳的程序教学法包含五个原则：小步子原则、积极反应原则、即时强化原则、自定步调原则、低错误率原则。

第一，小步子原则，即循序渐进原则。将学习内容分割成许多小的学习单位，这些学习单位是相互联系、难度逐级增加的学习内容。学生面对的是一个个难度较小的学习任务，而不是一个很大又很难理解的知识网络。每一个学习单位对于学生来说，通过努力都能够逐步掌握。这样，学生的学习积极性会得到提高。

第二，积极反应原则。教师即时给予学生相应的学习反馈和指导，学生拥有更多的回答问题、交流互动的机会。不再像传统教学模式下那样教师单纯地讲授、学生只是听讲做笔记、师生之间缺乏必要的交流与反馈。

第三，即时强化原则。"斯金纳把他创立的操作性条件反射理论和强化理论应用于学习，强调了强化的作用，在斯金纳看来，学生的行为受行为结果的影响，如果想让学生做出预期的行为反应，那就必须在行为之后进行强化，若是一种行为得不到强化，它就会消失。"教师的奖励和肯定会在一定程度上促进学生的学习积极性。

强化与学习行为之间的间隔时间不宜过长，否则强化效果将会大大降低。

第四，自定步调原则。学生根据自己的实际情况量体裁衣、循序渐进，按照自己的学习效率和能力水平来合理安排自己的学习进度。

第五，低错误率原则。在教学中应由浅入深，由已知到未知，使学生尽可能做出正确反应，将学习的错误率降到最低限度，提高学习效率。

学生自己制定学习计划，在学习每一个小的学习单位时，都能够基本掌握学习内容。因此，学生学会了正确的东西，得到了来自教师的积极强化，从而保持较高的学习兴趣和较强的学习积极性。久而久之，学生会激发出学习的内在动力和潜能，会热爱学习。

（3）程序教学法给予翻转课堂的启示意义

程序教学法思想体现了如何调动学生学习的积极性和主动性并保持学生学习的兴趣，使学生按照自己的步调组织学习。这对于翻转课堂的实施和操作，给予了一定的启示意义。

二、翻转课堂的心理学理论基础

1.维果斯基的最近发展区理论

除了掌握学习理论和建构主义学习理论外，最近发展区理论也是翻转课堂的重要理论基础。学生在家自主观看视频进行学习，并不是所有内容都能看懂，看不懂的记下来，教师在课堂上可以进行集中讲解，这种讲解在学生的最近发展区，能够有效地促进学生向着潜在的发展水平发展，从而减少课堂上的浪费。

（1）最近发展区和最近发展区理论

维果斯基的最近发展区理论认为，学生的发展有两种水平：一种是学生现在已有的发展水平，另一种是学生可能达到的发展水平。这两种水平之间的差距就是最近发展区。按照维果斯基的解释，最近发展区是指"儿童的实际发展水平与潜在发展水平之间的差距。前者由儿童独立解决问题的能力而定，后者则是指在成人的指导下或是与能力较强的同伴合作时，儿童表现出来的解决问题的能力"。最近发展区阐明了儿童在近期内将有可能达到的发展水平，包含着儿童的发展潜能，表明了儿童发展的方向和趋势。

维果斯基认为，教学应该着眼于学生的最近发展区，这样可以发挥教学的积极性作用。教师应该为学生提供带有一定难度的学习内容，以调动学生的学习积极性，发掘其内在潜能，促使其超越自己的最近发展区而达到其有困难发展到的水平，然后在此基础上进行下一个发展区的发展。

（2）最近发展区理论的三层基本含义

最近发展区理论的第一层基本含义是，教学对发展起着积极促进的作用。维果斯基认为，良好的教学应该走在学生发展的前面。维果斯基的最近发展区理论能够指导学生向更高一级的水平发展，有效促进学生的发展，让学生能够"跳一跳，摘桃子"。教学的目的是促使学生的最近发展区转化为学生的现有发展区，由"不能"变为"能"，由"可能"变为"现实"，即立足于学生现有发展水平并突破其限制，循序渐进地推动学生向更高层次发展，追求学生自身发展的最大可能性。

最近发展区理论的第二层基本含义是，儿童是自身发展的主体，儿童需要在社会交往中才能获得发展。儿童是一个独立的社会存在，对自身发展起着主要作用，拥有自我发展的主动权。儿童应勇于承担自己的发展责任。同时，在社会交往互动中，儿童拥有与成人同样的平等地位，能够独立自主地表达自己的思想和情感。我们应该给予儿童表达自我、展示自我的机会。积极主动追求发展加上提供给其平等对话的社会环境，二者形成合力，促进儿童发展，即"主动的儿童与积极的社会环境合作产生发展"。

最近发展区理论的第三层基本含义是，揭示了教学促进儿童发展的条件、途径与机制。首先，教学促进儿童发展的条件是，教学必须走在儿童发展的前面。教师要为学生提供较高层次的、较高难度的学习内容和学习指导。其次，要想教学促进儿童发展得到真正的实现，需要的途径和机制是，教师通过在合作式的解决问题过程中帮助儿童搭建最近发展区，为儿童提供恰当的支持以帮助儿童成功跨越最近发展区，实现其潜在的发展能力转变为现实的真实具备的能力。简而言之，在教学中，教师应帮助学生不断地造就和超越最近发展区。因此，儿童能否跨越最近发展区，往往取决于教师的帮助和支持、教师和学生之间的交流互动的质量高低。

（3）最近发展区理论在教学中的应用

维果斯基的社会文化理论提出一个重要的概念——"搭建脚手架"。"搭建脚手架"，即围绕当前的学习主题，按照儿童"最近发展区"的要求，把复杂的学习任务加以分解，建立概念框架。教师一方面要为学生提供促进其发展的、富有挑战性的学习任务（问题情境），推进学生向更高的智力水平和提出问题的水平发展；另一方面还要在恰当的时机以适宜的方式和方法为学生提供解决这些学习任务的帮助和平台，促使学生发现自身存在的不足，激发出学生解决问题的能力。

为此，第一，建立新型的因材施教观。原有的因材施教观是根据学生现有的发展水平和实际情况，给予学生相应的差异化教育。维果斯基的最近发展区理论要求我们不仅仅局限于关注学生现有的发展水平，还应该为学生提供一个经过努力仍可达到的发展水平，推动学生向前发展，超越目前自身已有的发展水平。即是说，新型的因材施教观既要立足于学生现有发展水平的基础之上，又要为学生创设经过努力可以达到的发展水平；不再囿于学生已有的发展水平，而是追求学生发展的各种可能性。因此，在实际教学活动中，教育者不仅应该明了学生现有的发展水平，而且需要掌握学生的潜在发展水平，并且能够根据学生现有的发展水平与可能达到的潜在发展水平，寻找其最近发展区，把握"教学最佳期"，以引导学生向着潜在的、最高的水平发展，引导学生全面而又超越发展。

第二，鼓励学生在问题解决中学习。在维果斯基看来，在真实的问题解决情境中进行学习能更有效地掌握知识和技能；教学应该为学习者提供问题情境，给予学生更多的思考问题、解决问题的机会。学生在解决问题的过程中成为学习的真正主人，激发好奇心，调动积极性，学会思考，学会探索，学会自我学习，学会通过问题解决来建构知识。美国知名教育心理学家加涅在学习分类中认为，问题解决是最高级的学习活动。

第三，重视交往在教学中的作用。维果斯基的社会文化历史理论提出，儿童在与社会环境（包括成人和同伴）的相互交往中获得社会生存所需要的高级心理智能。建构主义教学流派认为，教学的过程实际上是一种交往的过程。正如尼采所说："一个人总会犯错误的，两个人就开始认识真知了。"交往的双方通过信息的交换和意见的沟通，能够彼此获得提升。德国著名哲学家雅斯贝尔斯认为，在对话中形成真正的交往，同时交往需要双方彼此的理解。在教学中，师生之间、生生之间通过相互交往、互动、交流、沟通，共同完成学习目标。师生之间、生生之间的思想摩擦、碰撞，有助于师生的共同提高与成长。只有在交往中，学生才能感受到自己存在的现实性和知识的真实性。总之，教育的目的必须要通过师生、生生之间的交往实践得以实现。与行为主义者不同的是，维果斯基认为，教学不是单纯的外在知识灌输与被动接受，而是儿童积极主动转化吸收知识的过程。因此，教学需要重视儿童的主动性和发展的独特性，关注儿童发展的心理需求，注意儿童心理发展所需要的中介。学生在交往过程中，能够发现自我，增强主体性，学会与他人交流沟通，学会与他人共处共事，有利于其健康完整的人格的塑造。当前我国开展的素质教育改革非常重视交往在教学中的重要作用。

（4）最近发展区理论在翻转课堂中的重要体现

翻转课堂实施的目的在于促使学生的个性化学习真正实现，发掘学生的潜能和创新能力。翻转课堂专注于学生的个性化发展，注重基于最近发展区理论的新型因材施教观。最近发展区理论着眼于发现学生的最近发展区，帮助学生跨越最近发展区向具有可能性的更高水平发展。除此之外，与传统课堂相比，翻转课堂更加关注每名学生的现有发展水平，制定符合每名学生自身实际情况的学习方案。翻转课堂注重学生的问题意识的培养，让学生学会自主学习，学会发现问题，善于提出问题，体验"发现问题——分析问题——解决问题"的思维过程，锻炼逻辑思维，提升思维品质。翻转课堂也非常关注学生的社会交往能力和自我表达能力的提升。可以说，最近发展区理论强调的教育思想和理念在翻转课堂中得到了充分的体现。

2. 皮亚杰的相互作用理论

皮亚杰的相互作用理论认为，先天的平衡过程是发展的最高原则。平衡过程保证了在"同化"和"顺应"之间保持着相对平衡的状态，使发展具有连续性，使成熟因素和经验及社会影响有机地结合在一起，使个体以确定的步伐和顺序向着更高水平的平衡状态发展。

同化原本是一个生物学概念，指生物体把从外界环境中获取的营养物质转变成自身的组成物质，并且储存能量的变化过程。皮亚杰把这一名词借鉴到心理学中，用于描述"把外界元素整合到一个正在形成或已经形成的结构中"（皮亚杰，B.英海尔德，1980）。顺应是指"同化性的图式或结构受到它所同化的元素的影响而发生的改变"，也就是改变主体动作以适应客观变化，也可以说改变认知结构以处理新的信息。顺应是与同化伴随而行的。当个体不能用原有图式来同化新的刺激时，个体便要对原有图式加以修改或重建，以适应环境，这就是顺应的过程。

在本质上，"同化"指个体对环境的作用，"顺应"指环境对个体的作用。"同化"是认知结构数量的扩充（图式扩充），而"顺应"则是认知结构性质的改变（图式改变）。认知个体（儿童）就是通过"同化"与"顺应"这两种形式来达到与周围环境的平衡的：当儿童能用现有图式去"同化"新信息时，他是处于一种平衡的认知状态；而当现有图式不能"同化"新信息时，平衡即被破坏，而修改或创造新图式（即"顺应"）的过程就是寻找新的平衡的过程。儿童的认知结构就是通过"同化"与"顺应"过程逐步建构起来的，这是皮亚杰建构主义认识论的基本观点。

翻转课堂试图以皮亚杰的相互作用理论为根基，以学生已有的知识水平（即已有的认知结构）为教学前提，通过向学生提供合适的新的学习材料（例如导学案和微课），使学生体验到一种平衡或者不平衡的学习状态；学生为了学习新知识，需要改变自己已有的认知结构（即需要"同化"和"顺应"），尽力达到学习目标（即获得认知结构上的平衡）。

3. 奥苏贝尔的认知同化学习理论

奥苏贝尔创设了"有意义学习理论"，这一学习迁移理论是建立在他的认知同化学习理论基础之上的。"同化"指新旧知识的相互作用。"同化"最初由皮亚杰提出，奥苏贝尔赋予"同化"概念新的内涵，认为学生能否获得新知识，主要取决于学生个体的认知结构中是否已有了有关的概念。奥苏贝尔强调影响学生学习的首要因素是已有的知识。他的《教育心理学：一种认知观》一书中有这样一句代表他的核心思想的话："如果要我只用一句话说明教育心理学的要义，我认为影响学生学习的首要因素，是他的先备知识；研究并了解学生学习新知识之前具有的先备知识，进而配合设计教学，以产生有效的学习，就是教育心理学的任务。"

奥苏贝尔认为，认知结构中对新知识的获得和保持的影响因素主要有三个：认知结构中对新知识起固定作用的旧知识的可利用性；新知识与旧知识之间的可辨别性；认知结构中旧知识的稳定性和清晰性。认知结构中的这三个因素称为认知结构的三个变量。这三个变量影响着新知识的获得和保持，同时也影响着知识学习的迁移。奥苏贝尔认为："有意义学习的心理机制是同化，而同化理论的核心是：学生能否习得新信息，主要取决于他们认知结构中已有的有关概念；有意义学习是通过新信息与学生认知结构中已有的有关概念的相互作用才得以发生的。这种相互作用的结果，导致了新旧知识意义的同化。"总之，我们可以看出奥苏贝尔非常重视学生已有的认知结构。

为了促进学生更好地进行有效的学习迁移，根据认知同化学习理论，奥苏贝尔提出了"先行组织者"（先行材料）这一概念。"先行组织者"就是在向学生传授新知识之前，给学生呈现一个短暂的具有概括性和引导性的说明。

根据奥苏贝尔的学习迁移理论，在翻转课堂实施中，我们试图把握学生已有的知识结构，为学生提供具有引导性的导学案和教学视频，以促进学生搭建起新知识与旧知识之间的内在联系，重新建构新一级的知识结构。为学生提供的具有引导性的导学案和教学视频，在一定程度上起到"先行组织者"的作用，促进学生理解已有知识和新知识存在的内在关联，从而进行有意义学习和高效学习。

第三节　翻转课堂体现的现代教育理念

翻转课堂的核心是教学模式的创新，其实质是教育理念的变革。传统教育理念强调知识传递、以教定学的知识传授模式，而翻转课堂是信息化环境下的强调以问题为中心、以学为主的整合探究模式。

翻转课堂体现的现代教育理念有：注重学生主体性的学生观，学生自主学习、合作学习、探究学习的学习观，新型因材施教、分层教学的教学观，"独立性与依赖性相统一"的心理发展观。

一、翻转课堂的典型范式

仔细梳理一下当今世界上的翻转课堂模式，我们可以大致归纳出以下五种典型范式。

1. 林地公园高中模型

林地公园高中的乔纳森·伯格曼和亚伦·萨姆斯成为K12学校勇敢的先行者，他们率先实践并创立了经典的翻转课堂教学模式：把观看在线教学讲座视频作为家庭作业，把本该是家庭作业的练习题放到课堂上完成。当发现部分学生没有电脑或无法上网时，他们为这部分学生准备了DVD光盘，让学生回家在电视机上观看。而课堂上除了练习外，还加入了探究活动和实验任务。

2. 可汗学院模型

可汗学院与美国加州洛斯拉图斯学区合作，利用其广受欢迎的教学视频和随后开发的课堂练习系统进行翻转课堂实体实践。其最大的亮点是，可汗学院所开发的课堂练习系统能快速捕捉到学生被问题卡住的细节，使教师能及时施以援手；同时还引入了游戏化学习机制，对学业好的学生给予徽章奖励。

3. 河畔联合学区模型

美国加州河畔联合学区的翻转课堂最大的特点是采用了数字化互动教材。这套用于实验的代数互动教材，里面融合了丰富的多媒体材料，包括文本、图片、3D动画和视频等，还结合了笔记、交流与分享功能。与其他地区教师通过自备视频和教学材料实施翻转课堂相比，互动教材更节省教师的时间，更能吸引学生沉浸其中。类似的情况还有KIPP学校。

4. 哈佛大学模型

埃里克·马祖尔博士提出并实践了翻转学习和同伴教学法结合的模式。其要点是：课前学生看视频、听播客、阅读文章，调动自己原有的知识积累来思考问题、做课前准备；然后学生要反映出知识学习过程中遇到的问题，提出不懂的地方；接下来，学生登录到社交网站发布他们的提问，而教师则要对各种问题进行组织整理，有针对性地开发教学设计和课堂学习材料，不再准备学生已经明白的内容。在课堂上，教师采用苏格拉底式教学法教学，学生提出质疑和难点，并相互协作共同回答同伴的质疑或帮助同伴解决难题，教师的作用是聆听对话并为有需要的个人和小组提供帮助。

5. 斯坦福大学模型

斯坦福大学的相关研究人员通过进行翻转课堂实验发现，仅仅把讲座视频搬到网上就跟传统课堂一样乏味。因此，他们设计了在线讲座系统平均每隔15分钟弹出一个小测验的功能，以及时检测学生掌握知识的情况。此外，还在实验中增加了社交媒体的元素，允许学生互相提问。结果显示，在实验中，学生们互相问答的速度非常快。这种"共同学习"的模式非常有效。

二、翻转课堂体现的现代教育理念

根据上述在当今社会中翻转课堂的典型模式，可以看出：

1. 注重学生主体性的学生观

苏联教育家苏霍姆林斯基曾说过："真正的教育是自我教育。"只有个体进行自我教育，真正意义上的教育才能实现。只有个体学会了自我教育，方能体会到自我价值的实现。

学生是自己学习的主人。学生有一定的自我学习能力。学生具有自主学习的可能性和能动性。在翻转课堂教学模式下，学生真正实现了自我掌握学习进度，最大限度地发挥出自己的积极性。不论是学生的自学，还是小组合作学习，每个环节中都充分体现了学生的能动性和主体性。

2. 学生自主学习、合作学习、探究学习的学习观

现代学习观更加注重发展学生的自主学习能力、合作学习能力和探究学习能力。现代学习观认为，学生自身具有自主学习、与他人合作学习、以问题为中心的探究学习的能动性和主体性。

翻转课堂教学模式下，学生很好地实现了自主学习、合作学习、探究学习。例如，山东省昌乐一中的翻转课堂教学模式下，"自学质疑"阶段的"教材自学""微课助学"环节充分展示了学生所具有的较高的自主学习能力；"自学质疑"阶段的"合作互学"环节和"训练展示"阶段的"合作提升"环节，展示了学生通过小组交流讨论进行合作学习；在整个翻转课堂教学模式下，两个学习阶段自始至终充分展示了学生借助问题进行探究学习。

3. 新型因材施教、分层教学的教学观

新型因材施教观以维果斯基的最近发展区理论为基础，它立足于学生的现有发展水平，着重关注学生可能达到的发展水平。新型因材施教观意在促进学生向可能达到的水平发展，发掘出学生发展的潜能。

学生存在着个体差异，拥有不同的发展水平、不同的认知风格、不同的思维方

式等等。这就需要我们在教学过程中关注学生的个体差异，进行分层教学。

翻转课堂教学模式充分体现了新型因材施教、分层教学的教学观。例如，山东省昌乐一中的翻转课堂教学模式下，不论是微课的制作、两种学案的设计，还是"合作互学"和"合作提升"等教学环节，都考虑到了学生的差异性和独特性，有利于学生在现有基础上获得更高层次的发展，有利于探寻学生发展的各种可能性。

4."独立性与依赖性相统一"的心理发展观

由于自身具有的生理和心理特点，学生既具有一定程度的独立性，又具有相对的依赖性。学生的独立性要求在教学中以学生为主体，学生的依赖性要求在教学中以教师为主导。

翻转课堂教学模式综合考虑了学生的独立性和依赖性，体现了"独立性与依赖性相统一"的心理发展观。在教师的启发指导下，学生自主地学习。这样，既充分发挥了教师的主导作用，又体现了学生的主体性。

第四节　翻转课堂在国内外的实践案例

一、翻转课堂在国外的实践案例

翻转课堂的实践风行于K12学校。在K12学校，师生们努力尝试着各种各样的翻转课堂教学模式的变革，涌现出十大精彩案例。

1. 林地公园高中的伟大开端

美国科罗拉州的林地公园高中是K12学校翻转课堂的发源地。大部分翻转课堂的"粉丝"都感谢这所高中的开创性实践。2007年，该校两名化学教师乔纳森·伯格曼和亚伦·萨姆斯为学生录制了在线视频课程，起初的想法只是为那些耽误了上课的学生准备课程讲解，但他们很快就意识到，用视频来复习和加强他们的课堂教学能让所有孩子受益。之后，两人又意识到，也许他们已经"迷迷糊糊"地做了一件伟大的事情——创造了我们现在所说的翻转课堂教学模式。在教学实践中，师生双方都认为，这样的教学实践是综合的翻转课堂的学习方法，而非单独的视频在起作用。伯格曼和萨姆斯觉得这套方法让他们有更多的时间给予学生个别关注，以建立更好、更紧密的师生关系，而这往往可以促进学生形成更好的学习动机。自他们率先开始翻转课堂后，这种方法不胫而走，现在全球已有数以千计的学校在使用。

2. 石桥小学的数学翻转

2011年秋天，美国明尼苏达州斯蒂尔沃特市石桥小学开始了数学翻转课堂试点计划。五、六年级的学生按照自己的学习进度在家中观看10～15分钟的讲课视频，之后接受3～5个问题测验。教师在学校使用Moodle跟踪学生在家学习的过程，看谁看了视频并完成了测验，并及时对测验结果给予反馈，这使得教师可以即时锁定那些学习有困难的学生，以待回到课堂后对他们施以针对性的帮助。这样的翻转课堂，使学生的个性化学习需求得到一定程度的满足，给他们带来了良好的学习体验。

3. 高地村小学的"星巴克教室"

在美国的高地村小学，教师鼓励学生自带技术设备进课堂，包括电子书、平板电脑和智能手机。他们还有自己的"星巴克教室"：传统教室中那一排排整齐的课桌椅不见了，教室里换上了圆桌、舒适的沙发和软垫椅子以及电脑。校长肖纳·米勒说，这样的想法来自学生，学生希望在教室中更加放松地学习，希望拥有类似咖啡馆的氛围。这种新风格的教室是德克萨斯州路易斯维尔学区努力建设面向21世纪的学习环境的一部分。以科技为中心的战略似乎得到了回报，学生们更喜欢在这样宽松的环境中学习，他们的表现变得越来越好。

4. 克林顿戴尔高中的全校翻转

如果有学校能真正展示翻转课堂的成功的话，克林顿戴尔高中算一个。在用两个班经历了两年的翻转课堂实验后，校长格雷格·格林大胆地在全校实现了翻转课堂模式的推广。学生在家看教师录制的5～7分钟的讲解视频，做笔记并写下遇到的问题；在课堂上，教师会重点讲解多数学生有疑惑的概念，并用大部分时间来辅导学生做练习，对学生的作业给予及时反馈。学校还解决了部分学生在家上不了网这个问题，课前课后分别提供一个小时的校园电脑访问网络时间，或在特殊情况下，允许学生使用智能手机观看视频。在实施翻转课堂一年后，学生的学习成绩大幅度提高。165名新生中，只有19%的学生英语不及格，而原来不及格率一直在50%以上；数学课的不及格率从44%降至13%；科学和社会研究课的不及格率也下降了。另外，学生们的挫败感减少，自信心增强，违纪事件大幅下降。曾经，这所底特律的郊区学校是本学区声誉最差的学校之一，现在，该校正发生着巨大的变化。

5. AP（Advanced Placement，即大学预修课程）微积分课堂翻转

在美国马里兰州波托马克市的布里斯学校，史黛丝·罗桑在教授AP微积分课程时，使用平板电脑来录制她的讲解过程，并上传到iTunes，要求学生在家观看；学生如果看不懂就反复观看，还是有疑惑就请教朋友。第二天学生来上课，其主要任务就是弄清问题和完成作业。"我总是告诉他们，首先，最好的选择是你自己解决问

题；如果不能，再向你的学习伙伴请教；最后，你才问我。"史黛丝说，"我的学生告诉我，他们最喜欢的是可以让视频暂停以便做笔记和有机会进行思考，而混淆时还可以倒回来反复看，然后在考试之前，能够重新观看部分重难点视频来复习。"史黛丝还谈道，实行翻转课堂后，她的学生学习更独立，很少焦躁。对于许多学生来讲，最难的部分是应用所学知识来完成习题集，所以她在课堂上讲得很少，更多的时间用来进行"一对一"答疑，辅导学生完成作业。

6. 大急流城高中的 AP 生物学课程翻转

密歇根州的大急流城高中是美国的一所大学预备走读学校。在该校，第一位尝试翻转课堂教学方法的是 AP 生物学教师詹尼斯·霍夫。她发现，翻转课堂给了她更多时间用于与学生做科学实验和互动，而不是像以前那样在课堂上为完成课程进度而忙碌地讲授。她说："学生在家庭作业时间观看教学视频，接着写一个简要的总结，并进入 Google 调查表回答上面的问题。我会读到他们提出的问题，并就他们不懂的地方准备材料，上课时一起讨论，或更好地利用我们在一起的时间完成实验项目。"詹尼斯和其他教师都承认，翻转课堂需要教师投入更多的时间去准备教学；还面临的一个挑战是要学生保持自觉，课前不观看视频的学生将有可能在这种学习模式中迷失。

7. 生活学校有区别的化学翻转教学

德克萨斯州达拉斯地区的生活学校的教师布雷特·威廉有十几年的工作经验。他在不同班级实施有区别的化学翻转教学。布雷特同时任教普通生和优等生的化学课程，他发现翻转课堂让不同层次的学生都能受益，也为教学提供了多种可能性。因此他自己开发教学材料实施化学翻转教学。首先，由于翻转课堂的实施带来了课堂时间的增加，于是布雷特和他的学生们有了大量时间可用于增加课堂活动，如做实验、讨论、互动和进行基于项目的学习等。同时，布雷特也有了更多的时间帮助学生应用化学到现实世界中，以解决日常生活中的化学问题。其次，布雷特还可以利用翻转课堂实现真正的分层次教学。普通生可能在基本技能上需要额外的帮助和花费更多的时间，优等生则需要花额外的时间去实验室活动或进行课堂小组活动。优等生在学习积极性和技能方面都略胜一筹，因此他们需要更快的学习步伐和更多的学习材料。再次，翻转课堂能帮助学生实现个性化学习。布雷特能有效评估每名学生的学习，并针对学生的基础提供相应的自定义课程内容，与学生一起解决问题，发现学生各自的优势，把学生的学习推向更高的水平。布雷特的实验结果基本上是正面的，并在第一年就实现了全部学生的成绩提升。

8. 着重课堂管理技巧的英语翻转课堂

在印第安纳州波利斯市圣托马斯·阿奎纳天主教学校，英语教师卓伊·柯凯隆从其他教师使用翻转课堂的实践中得到了灵感，不过他决定利用技术寻求更多的改变。卓伊录制讲座短片来给学生讲解如何采用正确的语法写作。学生在上课时使用Google文档来写作，在卓伊的帮助下编辑段落、编排格式和解决其他问题。"大多数人把主要精力集中在视频制作上。但实际上，最重要的是在课堂上你如何支配增加的自由时间。"卓伊说。在实验只进行了两个月时，卓伊就已经感觉到学生的学习有了明显的改善。卓伊承认他的第一年实验遇到了一点困难，因为他需要一套新的课堂管理技巧，以及需要更多的时间追踪和帮助学生。卓伊最重要的体验就是"在上课时间我能做到与每个孩子进行'一对一'教学"。

9. 有选择的翻转

雪莱·赖特在加拿大萨斯喀彻温省穆斯乔市的一所高中教英语、科学和技术，她并不认为翻转课堂是现有教育的救星，因为"晚上看讲课视频、白天做作业"这种形式只是传统课堂的重新安排。但她认为，课堂时间的释放在能够正确利用时间的教师手中是一个巨大的机会，这些时间特别适合学生的探究性学习。雪莱不是在她的所有课堂教学中都使用翻转模式，也不是每晚都发给学生视频观看，她更喜欢有选择地进行。"我在学生需要新的信息时才使用翻转模式。"她说。她发给学生的也可能不是讲课视频，而是旨在建立好奇心、启发学生思考的简短片段。

10. 基于 iPad 数字化互动教材的翻转课堂

加州河畔联合学区的翻转课堂最大的特点是采用了基于 iPad 的数字化互动教材。这套用于实验的代数互动教材由专门的教材公司开发，里面融合了丰富的多媒体材料，包括文本、图片、3D动画和视频等，还结合了笔记、交流与分享功能。与其他地区的教师通过自备视频和教学材料实施翻转课堂相比，互动教材更节省教师的时间，更能吸引学生沉浸其中。尽管通过购买互动教材实施翻转课堂需要投入更多的资金，这在经济不景气的时期显得不合时宜，然而实验的成效还是让学区觉得物有所值。统计结果显示：使用互动教材的学生中，有78%的人获得了"优秀"或"良好"排名；而使用传统纸质教材的学生，只有58%的人获得了相似的排名。

二、翻转课堂在国内的实践案例

翻转课堂在美国发展的同时，各方面飞速发展的中国也在探索中引入翻转课堂，并使之开花结果。

（一）重庆市聚奎中学的"云计算"支撑下的"翻转课堂"

随着重庆市江津区"云计算"产业的逐步发展，"云计算"已开始在江津区应用于实践。位于江津区的重庆市聚奎中学在探索中实行的翻转课堂正是其中典型的一例。

2011年，重庆市聚奎中学引入翻转课堂教学模式，它是第一批在中国实施的翻转模型。在每个实验班，每名学生配备一款平板电脑用于从服务器下载教师的教学材料。聚奎中学根据学校实际对教学进行了适当调整，总结出了"三翻""四步""五环""六优"的操作实务，为提高课堂效率、促进学生全面发展打下了坚实基础。

聚奎中学实施翻转课堂始于2011年。2011年9月，聚奎中学高2014级的2个班（11班和12班）开始翻转课堂试点，2个班的129名学生正式开始利用全新的"校园云"教育平台。2012年，高2015级的试点扩大到6个实验班。2013年，高2016级的试点扩大到7个实验班。两年多时间，聚奎中学通过争取上级支持、学校自筹、外拉赞助等途径获得经费100多万元，有力地保障了翻转课堂的实施。2013年7月，聚奎中学的"新课程背景下高中翻转课堂学习研究"课题获得了重庆市人民政府颁发的教育教学成果二等奖。2013年9月，聚奎中学与南京大学博士生导师张宝辉的团队签订了合作研究意向。

聚奎中学在借鉴美国翻转课堂模式的同时，结合本校的"541"高效课堂模式对其进行了改造，探索出了适合聚奎中学实际的"课前四步""课中五环"的翻转课堂基本模式。其中的"课前四步"包括设计导学案、录制教学视频、学生自主学习、制定个别辅导计划；"课中五环"包括合作探究、释疑拓展、练习巩固、自主纠错、反思总结。在实际教学中，教师使用电脑制作导学案、创建教学视频等，随后将这些学习资源上传到"校园云"教育平台；学生们用自己手中的平板电脑下载导学案和教学视频，开始课前学习，并可通过平板电脑登录网络平台完成预习自测题，小组内互助解决个人独立学习时产生的问题，小组内不能解决的问题由组长记录后交给课代表，课代表整理好后上传至服务器；教师再了解预习、学习情况，以此调整课堂教学进度和制订有针对性的课堂教学计划。在这一过程中，传统的"灌输式"教学模式被彻底"翻转"，完成了由"教师灌输——学生接受"到"学生自主学习——发现问题——教师引导解决问题"的转化。聚奎中学"云计算"支撑下的翻转课堂旨趣在于教师少讲学生多学，为教师减负，实现"一对一"的辅导。

（二）山东省昌乐一中的"二段四步十环节"翻转课堂教学模式

2013年9月，山东省昌乐一中开始翻转课堂实验。学校随机确定高一（39）班、高一（40）班、初一（2）班、初一（12）班为翻转课堂实验班级，在所有学科中实施翻转课堂实验。各学科自主实施一周后，学校建立了"翻转课堂周研究课"制度，每个学科轮流上课，实验班所有教师参加听课，课后立即讨论、研究，并逐步形成了具有昌乐一中特色的翻转课堂教学模式，即"二段四步十环节"翻转课堂教学模式。

2013年11月中旬，昌乐一中做出详细的调整规划，第二批实验班开始翻转课堂实验,实验班数目由原来的 4 个增加到 28 个。2014 年 2 月,第三批实验班开始翻转课堂实验,实验班数目增加到 52 个,高一、初一的所有班级进入翻转课堂实验。2014 年 4 月 20 日,第四批实验班开始翻转课堂实验,实验班数目增加到 68 个,初二、初三所有班级进入翻转课堂实验。2014 年 9 月,高二、高三所有班级也全部实施翻转课堂,至此,学校初中、高中所有班级都实施了翻转课堂。

昌乐一中的翻转课堂采用"二段四步十环节"教学模式,并在实施的过程中不断改进,不断优化。截至目前,昌乐一中的翻转课堂已经取得了很好的教学效益,教师的业务水平和学生的学习效率、学习兴趣以及学习成绩都有了明显的提高。

(三)"先学后教、合作学习"的新课改范例

1. 江苏省南京市溧水区东庐中学的"讲学稿"教学模式

从 1999 年起,江苏省南京市溧水区东庐中学尝试进行以"讲学稿"为载体的"教学合一"的教学改革,探索出一条教育理念新、教学方法活、学生负担轻、教学质量高的新生之路。"讲学稿"的设计关注学生学习的全过程,关注学生学习的有效性,关注教师教学的针对性,关注课堂上师生共同成长的互动性。其核心是:根据学生的有效学习需要以及班级授课的特点,设计和组织课堂教学。

东庐中学的教学改革主要分两大块:第一块是改革备课模式,实行以"讲学稿"为载体的课堂教学改革;第二块是改革课外辅导方式,由课外辅导转为课内辅导,不订辅导资料,停止补课,取消竞赛辅导班,实行"周周清"。

"讲学稿"来自新的备课模式,这一模式可以概括为"提前备课,轮流主备,集体研讨,优化学案,师生共用"。主备教师提前一周将"讲学稿"草稿拿出;组长初审后提前两天发给全体组员,提出修改意见;充实后交主管领导审定,制成正式文本;上课前一天将"讲学稿"发给学生,第二天师生共用这一文稿实施课堂教学;课后,教师要在"讲学稿"上填写"课后记",学生填写"学后记",用作下次集中备课交流时的补充。

东庐中学"讲学稿"教学模式的教学程序:先将备课任务按年级分学科分课时分解给各科教师,然后同年级、同学科的教师在查好相关资料的基础上进行集体备课,并由学科带头人把关定稿,形成"讲学稿";在上课前一天把"讲学稿"发给学生,学生按"讲学稿"的要求,在充分预习的基础上尽可能完成"讲学稿"所列练习题;教师收阅(有时学生分三个小组,由组长进行批阅,并把整理情况上报给任课教师),课堂上学生展示"讲学稿"完成情况,师生交流互动,教师进行点拨,答疑解惑,突破难点,归纳规律,进一步纠错并完成"讲学稿"全部内容,对学生掌握的内容教师不再讲;学生存好"讲学稿"以备复习之用。

2. 江苏省泰兴市洋思中学的"先学后教、当堂训练"课堂教学模式

江苏省泰兴市洋思中学的"先学后教、当堂训练"课堂教学模式，首先让学生知道本节课的学习任务，教师针对教学内容进行学习方法上的指导，然后学生自学，之后教师发给学生配套的练习题，由学生在本节课上当堂完成。学生遇到困难时，先和同桌或其他同学相互帮助进行解决。教师当堂批改学生的练习，通过批改能够及时知道学生学习基础知识的基本情况，为后面的教学提供了真实的较完整的第一手资料，教师针对学生学习中出现的共性问题进行有的放矢的指导点评。

洋思中学的"先学后教、当堂训练"课堂教学模式，限制了教师讲课的时间，给予学生更多的学习时间，实现了以学生为主体、教师为主导的启发式教学；学生先自己学习知识，教师再针对学生提出的问题进行系统讲解，对于当堂训练中出现的问题及时给予指导和解决，确保学生把学到的知识及时转化为能力。这样不仅让学生消化巩固了基础知识，更重要的是使学生学会了自主学习的方法，提高了学生的自学能力，且调动了全体学生的思维，较好地提高了学生分析、解决问题的能力。

3. 山东省聊城市杜郎口中学的"三三六"课堂教学模式

山东省聊城市杜郎口中学实施的"三三六"课堂教学模式，主要表现在：课堂学习三特点，自主学习三模块，课堂展示六环节。

课堂学习具有三个特点：立体式、大容量、快节奏。立体式强调的是教学目标是新课程要求的三维立体式的，学习任务落实到每个小组、每名学生身上。大容量是指以教材为基础，课堂活动多元，全体学生参与体验。快节奏是在有限的时间里，紧紧围绕着学习任务安排师生、生生互动，达到预期效果。

自主学习包含三个模块：预习、展示、反馈。预习是教师引导、小组合作进行知识学习。展示是学生根据预习的情况提出问题，进行讨论，发表自己的观点和看法。反馈是让学生总结展示环节中学习到了什么、哪些没有理解，系统梳理本节课的知识结构。

课堂展示部分又包含预习交流、确立目标、分组合作、展示提升、穿插巩固、达标测评等六个小环节。

在杜郎口中学的"三三六"课堂教学模式下，形成了"超市课堂"，学生在教师的引导下进行自主学习和小组合作学习，在合作交流中解决问题、理解知识。学生通过自主学习，学习兴趣得到提升，学会了发现问题；通过小组合作学习中的师生讨论、生生交流，解决了自学中发现的问题。

（四）山西省新绛中学的课堂实验

1. 背景

2011年10月，山西省新绛中学校长宁致义在由21世纪教育研究院、新教育研究院、北京市西部阳光农村发展基金会等多家机构举办的"新课堂、新教育"高峰论坛上介绍了山西省新绛中学的半天授课制。

山西省新绛中学是一所百年老校，是山西省示范高中，但在2004年以后，学校一度遭遇办学危机：周边一批民办学校兴起，学习成绩好或家庭经济条件好的学生都选择到市区和民办学校就读，导致学校生源明显下降，部分教师也辞职到民办学校任教。

校长宁致义认为："生源相同的情况下，教学质量取决于模式；模式相同的情况下，教学质量取决于生源，我们要提高教学质量就必须进行课堂改革。"

同时，宁致义校长尖锐地指出班级授课制的弊端。

弊端之一：班级授课制是在完成教师教的任务，而非完成学生学的任务。

弊端之二：学生是学习的旁观者而不是参与者，教师价值得到实现，而学生个性得到压制，最终使学生厌学。

弊端之三：过去课堂不是素质教育，也不是应试教育，即使是应试教育也应该给学生留出思考时间和做的时间。

弊端之四：择校与生源大战是教育的悲哀。新绛县民办学校竞争激烈，大部分学生被争取过去，同时择校的问题也使宁致义校长没有办法静下心思考正常的教学。

2. 概况

2008年，新绛中学开始实行两种课堂：自主课和展示课，每天上午的五节课为展示课，下午三节和晚上三节为自主课，每节课40分钟。这样一种半天自主课，半天展示课的"半天授课制"把传统教学结构颠倒了，每天下午、晚上学习知识，第二天上午展示课内化知识、拓展能力。

这种做法与翻转课堂惊人地相似，有关学者将新绛中学课改模式称之为"中国式的翻转课堂"。学案课堂就是学生在教师编制学案的引导下，课前就开始真正意义的学习，在课堂上总结展示，形成了新绛特色的问题解决式的学案课堂。

问题解决式学案课堂要求教师事先在课前编制好学案。新绛中学认为，学案是教师为帮助学生自主学习而编写的方案。编写学案是教师要完成的最重要的一件事，也是集体教研要完成的第一件事。新绛中学每周给同科教师安排一天时间集体教研，这一天教师要编出下一周学生用的全部课时学案。学案内容包括：尽可能为学生创设理想的学习情境、学习目标、读书指导及学生要完成的任务。每位教师都有一个体验本，他们要做布置给学生的任务，亲自感受学生的劳动。

学案课堂有四种课型，分别是自主课、展示课、反思课、训练课。

（1）自主课

学生根据学案读书、思考、查资料、同组间交流，完成老师布置的任务，写学习报告。学习报告可称为任务报告，类似于学生们过去的作业，也是为第二天展示学习成果的准备报告。新绛中学的教师会认真验收学生的学习报告。因为，学习报告是学生劳动的成果，如果得不到及时的评价和展示，久而久之学生便会产生失落感，学生的学习兴趣就会逐渐失去。

自主课上，学生们要填写互动卡，互动卡上要写清自己什么还不会、还需要什么帮助、还想知道什么。互动卡可以由单个学生填写，也可以小组为单位填写。教师在自主课上的主要任务是巡视、发现问题，以及对某个小组或个人进行适当的指导，但坚决不能讲课，做到学生不问教师不答。

学校要求教师走下讲台，走到学生中去。下课后，教师要收回互动卡，最迟晚休前要收回。教师认真阅读互动卡，了解学情，有必要的话可以调整教学策略与过程。自主课后、展示课前，教师要验收学生的学习报告。自主课的评价标准是：互动卡填写的质量和学习报告的完成情况。

（2）展示课

展示课是落实教学质量的关键，展示学习成果与问题。展示课上，首先要解决学生写在互动卡上的问题。教师让没有提问题的学生给有问题的学生解答，这样做有一个好处，就是督促那些不提问的学生学习。教师要求学生，不在自主课上发现问题，就要在展示课上解决问题。教师还会让没有问题的小组给有问题的小组解决问题，在学生解决问题的时候，教师并不急于发表自己的观点，而是坚持引导、引导、再引导的策略。

互动卡上的问题解决之后，学生们开始展示。他们在教师的组织下，上台讲解或提出问题，把自己的思路、观点、方法以多种方式展示出来。展示不是简单地回答问题，而是要让学生展现解答问题的过程，展现学生的思维，展示的过程就是实现价值的过程。教师在学生展示时，要认真观察学生的行为，耐心倾听学生的见解，做好记录，学生展示完一个内容后老师要做出合理的点评。当学生表达不出来时，要引导学生把话说出来。他们认为，倾听就表示尊重，没有尊重就没有民主，就容易造成"满堂灌"。

课堂上，教师鼓励学生质疑。这是因为，质疑表示学生在进行积极思维。如果凡事顺从，就不可能主动学习。

学生的展示使课堂生成很多新的问题，对教师形成挑战，同时加速了教师的成长。学校看一节展示课是否成功，有"三看"标准：一看这节课有多少学生展示；二看这节课解决了多少存在的问题；三看这节课新生成多少问题。课堂上新生成的问题五花八门，数不胜数，这些新生成的问题使学生和教师都在课堂上成长起来，真正达到了教学相长。展示课后，接着进行下一个内容的学习，课后没有作业，只有课前的学习报告。

（3）反思课

学生的学习行为在自主课和展示课后并没有结束，学校要求学生每学完一个模块要写一个总结反思报告，学生反思总结，查缺补漏，同时写出自己的感悟和心得；老师验收反思报告，个别指导，同时也要反思课堂教学，总结教学中的得与失，在反思报告展示课上，教师要再引导学生总结规律，达到总结学习方法，提升学习能力的效果。课后教师要写教育备忘录。

反思课不一定是整节课，多为自主安排，除了自主学习课以外的时间和空间，都是师生反思的课堂。

（4）训练课

为了检测学生的水平，学生每学完一个模块，教师就对学生进行一次训练，并对训练情况做一课时的展示。

整个"学案课堂"师生的活动可以用八字方针来概括：编、验、点、导、学、做、展、悟。即编（教师注重科学编写学案）、验（验收学习报告）、点（科学点评展示）、导（引导学生思考）、学（学案引领学习）、做（做好学习报告）、展（课堂尽情展示）、悟（冷静思考感悟）。学案课堂真正将学生变成了学习的主角，学生再也不是学习的旁观者，而是成了学习的主人。

学生们面对课堂改革出现的热情，令校长和教师们都出乎意料，学生们再也不在课堂上打瞌睡、开小差，他们想尽办法要在展示课上将自己的知识、能力、风度展示给同学和老师，学生的学不再是"要我学"，而是无法阻挡、强烈的"我要学"。

新绛中学的学案编写，一般分为四个步骤。

1）确立学习目标。学习目标应该是在了解本课重点、难点和学生学情以及他们知识积累、能力养成方面的基本情况之后确定。

2）规划学习时数。确定学习目标和学习时数，可以让学生做到心中有数。

3）读书指导。要具体指导学生读什么，怎样读。

4）学习任务。这是学案的主要部分，包括阅读内容、思考问题、完成练习等。考虑到学生个性差异的因素，学案一般会提供选做内容，供学有余力的学生自我发展。为保证学案的质量,新绛中学规定了学案编写的流程。学校每周有一个集体教研日,集体教研的主要内容之一就是集体备课、编写学案,同科老师共同研讨编写下周学案,最后经组长审核后交付油印室统一打印,提前发放到学生手中。

在问题解决式课堂环境中,课前师生积极准备,课堂成了学生展示的舞台,成了教师验收、评价、引导的场所。课堂不再是学习的开始阶段,而是学习的提升阶段。

3. 意义

山西省教育厅副厅长张卓玉认为,教育的第一任务是如何使问题解决成为教育的起点。新绛中学把问题解决看作学生真实生活、真实成长的过程。他们认为:问题解决过程天然地将知识、能力、态度培养等教育内容融为一体,不存在三者孰轻孰重或顾此失彼的问题。学生获取知识的轨迹不是学科知识的体系,而是在解决问题的过程中习得了知识,学生的知识结构具有网络性和开放性特点。学生既可能在某个问题解决的过程中对某个领域的知识有更深入的了解,也可能由于问题解决的需要横向辐射。

问题是基本的教育单元,可能来源于校园、社区、家庭,或某一个学术性学科。教育的空间已经超越教室,只要需要和允许,学习场所可能是校园内外任何有助于问题解决的地方。教育基于学生的真实生活、真实问题,又使问题的解决成为学生受教育的过程。

新绛中学的课堂主要分为自主课和展示课。每天上午的五节课为展示课,下午三节和晚上的三节为自主课,每节课40分钟,这种模式被称作"半天展示课,半天自主课"。

实施"每天只上半天课"的教改措施之后,学生素养全面提升,学生快乐健康地成长。到过新绛中学的教育工作者都能感觉到学生们的综合素质,很善于表达交流,很善于与人相处,很善于思考和创新。新绛中学的高考升学率不降反升。由此可见,只要找到符合教育规律的正确方法,操作得当,落实好每个细节,调动一切积极因素,按教育规律和新课程的理念和方法去努力,提高学生的综合素质,教学成绩也必然得到提升。

21世纪教育研究院院长、国家教育咨询委员会委员杨东平考察新绛中学之后说道:"没想到在中部地区的一个小县城里,居然有一所真正把新课改的目标'自主、探究、合作'落实到每节课,落实到每名学生和教师身上的中学,而且是在被视为'改革禁区'的高中。"

新绛中学虽然没有提出"翻转课堂"的术语,但是,他们基于自身发展的需要创意的学案课堂自发地倾向于翻转课堂，在教学结构上与美国的翻转课堂基本一致，证明翻转课堂在中国并不存在水土不服的问题。

（五）深圳市南山实验教育集团的翻转课堂实践

深圳南山实验教育集团是国内较早实施翻转课堂教学实践探索的学校之一。该校于 2012 年 9 月启动了云计算环境下的"翻转课堂"实验。经过一年的探索，深圳市南山实验教育集团提炼出了本校"翻转课堂"教学基本模式——"三步五环节"教学模式，教师可根据课程的需要采用基本式或变式进行教学。

"三步五环节"是指课前三步骤与课中五环节。课前三步骤分别指：学生课前观看微视频，完成进阶练习，进行学情分析；课中五环节分别指：梳理知识，聚焦问题，合作学习，综合训练，评价反馈。

学生在课前学习微视频的教学内容，达到基本学会的程度，学生完成进阶作业，上传至"云端"，学习系统自动分析出学生作业完成的情况。在翻转的课堂上，教师和学生首先进行知识的回顾和梳理，对于没有学会的同学，在老师和同学的帮助下，再次学习相关概念和知识点。接下来，在知识学习的基础上，教师和学生一起提出有关知识理解和知识应用的问题，提出问题后，先让学生合作交流，共同找出解决问题的方案或完成对问题的回答。最后，对未解决的问题，在老师的帮助下解决完成，并对所学内容进行总结和深化应用。

在"三步五环节"教学模式的引导下，不同学科的教师结合教学内容及学生实际情况，灵活运用其中的要素。经过为期两年的探索，翻转课堂教学模式在深圳市南山实验教育集团显现出了如下的积极成效：一是提高了课堂教学的实效。如其老师所言：利用翻转课堂学习平台，老师在课堂重点讲解的正是前一天本班学生出现问题最多的地方，并有针对性地辅导个别孩子学习。问题解决后，学生在网上继续做巩固练习，完成提交后，教师能够及时反馈每个孩子的学习情况，课后不用布置作业。袁朝川老师说："'翻转课堂'可以让我清晰地了解每个孩子在课堂最渴望得到什么，我要做的就是'照单抓药'——不选贵的，只选对的。"开展实验以来，学生不仅没有因为家庭作业少而影响成绩。相反，由于自主学习能力、合作探究能力和学习热情得到了加强，学业成绩也得到了提高。二是让学生自己掌握学习节奏，提高了自学能力。在翻转课堂下，传统课堂回家作业的时间，翻转成了回家根据自己的程度自主学习，提高了学生自主学习实效，培养了学生的自学能力。该集团麒麟中学的杨哲老师对此也深有体会："在翻转课堂的第一节课上，有一个以前从来不肯认真上课的孩子，举手回答对了一个颇有难度的问题，这就是点燃了翻转实验热情的星星之火！"

（六）温州市第二中学的分学科实践探索

面对教育中存在的突出共性问题：班级授课制下难以做到因材施教，以及因低效作业导致的学生课业负担过重等现象，温州市第二中学的校长和老师一直在寻找提升课堂教学效益、提升学生学习效益的突破口。2012年12月，学校领导对"翻转课堂"深入了解后，认为这和学校一直倡导的基于学科特点的高效课堂实践探索相一致，又可以充分利用现代信息技术的优势，弥补传统模式下教师机械批改作业带来的负担，应该是学校课堂教学改革发展的重要趋势。于是，学校全体成员开始了一场翻转课堂之旅。培训教师、添置设备、申报课题、实践尝试等同时跟进，经过一年左右的实践摸索，取得了意想不到的好成效，学生喜欢，家长欢迎。

实践中，温州二中不同学科的教研组，结合本组学科教学的传统与实际需要，总结出了各学科翻转课堂教学的策略，简述如下：

1. 社会思想品德组的翻转实践

课前准备：自学视频，提出问题，把握学情。
课堂教学：问题释疑，知识梳理，巩固内化。
课后延伸：学有余力的学生学习各种资源。

2. 英语语法、阅读和复习课的翻转实践

视频学习，小组合作，互相解惑，教师答疑总结，学生展示。

3. 数学课的翻转实践

课前：导学设计，微课制作，师生互动，学情把握。
课中：知识构建——自学反馈，释疑解惑；
巩固内化——平板检测，当堂作业；
思维提升——方法提炼，拓展提高。
课后：分层任务，拓展补缺，在线答疑。

4. 科学组的翻转实践

课前：自主学习，提出问题，重点讲解，针对练习，问题反馈。
课中：分享收获，释疑解惑，错题纠正，当堂作业，问题促学。
课后：学生根据自身实际完成学科拓展。

5. 语文组的翻转实践

课前：指导学生自学，设计导学案，制作微课，参与师生互动。
课中：引导学生合作，交流自学体验，释疑解难，互助探究研讨。
课后：激励学生拓展，总结学习体验，归纳提升，用于探索新知。

诚如该校杨晓燕校长所言，虽然实践中还有诸多困难要面对，但是翻转课堂的初步尝试确实提升了学生学习的兴趣和自主性，提升了课堂教学的效益，对学生的终身学习和发展肯定是有极大帮助的。学生喜欢，家长欢迎，教师也正在体会着职业带来的幸福。

综上所述，我们可以看出，东庐中学的"讲学稿"教学模式，洋思中学的"先学后教、当堂训练"课堂教学模式，杜郎口中学的"三三六"课堂教学模式，它们都有一个共同点：为最大限度地发挥学生的主动性、调动学生的学习积极性，给予学生更多自己学习、自主探索的时间；教师更多的是帮助引导学生开展学习，使学生由被动学习转变为主动学习；学生在自学之后，通过小组合作学习进一步解决学习中遇到的困难。总体来看，它们更多强调的是学生预习的重要性和小组合作学习的作用。

第七章
翻转课堂下的教学模式变革

第一节 翻转课堂与传统课堂的对接

随着课程改革在全国范围内全面实施，尤其是素质教育全面深入推进，新课程标准要求进一步培养学生的科学素养，满足全体学生的终身发展需要，在课程实施中注重学生的自主学习，在教学方法上提倡多样化。可见，新课程标准对教师提出了更高的要求和期盼。这就要求教师改变教育观念，改进教学方法，转变角色，促使学生由被动学习转变为主动学习。

翻转课堂在美国流行多年，被认为正在打开"未来教育"的曙光。国内多位顶级教育技术领域的专家也极力提倡翻转课堂，探讨研究信息化环境下的翻转课堂教学实践。但是在国内全面实施翻转课堂并取得重大突破的学校却寥寥无几，这不能不引人反思。

一、翻转课堂与传统课堂的教育理念碰撞

（一）翻转课堂难以摆脱"应试教育"枷锁

众所周知，在新课程标准要求下，传统的教学方式已不适应当今课堂。但是面对中考、高考的升学压力，基础教育根本没有挣脱"应试教育"的枷锁。

新课程标准要求学生学会自主预习、自主探究、自主总结，同时形成良好的学习习惯和思维习惯；要在教师的指导下具备自主探究的能力以及体验对科学概念和科学规律的探究过程；要在具体的学习中养成实事求是的求知态度，认识到实验是检验科学真理的方法，具备学好科学文化知识将来为祖国做贡献的崇高理想。而现

实情况是，在课堂教学中，相当多的教师还是以讲授为主，满堂灌地传授知识，不能够充分顾及每名学生的感受和接受能力，使得学生的主体地位缺失。新课程标准所要求的内容很多不能体现在实际课堂教学中，教师的教学思想还是没有得到根本的转变。

许多学生家长过分看重学生的考试成绩，忽视学生综合素质和能力的培养。于是中考、高考成了教学的指挥棒。例如，如果某高中学校有几个学生考上了清华大学、北京大学，那么社会往往就会认为这所高中教学好，而不去关心学校素质教育开展得如何；这所高中下一年的招生情况会更好，得到的扶持力度会更大，占有的教育资源也会更多。这种情况可能导致学校和教师不考虑学生的全面发展和终身发展，一味追求升学率，会造成课堂教学仍以知识传授为重，教学机械化，搞疲劳战术和题海战术，于是使得学生的知识质疑能力和科学探究能力、学习习惯和解决问题的习惯等方面存在很大的缺陷。因此，如果不改变这些传统教学观念和方式，包括翻转课堂在内的任何形式的高效课堂都难以进行到底，新课程标准的要求就难以达到。

（二）翻转课堂要求革除传统教育观念与教学方法上存在的弊端

由于长期受应试教育的影响，很多教师在教育观念、教学方法上均存在着弊端，这不仅不利于教师专业能力的提升和长远发展，而且阻碍了学生全面、健康地发展。这些弊端主要表现在：首先，教师把教学看作达到教育目的的主要手段，教学成为一个控制的过程，成为知识传递的工具，教师只关心达成教育目的的手段的选择，而忽视了对目的本身及教育本质的追问。其次，教师把教学看作教师的"教"与学生的"学"的简单拼合。教师所谓的"教"只不过是把书本上的既定知识传授给学生，是信息的单向传递；学生的"学"只不过是单纯接受教师讲解的知识，学生成为被动接受知识的"容器"。最后，传统教学忽视了学生鲜活的体验，忽视了学生的自主性和能动性，缺乏学生之间的交流与互助。这样，课堂教学就受到了严重影响，教师往往把复杂的教育活动简化为"教书"，似乎把书本上的知识传授给学生就是教育的真谛。这种观念给这些教师带来一种错觉：教师的职责在于"教书"，教得越卖力，对教育事业越忠诚。

基于此，在相当多的传统教学模式下的学校中，依然流行着死记硬背的学习方法和机械灌输的教学方式，阻碍了学生人格的健全发展，使学生成了应试的机器。这样的教育已经与教育最初的目的相背离。

翻转课堂这种新兴的教学模式，首先要求教师改变原来的教育观念。教师是否愿意改变、能否改变，是必须解决的关键问题。这种教学模式还要求教师具有一定的信息技术素养，这样才能录制微课、编辑视频等等，如果想要做得更好，还可以做专题网站、开通博客等等，这无疑要求教师具有更高的教育技术能力。翻转课堂对教师的综合素质要求很高，教师要有海纳百川的胸襟进行自我充实，要有足够的经验和气场把控和调节课堂的节奏和课程的进度，要有足够宽阔的视野来引导学生探索更广阔的世界。

二、翻转课堂与传统课堂的对接

（一）学校作息时间安排问题

翻转课堂教学模式需要学生在课后花较多的时间自主学习，需要学校在教学时间的安排上做出适当调整予以支持。在翻转课堂教学中，教师不应占用学生过多的课余时间，应该让学生有充足的时间自主学习。对于不上晚自习的学校，教师要严格控制作业量，留给学生课后的主要学习任务是观看教学视频和完成具有针对性的练习。对于需要上晚自习的学校，在晚自习的时间教师也不要讲课和布置大量作业，而是让学生完成翻转课堂的前期环节。

（二）学科的适用性问题

目前国外开展翻转课堂教学实验的学科多为理科类课程。理科类课程知识点明确，很多教学内容只需要清楚地讲授一个概念或一个公式或一道例题或一个实验等等，其学科特点便于翻转课堂的实施。而对于文科类课程（如思想政治、历史、语文等），其授课过程往往会涉及多学科的内容，而且需要教师与学生进行思想上的交流、情感上的沟通才能起到良好的教学效果。

那么，如何在文科类课程教学中应用翻转课堂模式？这个问题的解决是对文科教师的一个重大挑战，需要教师提高教学视频的质量，引发学生的深度思考。通过教学视频概括课程中所讲授的基本知识点，阐述相关理论，让学生在课后查阅资料并思考问题，然后在课堂中与教师、同学进行交流探讨，逐步深化理解。举例来说，重庆市聚奎中学在高中语文学科实施了翻转课堂教学，在《短歌行》诗歌鉴赏课中，教师收集了影视作品中的视频片段、名家朗读，制作了针对这一课的导学案，教学视频除了对诗歌内容进行鉴赏，还介绍了曹操招揽、爱惜、尊重人才的一些事例。最终，翻转式教学取得了不错的效果。

因此，对于不同的学科，教师应该采取不同的策略来完成翻转式教学，并根据学生的反馈情况推进教学改革。

（三）教学过程中信息技术的支持

翻转课堂的实施需要信息技术的支持。从教师制作教学视频、学生在家观看教学视频，到个性化与协作化学习环境的构建，都需要计算机多媒体技术的支持。网络宽带和网络速度问题是制约我国众多学校开展在线教学的因素之一。在实施翻转课堂教学时，学校要通过各种途径解决这一问题，例如：配置高性能服务器，增大网络带宽的接入量，有条件的学校实现校园 WiFi 无死角覆盖等。学生在课后是需要通过电脑和网络进行学习的，对于一些缺乏硬件条件的学生，学校应该提供相应的设备支持，例如：学校机房应在课外时间仍对学生开放，做到让学生在校园内随时可以进行网络学习。

教学视频制作的质量对学生的课后学习效果有着重要的影响。从前期的拍摄到后期的剪辑需要有专业人士的技术支持，不同学科的视频设计也应有不同的风格。实施翻转课堂教学实验的学校需要给授课教师提供技术上的支持，并且从视频的设计到制作到发布要形成流程，为后续教学视频的制作提供经验。

此外，决定翻转课堂成功与否的一个重要因素是师生、生生之间的交流程度。利用信息技术为学生构建个性化与协作化的学习环境至关重要，其中涉及网络教学平台的支持。通过平台学生可以根据自己的学习能力和需求定制学习计划，教师可以根据学生的反馈设计不同的教学策略。

（四）对教师专业能力的挑战

在翻转课堂的实施过程中，教学视频录制的质量、对学生进行交流讨论合作学习的指导、课前学习任务的设计、学习时间的安排、课堂活动的设计和组织，这些需要教师来做的事情都对学生的学习效果有着重要的影响。

因此，在实施翻转课堂过程中，要加强对教师的培训。首先是促进教师教育观念的转变和教学理论水平的提升，提高教师的教育专业研究能力，从而促使教师能够在教学中贯彻以学生为中心的教育理念，关注学生的个体差异，给予学生个性化指导。其次是加强对教师信息技术素质的培训，使教师在视频录制技术人员的帮助下，能够录制情感丰富、生动活泼的教学视频，避免呆板、单调的讲述。教师在网络教学平台中要引导学生积极地进行交流。通过基于问题、项目的探究式学习，调动学生的积极性、探究性。课堂活动也需要教师根据学科特点来设计与组织。

（五）对学生的自主学习能力和信息素养的要求提高

学生在课外观看教学视频后，自己完成课前练习并在互联网上查找资料，总结问题，然后在课堂中与教师、同学进行讨论。这一切安排都是建立在学生具有良好的自主学习能力和信息素养的基础上的。学生只有具备较高的自主学习能力，才能够自己通过教学视频进行课程内容的学习，在课前练习中找到自己的疑问，并合理地安排自己的学习时间。学生只有具备较高的信息素养，才能够在网络中进行资源检索，通过网络教学平台与教师和同学进行沟通交流。因此，在实施翻转课堂的过程中，要注重学生的自主学习能力的培养和信息素养的提升。此外，学生如何有效阅读教材，如何观看微课，如何记笔记、做标注、记反思，如何进行小组合作学习，如何与同伴交流讨论等各方面都需要进行相应的培训和指导。

（六）教学评价方式的改变

以纸质笔试的传统测试方式是无法测试出学生在翻转课堂中的全部学习效果的，因为翻转课堂还涉及学生的合作能力、组织能力、个人时间管理能力、表达能力等。教师必须转变评价方式，构建新的评价体系。在对学生的评价中，多对学生进行过程性和发展性的评价，注重对学生的情感、态度和价值观等方面的评价。当然，评价方式的改变需要学校在政策上的支持。

三、翻转课堂过程中教师角色转变

如果用一句话来描述课堂翻转后教师角色的变化，这句话就是从"站在学生和知识之间"到"走到学生旁边"。

在传统的课堂上，教师站在学生和知识的中间，是知识的传递者。而在翻转的模式下，学生直接学习知识，教师是学生学习知识的帮助者。翻转课堂的模式，强调的是学生自己直接学习知识，不懂或不明白的地方再来问教师或者同伴，如此彰显学生在知识学习中的主体地位和主动性。教师从以往"讲台上的圣人"，转变为走到学生中间，巡视、观察和帮助学生学习，是"学生身边的指导者或辅导者"。

在传统的课堂上，老师对着学生讲述知识，学生回家后独立完成作业，这是几百年来被认为理所当然的教学形式。其背后的假设就是教师是知识的传递者和讲授者，学生需要在老师讲解的过程中才能学到知识。教师的讲授是最为重要的，学生的作业是为了复习与巩固教师在课堂中传授的知识。课堂教学需要以教师的教为主。相对于传统课堂内听讲的过程，学生做作业的过程，是在教师指导下被动学习过程的延续，是为巩固课堂学习而采取的辅助性的教学活动。

而从事翻转课堂研究的先驱亚伦和伯格曼，发现了一个独特的现象，即学生在学习知识的过程中，最需要老师的时候，并不是课堂内老师讲解知识的时候（听知识的讲解可以有很多渠道替代），而是学生做作业遇到难题和困惑的时候。这一教育发现，是有可能颠覆以往教育模式的。课堂内，老师与学生在一起的宝贵时间，究竟是要从事学生最需要教师的学习活动即做作业呢，还是从事其他活动比如知识讲解呢。基于这一教育发现及对学生学习的新认识，这两位化学老师更加坚信翻转课堂教学模式的合理性和重要性。

做作业的过程是学生主动吸收和内化知识的过程，在这个过程中，学生会暴露出各种各样的个性化问题。因而，这是发现学生个性化学习问题和需要、给予学生个性化指导的重要时机。如果学生的作业是在家里完成的，那么遇到困难时只好求助家长或者同学，但并不是所有的家长都能够胜任辅导孩子学习任务的。在传统的模式下，孩子做作业的过程中，是比较难以得到老师个性化帮助和支持的。翻转的课堂则有利于实现这一目标，即教师对学生学习的个性化指导。

翻转模式下，突出强调学生自己对其学习过程和结果负责任，学生是学习的主体。学习是学生自己的事情，只有当学生积极从事学习活动时，真正的学习才会发生。视频录制时，需要教师采用一对一的风格给学生讲解知识；课堂内，教师不再是知识传递者，也不是发号施令者，而是基于课程标准和学生学习实际情况，对未达标的学生给予帮助，保障其学习达到要求即掌握的程度。而对于要求学得更多更好的学生，则提供相应材料，提出更深层次的问题，并且当他们在探究过程中遇到困难时，进行应有的指导和辅导。

诚如翻转课堂的发起者亚伦所言："翻转课堂最大的好处之一，就是全面提升了师生间和生生间的交流互动。由于教师的角色已经从内容的呈现者转变为学习的教练，这让我们有时间与学生交谈，回答学生的问题，和学习小组一起讨论，对每名学生的学习进行个别指导。当学生在完成作业时，我们会注意到部分学生为相同的问题所困扰，我们就组织这部分学生成立一个学习小组，给予相应指导。"

四、翻转课堂的教学要求

和西方的翻转课堂教学模式相比，在我国，课堂内教师的指导有所不同，主要体现为，我国教师对学生的指导是基于国家教育方针、基于课程标准的。基础教育阶段学生的学习主要有两种类型：一是基于兴趣导向的学习，即根据学生自身的天赋、爱好和特长，从事自己喜欢的学习项目，学习程度也因人而异；二是基于标准的学习，它根据国家、民族与社会发展对人才的要求确定教育标准，然后再把这一标准转化为各年段课程标准。这一标准是对学生的基本要求，每一位学生学习的活动主要是为了达到标准的要求。相比较而言，传统上，西方比较重视学生基于兴趣的学习，而我国则比较重视基于标准的学习。

因而，在我国的翻转课堂内，在突出学生学习主体地位的同时，教师对学生的指导或辅导，更需参照课程标准（知识与技能、过程与方法、情感态度价值观）的要求，更需要参照往年对学生考试的要求。这样的模式被亚伦和伯格曼称为"课堂翻转的掌握模式"。正如前面所提到的，我国不少学校在翻转自己课堂时，同时使用导学案或任务单，就是这方面的表现。

随着我国基础教育课程改革的发展，我国中小学对学生个性爱好与兴趣特长的发展也给予了越来越多的重视，但国家的教育方针与课程标准依旧是指导我国中小学教育的根本依据。

五、翻转课堂的主要任务

根据当前我国课程教学评价的要求以及学生学习的实际需要，翻转后的课堂内，教师个性化指导的活动，主要有以下几种类型。

（一）巩固强化

在我国基础教育阶段，知识学习的达标是学生学习的重要任务。学生通过视频学习主要帮助自己解决知识的接受和理解。如果在视频学习阶段，学生没有掌握相关知识点，那么在翻转的课堂内，教师的首要任务就是帮助学生理解相关知识，并进行相应的巩固和强化。

当前在不少学校内，发放学习任务单或者导学案，是帮助学生理解和巩固知识的重要举措。在学习任务单上，明确列出学习的目标、学习的线索、为检测知识掌握程度的作业题等。学生看视频时依照学习任务单，看完视频时，需完成学习任务单上列出的作业题，这些作业题有的是选择题，但更多的是批判性思考题，批判性思考题是不便于网上直接用程序来批改的作业类型。上课前，为了解学生学习的情况，教师需要检查学生学习任务单上作业的完成情况，以此决定课堂上巩固强化的时间比例。以往，实时了解学生的学习情况是一项非常困难的任务，如今，在大数据分析技术支持下，这已不是难事。

（二）系统梳理

因为微视频学习的知识相对较为零散，是碎片化的知识，为了让学生形成系统的知识体系，课堂上，需要在老师的帮助下，和学生一起通过回顾的方式，对碎片化的知识进行整理，建构一定的知识体系，帮助学生理解学科（或单元）的全貌。

尤其是在进行了一个单元的微视频学习后，老师帮助学生一起整理本单元的知识图谱或者知识树，是系统整理知识的重要表现。在深刻理解每个知识点内涵的基础上，让学生明确各个知识点之间的相互关系，以及每个知识点在知识图谱中的地位等，这样有助于学生整体把握知识概貌，在自己的头脑中建构起相应的知识结构和脉络，内化所学知识。

（三）拓展加深

对于学有余力的学生，课堂上需要老师为其准备有深度的学习内容和问题，满足其进一步探索新知的欲望。根据国外的实践，为学有余力的同学进行拓展加深，最好是将这些学生分到一个学习小组内，或者是将其分到一个教室内，有针对性地辅导。所以，翻转的课堂就需要和"实时走班"或"及时分组"的教学形式结合起来，随后的章节中会对"及时走班"的制度做详细阐述。

（四）探究创新

探究创新的意识和能力对于学生学习和发展的重要性不言而喻，尤其是在面向不确定的未来社会时，学生的探究创造能力被越来越多地强调。然而，无论是新的项目探究，还是模拟已有的科学推理过程，探究的过程需要时间。传统的课堂上，因为教师讲解知识需要占用相当多的时间，学生的巩固练习也是在课堂内完成，探究的过程往往以"时间不允许"而被搁置，只有偶尔在需要表演的公开课上，会有些许的探究活动，常态的课堂上则较少顾及。

在翻转的课堂内，学生因事先学习了知识，课堂上就有较多的时间用于探究活动。基于特定的问题或任务，无论是同伴之间的交流研讨，还是小组合作完成，都是探究和创造的重要体现。有着研究型学习传统的上海市七宝中学，在开始实施翻转课堂之初就提出了"让探究落实在课堂上"的行动策略。

在翻转的课堂内，因学生事先学习了知识，了解了相关材料和事实，课堂内主要的活动是完成作业、解决问题或从事探究等。因而，相比较传统课堂，翻转的课堂内，学生的活动较多，师生之间、生生之间的交流研讨较多，学生的发言和展示较多；在教师引导下，学生可从事不同的学习活动，课堂氛围比较活跃。这样的课堂，初看会感觉有些乱，不像以往的课堂秩序井然。但是，课堂内，只要学生在从事真正的、积极的学习，只要学生在课堂结束前能够证明自己掌握了所学内容，就是成功的课堂。反而，这看起来有点"乱"的课堂，恰恰是课堂内充满活力的一种表现，是学生真正学习的一种表现。

当然，对于这样有点"乱"的课堂，新任教师会有些紧张，感觉难以驾驭。确实，翻转的课堂管理，对教师提出了更高的要求，要能够引导学生真正学习，对学生的不同问题给予相应的解答或者回应，仅仅要求学生"坐着不动，站起发言"是不够的。

第二节　翻转课堂下的学案编写制度

翻转课堂教学模式较之于传统课堂教学模式有了很大改变。为了保障翻转课堂的教学效益，教学管理必须随之变革。下面从集体备课制度、研究课制度、学案编写制度等方面介绍翻转课堂下的教学管理变革。

一、翻转课堂下的集体备课制度

"一个好汉三个帮。"好的备课当然也需要大家的力量。翻转课堂需要博采众长，依靠集体的智慧使备课没有最好，只有更好。集体备课程序可以这样安排：通研学案和微课设计——小组修改——个人研究——集体讨论——研究课。

（一）通研学案和微课设计

骨干教师针对下周即将使用的学案二稿、微课设计（暑假已集中编写），在充分研究课程标准、教材、考试说明、高考题、学生基础等的基础上，介绍编写思路，并可有针对性地引导新教师对以上内容进行研究，同时将学案修改及微课录制任务分配至各备课小组。

（二）小组修改

各个备课小组（每个年级的各学科备课组分为4个备课小组）将所负责的学案、微课设计采取由新教师到骨干教师的顺序逐人依次修改，录制相关微课，并最晚于集体讨论前一天与本学科全体教师共享。

各个备课小组的不同成员修改时，采用不同颜色的笔标注。各年级的学科备课组加强对各个备课小组修改过程的抽查，避免以个人修改代替小组修改。各个备课小组充分利用小组备课中的修改过程，加强对新教师的培养。

为保证学案的质量，每个学案第二稿修改量不低于1/4，可根据实际对假期已编的学案进行整合。

（三）个人研究

每位教师对小组修改后的学案及录制的微课认真研究，提出自己的问题和建议，以备集体讨论。

每位教师在集体讨论之前，必须对下周要用到的所有学案和微课进行研究，比较小组修改前后的区别，提出进一步修改建议。各年级的学科备课组加强对个人修改的过程督促，避免集体讨论时现看现说，提升集体讨论环节的效益。

（四）集体讨论

各个备课小组采用说课形式，分别介绍学案修改思路并放映微课，针对组内教师提出的问题展开讨论，并及时记录需要修改的内容，完成学案定稿及微课制作。

集体讨论时注意以下几点：

集体讨论要使用多媒体展示，一人说课，其他教师提问，年级包科领导参加并提出指导意见。

集体讨论首先针对学案如何使用进行，重点应放在教学情境设计、问题设计、学生活动设计、例题习题选择上。

集体讨论重在全员参与（人员较多的学科备课组可以以小组为单位提出问题和建议），避免"一人独裁"。

集体讨论要确定好下周研究课的课题、研究主题、授课时间，并通研本周学案的编写思路，分配学案修改任务。

集体讨论环节一般安排在每周下半周进行。

（五）研究课

各学科每周安排一节研究课，进一步落实学案的使用研究。

研究课一般安排在每周上半周进行，其评课过程也是一次针对学案使用的集体讨论过程。

每周五要将本周已经使用的学案、课件汇总上交年级、学校，年级、学校每周抽查修改、使用情况并及时评价。

二、翻转课堂下的研究课制度

翻转课堂下，学校公开课、年级研究课可以按此程序实施：课题选择——课堂观察——观课分析——材料汇编。

1. 课题选择

通过集体讨论，选择本周最难处理的内容作为课题，周五各年级上报教务处。学校公开课一般安排在下周二晚上和下周三，年级研究课由各年级灵活安排，一般安排在下周四以前。

2. 课堂观察

课堂观察又可理解为集体听课，不过，相对于传统的听课方式，课堂观察需要每位听课教师准备观察点，使听课的内容更加量化，使听课的效益最大化。

按照安排表，学校公开课由教务处协调，由各学科教研室主任组织，全校同一学科的教师全部参加；年级研究课由各年级的学科备课组长组织，全年级同一学科的教师及年级包科领导参加。

为保证课堂观察的效益，听课教师提前制定本节课的课堂观察量化表，并尽可能地记录有关数据，充分利用手机等工具采集证据，为评课做好准备。

3. 观课分析

听课后，各学科根据课堂观察记录的数据和课堂上采集的图片材料、录像材料，按照"授课教师说课——随机抽取评课——骨干教师评课——QQ群评课"的方式，立即组织评课。

4. 材料汇编

各级公开课要按照相关要求，注重过程研究，课后将有关材料汇编，上交教务处，教务处定期将材料汇集成系统。

汇编的材料包括教学资源（课程标准、教师分析、学生分析等）、集体备课实录、教学设计、课时学案、课堂录像（光盘）、课堂实录（文字）、教学课件、微课和微课设计、教学反思、学生访谈实录（文字）、课堂评价、二次备课（含修改后的教学设计、课时学案、教案）、课堂精彩片段分析。

三、翻转课堂下的学案编写制度

学案和微课是翻转课堂的两大资源支撑，因此学案的编写非常重要。一份优秀的学案，可以运用具体的可操作化的语言，搭配微课，指导学生高效自学；可以提高设问的技巧，促使学生自觉思考发现问题；可以根据学习目标，针对不同的知识点，提出不同层次的要求，并将训练分层设计，从而兼顾不同水平的学生。那么翻转课堂下的学案编写如何完成呢？

（一）集中编写

集中编写的实施程序：集体确定模式——编写学案目录——小组分散编写——年级把关验收——学校集中修订。

1. 集体确定模式

不同年级的学科备课组长在学期末一起进行学科交流，集思广益，博采众长，共同确定学案的编写模式。

2. 编写学案目录

学科备课组长根据教学内容，对学案编写进行整体规划，确定学案目录。

3. 小组分散编写

根据学案目录，将学案编写任务分到各个备课小组，小组内部根据分配的任务一起编写相关学案。

4. 年级把关验收

年级对各个备课小组的编写任务进行进度调控，保证完成时间，并对完成的学案进行检查，保证学案质量。

5. 学校集中修订

学案初步验收后，由学校组织各学科的骨干教师，对相应科目的学案进行修订，进一步提高学案质量。

（二）分散修订

分散修订是在学案使用之前，采用集体备课的方式对已经集体编写完成的学案进行再修改。此过程不仅能使学案的质量进一步提高，而且给教师提供了相互交流的良机。分散修订的具体程序与集体备课相同，可以参照之前叙述。

第三节 翻转课堂模式在发展中受到的质疑

2013年12月26日，杭州学军中学承办的翻转课堂教学观摩研讨会上，在"智慧课堂·一课三构——翻转课堂的实践探索"活动中，优秀教师展示了9个学科的27堂课。开课的清华大学附中、江苏省天一中学、山东省青岛二中、天津市耀华中学、浙江省嘉兴一中、浙江省宁波市镇海中学等学校，无一不是名校。

这些学校大多属于华东师范大学牵头成立的"C20慕课联盟（高中）"成员。所谓"C20慕课联盟（高中）"，其中的"C"即China（中国），"20"是指20所国内著名高中，"慕课"即大规模公开在线课程的简称。这些学校借助于"慕课"平台，目前大部分在进行翻转课堂的探索。它们全部属于办学条件好的学校。

但是，对于经济欠发达地区的教师和学生来说，他们就不易享受到现代技术发展带来的方便，也就不大可能实施翻转课堂。教育资源配置不均衡的条件下，不是所有的学校、所有的教师都可以用到电脑，而且学生观看微视频所需要的平板电脑，对部分家庭来说也是个不小的负担。

翻转课堂作为一种全新的教学模式，改变着传统课堂教学，更改变着我们的思维方式。国外的实验数据表明，翻转课堂的价值确实很大。但是要将其本土化，我们所面临的问题还很多。目前在我国的基础教育中，大力推进翻转课堂实施的还只是很少一部分学校，翻转课堂在我国还处在起步阶段，有许多问题尚待进一步探讨和解决。

一、翻转课堂对于我国的学生来说是否适用

我国的学生在家庭教育、学校教育中普遍主动性不强，独立思考的能力欠缺，习惯于被动地去接受，学生的个性化特征并不明显。翻转课堂的一个重要功效，就是通过学生的主动学习和独立思考，把课堂变成一个交流和展示的平台，从而增大课堂的信息量，提高课堂教学效率。实施翻转课堂需要解决上述矛盾。

二、人们在思想上能否接受翻转课堂

1. 从学生的角度来说，翻转课堂模式是否真正做到了因材施教？

目前人们对于传统教育的诟病在于，对待不同的孩子搞"一刀切"，不仅在教学上如此，考试时更是如此，这也就使得很多成绩一般的孩子只能在班级中"跟着跑"，而不能根据自己的学习能力和水平定制适合自己的学习计划。翻转课堂虽然将学习的主动权还给了学生，但是我们应该看清目前国内学生的普遍状况：不擅于提问和主动性不强，这两点直接影响了翻转课堂教学的效果。在短时间内，这样的状况是无法根本改变的。

2. 从教师的角度来看，国内的教师是否具备相关的专业素质？

如前所述，在翻转课堂中，教师的角色发生了改变，教师变成了意义建构的促进者和帮助者，而不是知识的提供者和灌输者；是学生"身边的指导者"，而不是"讲台上的圣人"。教师需要设计课前学习任务，录制教学视频，设计课堂活动，观察学生的交流讨论、合作学习并给予指导等等，这些都对教师的专业素质提出了很高的要求。而与学生一样习惯了传统教学模式的教师群体，也难以在短时间内完成自身的转变与提升。

3. 从家长的角度来看，翻转课堂的教学效果如何去量化？

中国的家长普遍"望子成龙""望女成凤"心切。虽然现在年轻的家长对于孩子的教育有了更加新潮的观念和更为开放的思想，但是有一点始终不变，就是如何量化教师的教学效果和学生的学习情况。

以前学校通过考试来给学生排名次、评价教师的教学成绩，但现在的素质教育更看重学生的全面发展。对于翻转课堂来说，要建立配套的评价机制。

三、翻转课堂的内在局限性

翻转课堂的优势在于从"先教后学"转变为"先学后教"，学生从被动学习转变为主动学习。学生可以学习两遍，也就是说，第一遍，带着问题自己学；第二遍，再集中解决重难点问题。这样，学生就有了直接面对新情境、新内容、新问题的机会。只有在学生自学理解的基础上，课堂上师生、生生互动交流才有效，才能培养学生思维的深刻性、批判性，知识才能进入长时记忆。

翻转课堂的局限性包括：新授课、复习课、讲评课等不同课型，教学目标较难定位；受制于学生的学习内驱力，如果没有课前自学，课堂就会成为空中楼阁；课堂起点提高后，不同程度的学生可能拉大差距。此外，学生的自我管理、自我组织等需要更高的学习积极性和较强的自制力,这是学生面对的一大挑战。

第四节 翻转课堂教学模式的价值

国内外在基础教育阶段的不少实践研究表明:慕课和翻转课堂的实践,有下述几项突出的优势:

一、学生学业质量的提升

在翻转课堂的兴起地,美国林地公园高中、克林顿戴尔高中(Clinton Dale High School)以及拜伦高中(Byron High School)等,翻转课堂之所以受到高度关注,是因为该模式提升了学生的学业成绩。拜伦高中通过州数学测试的学生比例,从2006年的29.9%,提高到了2011年的73.8%,ACT的数学平均成绩从21.2进步到24.5。该校因在数学成绩方面的表现,2011年获得了INTEL的"卓越学校奖"大奖,学校也得到了更多的经费。从2010年开始,克林顿戴尔高中在新入学年级中实施翻转课堂的教学模式,一个学年下来,学生英语的不及格率从52%降到了19%,数学的不及格率从44%降到了13%,科学的不及格率从41%降低到了19%。

二、学习动机的增强

从事翻转课堂的老师认为,该模式可以让学生提前学习学科知识,学习过程比较自主,也可以和其他同学交流讨论,更为主要的是,课堂上学生有更多的表现和参与的机会。因而,学生表现出了在课前以及课堂学习的很高的参与度,提升了学生学习的兴趣和动机,相对于传统的教学模式,他们更喜欢翻转的模式。

2012年,翻转学习网站对453个从事慕课和翻转课堂的老师做了一个调查,调查表明:80%的教师认为学生的学习态度更加积极。一位老师说道:"我教数学10年的时间了,从来没有看到过我的学生如此努力地学习过。"美国拜伦高中的调查也表明:95%的学生喜欢事先观看视频,课堂上采用翻转的形式来学习。采用微视频和翻转课堂的形式,学生更多的是积极学习和思考问题,而不是被动地接受。

三、师生关系更为密切

慕课学习和翻转课堂,不是取消教室,更不是视频学习替代教师,它是一种线上和教室内学习相结合的混合学习模式。它对教师的学科素养和教育素养都提出了更高的要求。许多老师反映，相对于传统模式，在翻转课堂的教学模式下，教师更有时间和学生进行一对一的深入指导和交流，教师更加了解学生，师生谈话更具有针对性，师生交往更有意义，生生的交流互动也更多。因而，翻转的模式下，师生关系的改善是一大收获。

对于加拿大教师卡萝琳·多莉（Carolyn Durley）而言，实施慕课与翻转课堂最初动因，就是不想失去原来和学生密切而又友好的关系。多莉说："目前，我有机会和每名学生（班级内有30个学生）进行更有意义的谈话。互动交流更多，交谈更加有意义，氛围更加积极，师生关系更加友好。以往我也想这样做，但是我没有时间。"翻转学习网站对老师的调查也表明：翻转课堂提升了和学生交流的质量和数量。

四、学生学习更加自主

让学生的学习更加自主，让学生为自己的学习负责，既是慕课和翻转课堂教学的核心要素，也是该模式所要达到的最重要的目标。学生自主学习的增强，体现在三个方面：一是学生明确自己学习的目标；二是为达到目标而努力学习，无论是视频学习，还是其他资料的学习，完成作业，向他人求助等都是这方面努力的表现；三是通过适当的方式证明自己达到了学习的目标。如果学生能在这三个方面有所改善，学生的自主学习能力就在增强。从老师和学生的反映来看，从事慕课和翻转课堂形式学习，学生自主学习的能力确实在提升。美国学者汤姆·追斯柯尔（Tom Driscoll）于2012年对实践翻转学习的26位教师的调查表明，他们都认为，翻转模式下，学生的学习更加积极。

新加坡国立大学附属数理高中的老师们认为：实施慕课学习和翻转课堂，对学生而言，有三项最大的益处：一是学生们特别强调翻转课堂可以让学习按照他们自己的进度进行。二是慕课学习是一个很好的复习工具，尤其是对期末考试而言，学生可以自由地重新学习以往的课程。三是让学生灵活运用课堂所学知识。

当然，诚如加拿大老师谈到的，刚开始的时候，学生并不是很快适应这种教学方式，因为学生习惯于在教师的控制下学习，没有自主学习和独立学习的习惯。让学生适应这一学习方式，也需要一定的过程。有的学生一个月就可以适应，有的学生则需要较多的时间来适应。

五、学生的行为表现明显好转

在一些原本比较薄弱的中学，如克林顿戴尔高中，通过慕课和翻转课堂的实施，学生的行为表现得以好转。学校从 2010 年开始实施翻转模式，学生的违纪事件从 2009 年的 736 件，减少到 2010 年的 249 件，2011 年减少到了 187 件，两年之内减少了 74%；家长的投诉从原来的 200 例减少到了只有 7 例。受到这些成效的激励，2011 年的秋天，校长决定全校各班级全面翻转。林地公园高中的实践也证实了这一点，他们的教师说道：课堂上，学生们要么在动手实践，要么在小组内活动，都有事情做，就没有走神的了，因而翻转课堂改善了教室管理。

六、教师工作满意度有效提升

2012 年，美国翻转学习网站对 453 个从事慕课和翻转课堂的老师做的调查表明：在实施慕课和翻转课堂教学的过程中，88% 的老师教学满意度有所提升，其中 46% 的老师有显著提升。99% 的老师回答：明年还会继续采用这种模式。诚如被调查的老师所言："翻转得越多，越想翻转。"加拿大教师多莉认为，视频的讲解，减少了教师课堂上一遍遍的重复讲解，有利于克服教师的职业倦怠。

家校关系更为密切。翻转课堂模式下，学生的视频学习很多时候是在家里完成的。这样，家长就可以更加了解学生整体的学习情况，有时家长也会和学生一起学习视频，一起讨论。已有的实践表明，总体来说，家长是比较支持这种学习模式的。克林顿戴尔高中的校长雷格·格林（Greg Green）说道："我们不仅在教育我们的学生，我们也在教育我们的社区。""学生课前学习视频，课上讨论完成作业，让家长更为直接了解孩子的在校学习。也给了家长积极参与学生教育的机会。并且家长自己也喜欢和孩子一起在网上看视频，当孩子学习遇到困难时，家长可以更有效帮助"。在加拿大噢卡那根（Okanagan Mission Secondary School）中学，家长说道："看到孩子从困惑中走出来，还能够教他的同学，简直太好了。看到他重新获得自信，真有点不可相信。"汤姆·追斯柯尔的调查也表明：80% 的学生认为师生、生生之间有了更密切、更积极的关系；90% 的教师认为师生关系有了积极的改善。

教育变革是一项系统工程，仅仅在某一局部做些变动，其意义将是非常有限的。翻转课堂作为一种新的教育模式，它必然要求包括教学管理在内的教学流程做出相应的变革；它也对教师包括专业素质在内的专业能力提出了新的要求。新的模式呼唤新的生态。

第五节　翻转课堂的发展前景

一、在尊重差异的前提下稳步推进翻转课堂实施

我国地区之间、城乡之间存在着巨大差异。在发达地区，学生可以人手一台平板电脑。而在落后地区，往往一所学校也就只有几台台式电脑甚至没有。这就使得翻转课堂在我国的实施必须采取尊重差异、稳步发展的策略。在教育资源丰富的发达地区，名校名师积极探索翻转课堂教学模式，开发微视频，可以较早地获得翻转课堂实施的经验。而落后地区可以主动吸收这些名校名师的成果，利用好微视频，让学生充分享受优质教育资源。

二、翻转课堂在我国的未来发展方向

回顾历史，班级授课制从最初出现到形成系统理论经历了近150年的探索。1632年，捷克教育家夸美纽斯创作了《大教学论》，这部伟大的著作为班级授课制提供了理论依据。其实，班级授课制顺应了时代发展的要求，班级授课制使"一个先生可以同时教几百个学生"成为可能。

今天，慕课带来的是超时空的变革。慕课的一个最不寻常之处就在于：它以"将世界上最优质的教育资源传播到地球最偏远的角落"为理想，试图让全球所有的学生都能获得全球顶尖明星教师的免费课程。为此，有人甚至夸张地说，慕课使得全球一门学科只需要一个教师。不仅在全球各个角落我们都能享受到优质的教育资源，而且这些资源还是"移动"的，可以走到哪儿学到哪儿，可以反复学，甚至十年、二十年后再学。这就是一个巨大的变革，是继班级授课制以来最大的一次革命，它使教育超越了时空的界限，使得优质教育资源全球共享、全民共享。

运用翻转课堂可以帮助学困生和其他不能到课堂上课的学生。以前学生生病或参加活动不能上课，通常是事后教师给学生补课。翻转课堂教学模式可以让学生利用教学视频在家里、在任何时间学习，节省了教师的补课时间。如果将每一学科的核心内容全部制作成教学视频共享，普通学校的学生也可以获得与重点学校的学生相同的优质教育资源，这将会减少教育的不公平，意义巨大。

翻转课堂在信息革命背景下应运而生，是信息技术推动教育改革的体现。随着翻转课堂理念的传播，越来越多的教师在教学实践中采用翻转课堂教学模式，翻转

课堂教学模式会得到丰富和发展,翻转课堂教学模式下的学科教学研究将会逐步开展,学校管理制度和学生管理制度也会相应得到完善。同时,伴随着信息技术的进一步发展,高新技术应用于教育教学中,必然会推动翻转课堂的进一步优化。

翻转课堂的理念很好,但是无论从实施过程还是从效果来看,我们都不能急功近利,还需要不断地探索,找到一条适合于我们实际情况的道路。前景是光明的,道路是曲折的。但是只要是有益于学生的全面发展的、有助于培养创新型人才的方法都值得尝试。

第八章
移动课堂教学与现代教育系统改变

第一节 移动课堂教学与课堂教学制度的改变

有很多教师常常会问,在大规模学习的情况下,学生之间的差异性真正能得到保障吗?学生课后既要完成回家作业,又要学习微视频,这能真正减轻学生的课业负担吗?诸如此类的问题,是学校在推行翻转课堂时,不得不考虑也不得不认真研究的问题。

实践表明,如果翻转课堂仅仅是加上微视频学习这一环节,而没有在学校教学与管理的整体上加以改革的话,上述问题是有可能存在的。然而,如果学校在顶层上对教学与管理流程重新加以设计,那就有可能取得良好的教育效果。

一、基于数据分析的即时走班

(一) 走班制概述

所谓"走班制"是指学科教师和教室固定,学生根据自己的学力和兴趣愿望,在教师指导下选择适合自身发展的层次班级而上课的一种教学制度。不同层次的班级,其教学内容和程度要求不同,作业和考试的难度也不同。

"走班制"是"选课制"的产物。班级授课制的诞生,大大地提高了教育效率,但是过于统一的教学要求又在很大程度上限制了学生的个性发展,无法顾及学生的个体差异。

1810年,在德国创办的柏林—洪堡大学针对当时的教育时弊提出了"学术自由"的办学原则。"学术自由"事实上又包含着"教学自由",即教师有"教"的自由与学生有"学"的自由。"选课制"就是在这一基础上诞生的。"选课制"满足了学生的兴趣爱好，给了学生以充分的学习自主选择权，体现了学生的主体地位，赢得了学生的普遍欢迎。

"学分制"与"走班制"最初是为配合"选课制"而创设的教学管理制度。之后，它又慢慢地分化出"必修学分"与"选修学分""必修课走班"与"选修课走班"等多样化的形式。

"学分"是用来计算学生学习分量的一种单位。一个学分约等于一名学生在课堂或实验室从事一学时学术工作并且连续一个学期的量。用学分来衡量学生学习的量便是学分制。"走班制"则是在固定班级无法满足学生选课的需要而采取的班级管理制度。它通常采用在固定的时间、固定的教室由教师讲授课程，而学生从四面八方赶来听课学习的班级管理制度。

选课制加上学分制与走班制，形成了一套相对完整的教学管理制度，有效地提升了教学质量，受到了世界各国教育界的欢迎。在这套制度逐步完善的过程中，它也渐渐地从高等学校向高中阶段学校延伸。

走班制自20世纪90年代在我国高中出现以来，参与走班教学实验的队伍也在不断扩大。北京十一学校打破传统分班制，实行分科走班。在该校，教室门口标牌上不再是"几年级几班"，而是学科名与教师名字。学校尊重学生课程的选择权，变一班一张课程表为学生每人一张课程表。另外，据浙江省教育厅介绍，2013年前，该省有杭州绿城育华学校、浙师大附中、青田中学、义乌义亭中学4所学校实行必修课走班制上课。2014年，试行队伍继续扩大，增加了杭州二中、杭州师大附中、鄞州中学、温州中学、嘉兴一中、春晖中学、天台中学等7所学校。走班教学的实验在我国高中方兴未艾。

（二）走班制的优势与问题

在谈到走班制意义的时候，浙江省教育厅基础教育处副处长方红峰说："现在的中学分班是平行分班，几十位学生编入一个班级，学习程度以及对学科感兴趣程度都不一样。大家每天学同样的课程，做同样的作业，考同样的试卷。这样上课，导致程度好的人'吃'不饱，程度一般的人'吃'不好，程度差的人'吃'不了。走班制，把学习程度相近的人聚在一起，老师在授课时更有针对性……走班制，就是每一节课让每一名学生都听得懂，这对孩子的发展很重要。"

事实上，从中外高中实行走班制教学的实践来看，这套制度有以下几方面的优势：

1. 学生获得与自己最相适宜的发展环境

这套教学管理制度克服了传统的班级授课制度几十名甚至几百名学生读同一本

书、上同样的课、做同样的练习，忽略学生自身成长中发展的差异性和不平衡性等问题。一人一表的走班制能让不同兴趣爱好、不同学习基础、不同学习能力的学生获得与自己最相适宜的发展环境。

2. 学生主体地位彰显

任课教师按照学生的学习基础和接受能力、兴趣特长，确定教学活动。学生也可有的放矢地选择、安排自己的课程结构，学会了如何正确评价自己，正确估计自己的能力，并逐渐找到将来发展的方向。

3. 学生的自信心得以提升

"走班制"学习组织方式条件下，学生按自己的学习水平，自我发展需要，自身的兴趣和特长来选班，能增强其自信心和成就感，尝试到成功的快乐，减轻了思想压力，始终保持乐观的情绪和平衡的心态，从而都能获得不同程度的发展。

4. 扩大了学生的交往范围

这种模式加强了同学间的相互影响，有利于增强同一层次学生之间的竞争意识和合作意识。

任何事物都是利弊共存的。立足于学生选择基础上的走班制也同样存在着一定的问题。其中主要的一个问题是：一旦当学生在低年级选择了一门程度较低的课程，他几乎就丧失了以后另选程度较高课程的机会。比如，在美国洛杉矶高中，每所学校开设的社会科学课程几乎都分三个等级：世界地理与世界历史分为"世界地理与世界历史（初步）""世界地理与世界历史"及"世界地理与世界历史（优秀生课程）"。美国地理与美国历史也分成同样的三个等级。选修"初步"程度课程的学生没有什么资格要求，而选修"优秀生课程"的则需要平均积分点在3.3，此外还需要教师推荐。至于理科课程则有高严格要求，比如，每所学校选修"高等预备微积分"的要求是先修的"高等代数（Ⅱ）"获C级以上成绩或先修"三角精要"获B级以上成绩；"微积分和离散数学初步"则要求在"高等预备微积分"获C级以上成绩。这就是说，如果学生没有选修"高等预备微积分"或者选修该门课程未获得C级以上成绩的，就没有资格选修"微积分和离散数学初步"。

美国高中对这些选修课程的资格规定是不难理解的，毕竟学习是一个循序渐进的过程，没有前面的知识基础，后续的课程是很难掌握的。然而，事实上中学生心智还未完全成熟，兴趣爱好还在不断漂移，严格的选修课程资格的规定，很可能束缚了那些"慢熟型"与"慢热型"学生后续脱颖而出的机会。

（三）基于数据分析的即时走班

社会的进步通常都是与新技术的出现相联系的。如前所述，没有印刷术的发明,就很难有班级授课制的诞生。同样,如果没有现代数字化技术与大数据挖掘技术的支持,以慕课为代表,高效率与个性化高度统一的开放教育也是很难实现的。个性化教学建立在对学生个性充分把握的基础之上,同样,差异化教学也需要对学生的差异有足够的理解。这既包括对学生之间有什么差异的把握,又包括对学生差异程度有多大的精细分析。北京大学教育学院尚俊杰教授指出:"大数据提出以后,自然也受到了教育研究者的关注,比如目前以关注学习过程为核心的学习分析(Learning Analytics)已经成为一个研究热点,尤其在教育大数据的背景下,如何综合应用教育数据挖掘、人工智能、自然语言处理技术,对学习过程中产生的多个层次的数据进行分析,并提出针对性的学习建议策略,成了国际学术界非常关注的问题。"

由此,他特别强调:"这方面MOOCs就是一个最好的试验田,因为MOOCs网站会产生海量的学习过程的数据,就可以利用数据挖掘等技术对这些海量数据进行分析,从而发现学习者学习规律和学习行为。"为学生提供个性化指导,是教育的理想追求,而大数据技术则为这一理想的实现提供了坚实的基础。

从学习规律而言,无论是西方的研究,还是中国传统的经验,都说明了一个道理,即学生已知的内容决定了其可能学会的内容。奥苏贝尔曾说:"如果我不得不把教育心理学的所有内容简约成一条原理的话,我会说:影响学习的最重要因素是学生已知的内容。弄清了这点后,再进行相应的教学。"这一条原理被称为是奥苏贝尔整个理论体系的核心,他所论述的一切,都是围绕这一原理展开的。我国古代教育家孔子也曾有"温故而知新","以其所知,喻其不知,使其知之"的话语,讲的也是同样的道理。

因而对学生现有学习情况的了解和把握,成了教师教学中的一个重要问题。传统的教学环境中,有经验的教师凭借其多年的教学经验,可以对班内相当一部分学生的学习情况做出较为准确的判断。即使在这样的情况下,教师也很难对班上每一位学生的学习情况做出逐一判断,何况做出的判断只能说较为准确,也不一定十分准确。对于新教师,这个问题更加突出了。新教师虽然有较为丰富和前沿的学科知识,但是对其所教对象的学习情况,包括学习基础、学习特点以及学习需要等,很难做出准确的判断,因而也很难进行有针对性的高效教学。

当前的信息技术可以帮助教师准确捕捉、分析与呈现学生网上学习的详细情况,学生学习了什么内容,学到了什么程度,学习某一内容时花费了多长时间,以及完整的学习进程是什么样的等等。这些宝贵的数据信息对于分析和诊断每位学生学习的情况,是有力的帮助。也给教师进一步为其提供有针对性的指导,提供很好的参照。因而，郑州二中的王瑞校长曾提出：传统教育环境下，教师更像中医，教学中需凭借宝贵的经验积累，才能对学生学习情况做出大体准确的判断；而在信息技术环境下，教师可以做到像西医一样，凭借各种分析诊断报告，就能准确地对学生的学习情况做出分析，并提供有针对性的帮助和指导。因而在信息技术的帮助下，对学生学习的诊断和分析，是用数据说话，而不仅仅是凭借教师的教学经验。当然，这里的比喻存在不当之处，就是无论学生在何种情况下都不是病人，而是健康的人，老师要做的是为其身心进一步健康发展提供帮助和指导。

现代"学习分析"技术可以清楚地告诉教师某一群体学生学习的状况。比如，一段微视频学习以后，在后续的进阶作业中，有多少学生答对了，有多少学生没做出，有关信息会及时地反馈到教师那里，并可以用直方图等多种形式清楚地提醒教师。

当然，现代"学习分析"技术还可以对学生个体学习情况给予及时的反馈，以便学生有针对性地改进自己学习中的问题。

云计算环境下，由教学专业人员和信息技术专业人员共同设计开发的教学分析和评价系统，可以捕捉和记录学生线上学习的每点信息，并对学生的学习情况，如学习的深刻度、学习的熟练度以及由学习速度折射出的学习性向（兴趣和天赋）等作出判断。在此基础上，由系统自动地对学生第二天上课的地点做出决定，让有相同或相似学习基础、学习性向和学习需要的学生，走到同一个教室内，由相应的专门教师对其教学，解决其共同存在的问题，组织小组讨论，提供相似的教学指导等。

需要指出的是，这样的分班或走班，一是基于数据分析的。它是以学生线上学习过程中所呈现出的各种数据为基础的，学生每天都可能在不同的班里上课。二是及时的。即上课的地点由"学习分析"系统根据学生存在的问题进行最优化处理后实时通知学生。三是各班教学是具有强烈针对性的。比如，同样的化学课，A班主要针对的是学生在置换反应中存在的问题；B班主要针对复分解反应的；C班是针对学生已经充分掌握了这些知识，目标定位在拓展深化或自主探究的。这种基于数据的实时走班对提升教学质量，促进每名学生的发展，无疑有着重要的帮助。

当然，这需要数字技术的支持。对于某个知识点的学习，利用信息技术来准确地捕捉、分析和呈现每位学生的学习情况。这会给现有的教学管理带来不小的冲击和麻烦，但这是因材施教、个性化指导发展的方向和趋势，是教育规律使然。信息技术的出现，更有助于该项工作的实施。学校可以根据自身的基础和情况，从某一个年级的一至两个学科开始试点，分步实施，总结反思，逐渐推进。

二、基于课下先学基础内容的课时调整

实施慕课学习和翻转课堂，在当前也被不少教师质疑，是否会因延长学生学习时间而加重学生学习负担。在这里，有不少的疑惑需要澄清，也有不少问题有待解决。

1. 教，是为了不教

任何发展都是学生的自我发展，同样，任何学习从根本上来说都是学生的自我学习。学习，终究是学生自己的事情。只有学生能够发自内心地积极学习，学习才可能成功。因而，养成学生的自主性，既是教育的重要内容，也是教育成功的保障。而在当前教育面临激烈竞争的条件下，无论是家长还是学校，都存在着对学生生活安排过度、对学生教学过度的现象。学生什么时间起床、什么时间洗漱、什么时间用早餐、什么时间到校，以及在学校的每一分钟要做什么事情都是被精心安排好的。寄宿制的学校中，学生从一起床，直到学生入睡的每一分钟，都已经被精心设计好、安排好了。在这种精心的设计与安排下，学生逐渐丧失了自主学习、自主生活的能力。学习中缺乏主动性，这对其终身发展并不是好事。

叶圣陶先生的"教，是为了不教"的主张，今天更需要认真对待。教，是为了帮助学生能够更好地学习，直到学生能够不需要教师的情况下，也能够学习，也能够学会。学生自己学会，是教的目的。当然，提升学生学习的自主性，既需要教师教育理念的转变，更需要有教育模式和教学方法的支撑。翻转课堂的理念和模式下，知识与概念的讲解，可以在学习任务单或学习指导书等的帮助下，让学生用看视频的方式学习。如何确保学生学习视频，这个过程是学习取得成效的保障，也是提升学生学习自主性的保障。

为了确保学生能够深度学习视频内容，有的教师让学生看了视频之后写出对视频的评论，有的让学生完成相应的练习题，还有的是让学生对视频的内容提出1~3个有趣味、有深度的问题供上课时讨论等等，这些都能帮助学生有效完成视频学习。相对于课堂上坐在座位上听老师讲解，在视频学习过程中，学生的自主学习能力更容易养成。因为这个过程的完成，需要学生积极地参与，需要认真聆听，深入思考，才能完成作业，才能提出有深度的问题，有可能发言参与课堂上的讨论。

2. 课时调整：适度减少课堂教学时间，增加学生自学时间

翻转课堂的实施，需要以学生课前的自主学习为前提。学生课前的学习，一般是在一个人的环境下学习，学得好的可以往前进，没有听懂的可以暂停，查找其他资料，反复听讲；可以站着学，坐着学，根据学生自己的喜好，以较为休闲的方式高效地学习。可以想象，真正愿意学习的学生，是更加喜欢这种学习方式，而非坐

在教室内安静地听讲的。

在教学过程中适度增加学生自学的时间，既是培养学生自学能力的要求，也是提升学生学习效益的需要。在增加了学生自学时间的同时，又不能延长现有的学生整体的学习时间，这就要求调整现存的、被视为理所当然的每天7节每节40分钟课堂教学制度。

变革的方式有多种，其中一个成功的案例是在"只上半天课"的山西新绛中学，该校打破了上午、下午都是老师在课堂上讲授的教学方式，而是改成：上午，学生在老师的主导下上"展示课"，学生展示自己所学；而下午和晚上的时间，学生则围绕微视频自学。课堂教学改革，不仅提升了教学效益，也减轻了老师机械劳动的负担。诚如一学生所言："学习这活儿，靠老师教不行，主要还是自己去学。"学生自学的时间增加了，堂上学生展示的活动更加活跃了，教学质量提升了，学校的改革受到了学生和教育行政部门的好评。

另一种改革方式是，改变每节课都是40分钟的固定模式。如果有的内容学生凭自学就能掌握好，那课堂上就不一定需要40分钟了，有的课可以调整至30分钟，甚至25分钟。当然各个学校、各门学科各不相同，有的课时还需要保持40分钟。甚至同一门课的不同内容，需要的课堂教学时间也不一样。这节课需要40分钟，下节课则可能只需要25分钟。根据学习内容和学生需要，灵活调整，而非刻板一致的40分钟。

三、与多样性相关的考试评价制度改革

传统的教育评价，注重的是对评价对象的分等鉴定，主要服务于学生选拔、教师考核与奖惩以及对学校进行分等鉴定等管理目的，是一种判断优劣的总结性评价活动。随着我国基础教育的发展，人们对评价的功能与目的的认识也发生了很大变化，通过评价激励学生更好地成长，通过评价促进教师的专业发展，通过评价为学校教育质量的不断提高提供保障已成为我国基础教育界的共识。

评价具有重要的导向作用。翻转课堂作为一种在高效率基础上实现个别化教学的模式，如果没有考试与评价制度的保障，无疑会有很大的障碍。关于注重评价的诊断性与过程性的意义与价值，本书第四章已经做了详细的论述。不过，需要强调的是，仅仅有校内评价的改革还是远远不够的，它还需要有包括对学生与学校外部评价的改革。

研究表明，与学生自主性发展、学校个别化教学联系的评价也需要有多样化的评价。统一性的评价显然满足不了个别化与个性化的发展需要。这些评价有"增值评价""自身进步评价""组织质量评价"等。

1. 增值评价

增值评价（value-added assessment，简称 VAA），也叫附加值评价。"增值"，即一定时期的学校教育对学生成长发展所带来的积极影响。作为教育评价改革的举措，20 世纪 70 年代初期，美国东北密苏里大学推出了"增值评价"方法。该方法试图确定一定时期内学校教育活动对学生水平增加的价值。其基本假设是，学生入学时的水平与毕业时水平的差异，或学生在校期间的变化情况，可以归因于学校教育；学生变化的幅度，即"增值"的大小，可以看作是学校、课程或教师的教育成就。

这一评价思想也逐步影响到了基础教育领域。为准备推行增值评价而影响最大的就是美国马萨诸塞州的罗蒙内计划。2005 年，美国马萨诸塞州州长米特·罗蒙内为学校改革提出了一个计划，为表现突出的教师增加报酬。虽然在其他领域绩效工资已经是一种很普遍的做法，但是这一提议在美国的公立教育领域里却是一个开创性的举措。该计划最重要的措施是将教师工资与学生学业成就的增值相联系：所有的教师，不管教什么科目，只要学生成绩增值较大或者得到了校长与同事的好评，就会获得 5000 美元的年终奖金。在该州获奖教师的名额不超过教师总数的 1/3。

遗憾的是，罗蒙内的计划因为受到了教师工会及民主党的抵制，时至今日该计划因为没有获得立法机关的支持，还未能在全州范围内实施。

这一评价方法在技术上是存在困难的：学生在学科考试中的分数事实上是不等值的，在百分制的情况下，一名学生从 60 分提高到 70 分，与另一学生从 85 分提高到 95 分，同样的 10 分相等吗？此外，不同学科之间的分数能够换算吗？这些问题，当时在技术上都还未得到解决。更重要的是，罗蒙内的计划加剧了教师间的竞争，这在根本上就得不到教师工会的支持。

在我国，尤其是近年来，学校争夺生源，学生择校日趋激烈，已经成了影响教育公平政策实施的巨大障碍。那些依靠优秀生源的学校，在历年的考试中几乎毫无悬念地占据着"优质校"的地位，"优质校"的品牌又帮助他们吸引了更多优秀的学生，而那些薄弱学校，甚至一般的学校对此只能望洋兴叹，无可奈何。

慕课，作为大规模在线教育的手段，其实，它提供的不仅仅是微视频那样的课程资源，而且，也为各种评价技术的开发提供了大数据的支持，同时，它也需要以基于数据评价说明自身在促进学生个性发展方面独特的优势。

2. "自身进步"评价

不同于增值评价，"自身进步"的评价是一种自己与自己比较的评价。它将自身的进步情况作为评价标准，分析这一阶段与前一阶段自身发展与进步的状况。目前，世界上一些主要国家包括我国的不少政府"智库"或咨询机构常常会发表一些年度进展报告。在本质上，这些年度进展报告就是"自身进步"报告。

"自身进步"评价以评价期开始时的现状为评价标准，衡量进步情况，以及在评价周期内组织或其成员取得的成就。同时，"自身进步"评价也要关注在评价期内，组织或其成员存在的不足。这些不足包括期望解决而未解决的问题，以及当前新出现的问题，及时地发现这些问题对组织或其成员的发展与提高是有十分重要的意义的。

当然，只是发现问题还是远远不够的，人们还希望能在发现问题的基础上找到问题背后的根源，以便使组织或成员能有针对性地改进自己的工作。大数据挖掘技术在这一方面有特殊的优势。

目前，"自身进步"评价已经受到了不少政府部门的重视，学校更应当充分利用现代大数据技术的优势，积极发展"自身进步"评价。

3. "组织质量"评价

所谓"组织质量"的评价是对一个组织在复杂多变的社会中，适应外部环境，把握发展机遇，获得竞争优势，取得预期成果等能力的评价。

事实上，任何社会活动并非是孤立的，外部各种环境对社会活动及其效果有着重要影响。一个高质量的组织就是能够迅速有效地适应社会变化满足顾客需要的组织。在工商界，人们不难看到，一些在20世纪还傲视群雄的企业，面对社会变化熟视无睹，故步自封，其结果几乎无一例外地被淘汰出局。而能引领行业改革的都是那些敏于社会变化，善于把握发展机遇的"揽局者"。

教育作为培养人的社会活动也不会例外，社会的发展对教育提出了很多新的要求，也提供了极大的发展机遇。在当今科技迅猛发展的背景下，社会各行各业都发生了极大的变化。然而，之前所引用的鲁伯特·默多克对教育的描述，不能不使人感到遗憾。为此，在当前引进"组织质量"评价的理念有着十分重要的意义。

教育的"组织质量"评价要求我们关注社会发展对人才的新要求。随着我国社会老龄化的迅速到来，环境污染的日趋严重，城镇化的加速推进，社会对人才的要求还会与10年前，甚至5年前一样吗，学校的课程设置与教学内容并不需要改变吗，师生关系还不需要调整吗？尤其是随着现代科技日新月异的发展，学校的课堂教学模式与教学技术手段不需要创新，教学流程不需要重建吗？

对上述问题的不同回答与应答的行动就构成了"组织质量"评价的内容。在这一快速变化的时代，这是任何学校都回避不了的问题，历史将对学校的"组织质量"做出最终的判断。

第二节　移动课堂教学与教师的专业成长

　　任何一项改革，尤其是与课堂教学密切相连的改革，其实施成功与否，与从事教育教学的老师有着直接关系。教师是决定教学成败的关键要素。翻转课堂也不例外，教师本人对翻转课堂背后所折射的教育理念的理解，对本学科专业素养的把握，对学生的了解程度以及对课堂教学的驾驭能力等等，都直接影响着翻转课堂实施的成效。

　　翻转课堂虽然有前置的视频讲解，但是翻转课堂的实施不是取消教师，更没有降低教师的作用，相反，翻转课堂对教师提出了更高的要求，期待着教师有更高的素养。

一、从知识见长走向综合素质为范

　　当代教育正在从"知识本位"走向"综合素质本位"，很显然，这对教师提出了更高的要求。在翻转课堂的教学模式下，知识的掌握，可以通过课前的微视频自学来完成，课堂上多出来的时间，则可以更好地让学生在探究活动中养成科学研究的态度，学会科学研究的方法和相应的技能。而社会人文学科的教学，则可以有更多的时间，让学生展示、辩论、讨论与交流，发展学生的洞察力、思辨力和表达力，培养学生相应的情感态度价值观。

　　教育作为一种有目的、有组织的培育人的社会活动，事实上，它并非是随意的，也不是随便什么人可以随心所欲在课堂上发表不负责任的言论的。微视频将教师知识传授过程置于公众的监管之下，这在很大程度上保证了教学的思想性。

　　然而，这种时间的增多与机会的增加并不能必然地导致情感教育实效的增强。正如大家所熟知的，学生态度情感价值观的形成是建立在他们的经验与体验基础之上的。人与人之间的交往是影响学生价值观的最重要的变量。正是在这一意义上，我们说：未成年人思想道德问题的根源在成年人身上，提升学生的思想道德水平首先要提升教师的道德水平。

　　由于目前部分学校领导对教师师德重要性认识不足，疏于管理，责任心不强，个别教师在课堂上随心所欲地发表不负责任言论的还客观存在。这就是说，在翻转的课堂上，由于师生交往频率加大，部分教师不健康的思想有可能对学生产生更负面的影响。

由此，我们可以得到以下的结论：

第一，作为基础教育慕课载体的微视频对推动学科教学领域中的思想道德教育将有重要促进作用；

第二，翻转课堂将为师生之间与生生之间的深度互动提供更多的时间与空间，这一深度互动将极大地影响态度情感价值观的教育；

第三，慕课的实施对教师的思想道德提出了更高的要求。

作为教师，当然要以学科素养见长，但更要有高水平的思想道德修养。所谓"学高为师，身正为范"，就是说，这两者都是不可偏废的。遗憾的是：在部分中小学，学校领导重教师的学科素养，而轻教师的师德修养，这对培养学生全面发展的综合素质是极为不利的。

综合素质导向的教育需要综合素养为范的教师，除了对学科知识有深入的掌握外，在翻转的课堂上，教师还应当有组织学生从事项目探究和问题解决的能力，要有正确引导学生情感态度价值观发展的意识，并以自己的言行促进学生思想道德的发展。

二、从自我中心走向学生中心

长期以来，中小学教师尤其是年轻教师，在教学过程中比较关注如何教的过程：如何备课、如何上课、如何批改、如何辅导、如何评价等。相关的教学论文章也大都围绕着如何教来展开。比较中西方的教学论的论文，人们不难发现：我国的教学论研究大多重点围绕的是如何"教"，而西方有关教学论的论文则重点围绕如何"学"。这一现象不能不引起我们的重视。关注如何教，对于提升教学效益当然是非常重要的，如我国的集体教研制度、师徒带教制度等，深受国内外教育同行的关注与好评。

但是教学过程中需要重视的另一方面，或者说是更为重要的方面，是学生自己的学习活动对其学习成效起着关键作用。学生是学习的主人，让学生自己对其学习负责，而不是教师或家长。一切学习都是学生自我的学习。教师的教，应着眼于如何帮助学生更好地学，如何设计与组织相关的教学资源，让学生在学习过程中更为积极、更为主动。

"从自我中心走向学生中心"，这就要求教师在设计教学微视频的过程中，始终考虑如何方便学生的学，要以学生原有的知识基础和情感基础为起点，教学过程中考虑学生的接受度，教学结束时及时反馈和校正学生的学习，为下一个阶段的学习打好基础。

更为主要的是，在翻转了的课堂上，教师的指导和辅导更是需要在教学目标引导下，基于学生学习的基础和现状来展开。在讨论和解决学生提出的问题的过程中，先要倾听学生的理解，给学生展示的时间和机会，在此基础上再有教师的引导、点拨和总结等。让所有学生在原有的基础上有更进一步的发展，是翻转课堂教学的最终指向。

如何根据每名学生的学习基础，有针对性地进行指导和辅导，是一件不容易的事情。在翻转了的课堂上，由于学生事先学习了视频的内容，对知识有了一定的把握。因而，在课堂上重复讲解微视频的内容是没有意义的。在一般情况下，由于学生已经初步地掌握了相关的知识，因此，他们会在此基础上提出各种各样的问题，有的问题是教师没有想过，当场也不一定能够回答上来的问题。面对这样生成性、开放性的课堂，实现了课堂教学从"预定式"向"生成式"的转变。在这一模式下，课堂很可能并不再按照教师预定的程式进行，这将是对教师的新的考验。

走向学生中心，就要求教师关注学生差别化的学习，尊重并引导学生探究性、创造性的学习。

三、从孤军奋战走向团队合作

在改革之初，并不是所有的教师都意识到了翻转课堂的重要价值和意义，也不是所有教师有兴趣参与这一过程。因而参与翻转课堂尝试的老师，往往自己制作教学微视频，尝试上翻转后的课堂，探索的过程未免有些孤单。当前，翻转课堂的理念为越来越多的教育同仁所知晓，因而，实践中就具备了从孤军奋战走向团队合作的条件。教同一门学科的老师，在集体教研的基础上，根据课程标准的要求，将不同知识点讲解的任务分配给不同的教师，由他们创作教学微视频，设计进阶作业，录制好之后全体共享。与此同时，微视频录制的过程中，也可以采取团队合作的方式，资历较深的老师贡献思想和思路，设计如何教学；年纪较轻的老师则在准备、录制以及修改编辑的过程中，多劳动，多付出。当然也可以和专门从事电教的老师一起合作，共同录制出高质量的教学微视频。

在上课的环节，同样可以采取课前集体研讨、课中相互观课、课后共同反思的方式，不断提升翻转后的课堂教学的效益。在镇江外国语学校的英语翻转课堂的观摩课上，同一节课由两个老师合作来上，一个老师负责教学过程的组织和引导，另一个老师负责教辅的管理和支持，两者相得益彰，成效更好，深受学生和同行好评。

目前，华东师范大学慕课中心与C20慕课联盟，正在推出"名师名课工程"，组织全国的优秀学科教师，共同录制覆盖各学科知识点的教学微视频，创建高质量的微视频资源库,以供全民共享;与此同时,C20慕课联盟每月定期召开一次全国联盟学校的翻转课堂教学观摩研讨会,共同观摩、研讨和反思如何上好各学科翻转课堂。这也是一种更广泛意义上的团队合作方式,对高质量微视频建设和翻转课堂的高效实施,都是重要的推动。

第三节 翻转课堂与教育设施设备系统

  理解了翻转课堂理念的中小学教师,会被其实施的思路和效果所打动,然而在尝试实施之际,往往会为实践中不具备相应的条件所困惑,比如学校没有相关的数字平台支撑,不是所有学生家庭都具备网络环境和个人电脑。所以,有老师会问,如果没有这些条件,还可以实施翻转课堂的教学吗?这里的回答是肯定的,翻转课堂是一种教学模式或思想,主要是为了从以教师教为主转变到以教师教和学生学并重为主,让学生的学习从被动接受状态转变到主动思考和参与的状态。因而,只要是朝着这个教育目标而努力的实践,都是值得肯定的。

  我国不少学校实行的以导学案为载体的"先学后教"课堂教学,都体现了翻转课堂的教学理念,学生在导学案的帮助下,先学习相关的学习资料,完成相关作业,对学习材料提出问题;课堂上,围绕师生关注的重点问题,展开讨论和交流,并解答学生的疑问和困惑,都是该理念的重要体现。山西新绛中学的学案课堂,也是翻转课堂理念的重要体现,学生学习了教学材料之后,需要撰写出学习报告,并将相关问题写在学习互动卡上,交给老师。老师根据学习互动卡上呈现的问题,有重点地请学生讨论,然后再自己讲解。这些都很好地体现了先学后教的理念,促进了学生的主动学习。

  当然,有条件的地区和学校,可以采用更为先进的信息技术支撑,来更加便捷地实施先学后教的模式。比如山西新绛中学的学习互动卡,需要学生逐个呈交给老师,老师逐个看完之后才能确定学生的问题。如果该环节能够通过无线网络环境下的学习平台来实现,则会为师生节省不少时间成本。

  实施翻转课堂,理想的教育设施设备支撑包括如下几个方面:

  一、师生人手一台无线覆盖的移动智能学习终端。观看教学微视频,在线提交进阶作业,参与网上交流与讨论等学习方式的实现,最好学生每人拥有一台移动智能终端如电脑、iPad、手机等。学生在课前的先行学习,可以在家里,也可以在校园内学习,甚至可以在公交车上、公园内,只要愿意,学生都可以拿出设备随时随地学习。教师也可以随时检查学生学习的状态，并及时回答学生的疑问和困惑。因而，在具备一定经济基础的地区，可以考虑为师生配备移动智能学习终端。如温州二中的学生，由教育局给师生每人配备一台 iPad，支持学校实行慕课学习和翻转课堂教学改革。深圳南山实验教育集团则是由学生家长给学生配备这样的学习终端。拥有无线网络覆盖下的移动智能终端会为学生的学习提供诸多便利。当然，合理适度使用电脑进行网上学习，需要家长和学校共同的教育和保障。

二、在线的交流互动平台。这一交流平台将为师生之间、学生与学生之间，同校的师生甚至校外的师生网上交流带来极大的便利。在师生具备无线移动智能终端的基础上，课前，教师在线给学生提供微视频学习资源，学生在线上学习，完成并提交进阶作业，遇到不懂的问题，网上求助同学或自己的老师的帮助。课中，针对不同学生的学习基础，教师可以更有针对性地给学生推送不同的作业习题，学生完成后立即提交给老师，老师很快知道学生作业完成的情况，在此基础上进行个性化辅导和教学。

上述学习任务的完成，学校需要建设师生交互学习平台。在该平台上，有教师提供给学生的视频讲解以及其他学习资源，进阶作业诊断系统，以及单元测试的评价系统。学生以学生的身份登录，教师以教师的身份登录，两者具备不同的使用权限和管理权限。学生完成学习任务，教师管理、指导和帮助学生的学习，以此更好地辅导学生，更及时掌握每位学生的学习情况，让教学和指导更具针对性。

三、进阶作业诊断系统、单元测试的评价系统，基于师生交互学习平台的进阶作业诊断系统和单元测试评价系统的建设，需要教育教学领域的专业人员和信息技术人员的合作完成。学科教师根据教学微视频设计的教学目标和教学内容，设计出进阶作业和单元测试的习题，最好针对一个知识点有 2~3 套作业习题和单元测试题。信息技术人员帮助教师设计互动平台，师生共享使用。

诊断系统与反馈系统的建设，可以减轻教师重复讲解和重复批改作业带来的工作负担，让教师的时间使用得更具效益，比如可以更多地和学生交流，有针对性地对学生辅导。

当然，这一平台的建设是一项艰巨的工程，耗时费钱。为帮助我国中小学解决这一问题，华东师范大学慕课中心与 C20 慕课联盟已建成"华师慕课"网，它集中了全国最优秀的教学微视频资源，设有在线交流平台，提供网上学习诊断服务。它的出现会给我国中小学慕课的建设与翻转课堂的探索提供极大的便利。

参考文献

[1] 刘万辉. 微课教学设计 [M]. 北京：高等教育出版社，2015.
[2] 张一春. 精品微课设计与开发 [M]. 北京：高等教育出版社，2015.
[3] 吕森林. 在线教育微课修炼之道 [M]. 北京：人民邮电出版社，2015.
[4] 李本友，吕维智. 微课的理论与制作技巧 [M]. 北京：中国轻工业出版社，2015.
[5] 马九克. 微课视频制作与翻转课堂教学 [M]. 上海：华东师范大学出版社，2016.
[6] 刘万辉. 微课开发与制作技术 [M]. 北京：高等教育出版社，2015.
[7] 乔玲玲，纪宏伟，陈志娟，缪亮. 微课设计与制作实用教程[M]. 北京：清华大学出版社，2016.
[8] 赵国忠，傅一岑. 微课：课堂新革命 [M]. 南京：南京大学出版社，2015.
[9] 倪彤. 微课/慕课设计、制作与应用 [M]. 北京：清华大学出版社，2016.
[10] 黄发国，张福涛. 翻转课堂理论研究与实践探索 [M]. 济南：山东友谊出版社，2014.
[11] 陈玉琨，田爱丽. 慕课与翻转课堂导论 [M]. 上海：华东师范大学出版社，2014.
[12] 乔纳森·伯格曼，亚伦·萨姆斯. 翻转学习——如何更好地实践翻转课堂与慕课教学 [M]. 北京：中国青年出版社，2015.
[13] 王奕标. 透视翻转课堂——互联网时代的智慧教育 [M]. 广州：广东教育出版社，2016.
[14] 田爱丽. 基础教育慕课与翻转课堂教学理论和实践 [M]. 上海：华东师范大学出版社，2016.
[15] 汤敏. 慕课革命——互联网如何变革教育 [M]. 北京：中信出版社，2015.
[16] 焦建利，王萍. 慕课——互联网+教育时代的学习革命 [M]. 上海：华东师范大学出版社，2015.
[17] 李晓明. 慕课 [M]. 北京：高等教育出版社，2015.
[18] 蔡姿云. 可汗学院教学模式特点及启示 [J]. 软件导刊，2014，175-177.